中国社科

政府融媒体产品传播创新研究

贾哲敏◎著

光明日报出版社

图书在版编目（CIP）数据

政府融媒体产品传播创新研究 ／ 贾哲敏著 . -- 北京：
光明日报出版社，2025. 3. -- ISBN 978 - 7 - 5194 - 8638 - 9

Ⅰ . G114

中国国家版本馆 CIP 数据核字第 2025CV8288 号

政府融媒体产品传播创新研究
ZHENGFU RONGMEITI CHANPIN CHUANBO CHUANGXIN YANJIU

著　者：贾哲敏			
责任编辑：史　宁		责任校对：许　怡　李佳莹	
封面设计：中联华文		责任印制：曹　净	

出版发行：光明日报出版社

地　　址：北京市西城区永安路 106 号，100050

电　　话：010-63169890（咨询），010-63131930（邮购）

传　　真：010-63131930

网　　址：http：//book. gmw. cn

E - mail：gmrbcbs@ gmw. cn

法律顾问：北京市兰台律师事务所龚柳方律师

印　　刷：三河市华东印刷有限公司

装　　订：三河市华东印刷有限公司

本书如有破损、缺页、装订错误，请与本社联系调换，电话：010-63131930

开　　本：170mm×240mm

字　　数：206 千字　　　　　　印　　张：15.5

版　　次：2025 年 3 月第 1 版　　印　　次：2025 年 3 月第 1 次印刷

书　　号：ISBN 978 - 7 - 5194 - 8638 - 9

定　　价：95.00 元

前　言

　　数十年来，在互联网、信息化、社交媒体和数字技术发展变革的浪潮中，政府传播创新的步伐从未停歇。从政务微博、政务微信，到政务短视频、政务直播，再到人工智能背景下的政务机器人、政务VR……政府对新技术的利用以及自身传播行动的调适，已然形成一种独特的媒介景观，改变着我们的公共生活。

　　使用"政府融媒体产品"这一概念来概括和回应这一正在发生的现象与政府实践过程，是本书的主要特点。丰富而多元、以用户为中心、颇具创意性的政府融媒体产品，有力地推动了视觉化传播时代的政府传播创新，在观念、策略和行动层面促进了政府传播的变革，有望驱动生成一种新的网络政治传播模式——"产制—价值"模式。

　　本书的讨论和分析基于大量具有代表性的政府融媒体产品个案，涵盖政务短视频、政务H5、政务直播、政务游戏、政务微电影、政务VR等14个品类。还提供了3种时下应用较为成熟的政府融媒体产品情境化个案：应急普法、文化传播及公共政策传播。基于此，本书致力于呈现政府利用融媒体产品开展创新创意传播的发展始末与现状，勾勒这一崭新领域诸种实践的基本样貌。

　　近年来，政治传播研究越来越注重突出"政治营销"这一理论视角。"政府融媒体产品"不仅是一种重要而有效的政治营销工具，其对政治传播、政府传播过程的影响与再造，亦带来理论研究的拓展。本书的分析框架融合了政治营销的理论意涵，对传统政治传播理论中所涉及的核心要素（5W传播要素）均有讨论，但分析重点主要集中在受众（用户）、内容和效果三个层面。

原因有三。其一，找到目标受众（用户），以受众（用户）为中心，使用受众（用户）喜爱的方式去传播、去创造，同时注重通过自身的内容创新和价值建构影响受众（用户），是政府融媒体产品的初衷和落脚。其二，"政府融媒体产品"不仅表现为在主题、形式、符号等方面形成了风格迥异的内容新样态，更重要的是还促进了政府传播在"叙事""话语""框架"等内容建构层面的调整与创新，推动政府传播功能从信息性向价值性，或二者兼具的方向转变。其三，媒介效果历来为传播学研究所重视。目前基于政府融媒体产品使用数据所展开的量化研究不足，亟待通过模型建构和理论探讨，从不同角度探析政府融媒体产品的效果及生成机制。在此基础之上，我们应针对性地寻求提升政府融媒体产品产制水平和传播效果的优化对策。本书的不同章节基于不同的研究方法分别进行了讨论。

整体而言，笔者希望通过本书构建一个有助于理解新时代政府传播创新的概念框架，但这一议题本身是开放性的，是前瞻性的，是伴随媒介技术和政府实践的变化而变化的。以"政府融媒体产品"进行概括和探讨是一种尝试，定然存在许多不足，但有幸见证这一变革过程并付诸研究，笔者仍然感到十分幸运。

目　录
CONTENTS

第一章

绪　论

第一节　缘起：社交媒体演进下政府传播的创新使命

过去的二十余年间，社交媒体彻底改变了我们的世界。当我们还在津津乐道曾经作为技术"早鸟"，在 liveJournal（1999）、My Space（2003）、MSN（1999）、OICQ（1999）、人人网（2005）中冲浪，Facebook（2004）、Twitter（2006）、微博（2009）、微信（2011）、TikTok（2016）等社交媒体新应用便已风靡一时，璀璨夺目，成为我们社会生活的一部分。社交媒体（social media）被定义为一种特殊的"电子传播形式"（electronic communication），用户通过这些形式创建在线社区以共享信息、想法、观点或其他内容。① 社交媒体具有四个基本属性：基于 Web2.0 的应用程序（Web 2.0 Internet-based applications）、用户生成内容（User Generated Content）、用户创制主页（User-created self-profiles）以及社交网络（social network）。② 这些属

---

① Social media［EB/OL］. Wikipedia，2024-07-09.
② OBAR J A，WILDMAN S S. Social media definition and the governance challenge：An introduction to the special issue［J］. Telecommunications Policy，2015，39（9）：745-750.

性使得社交媒体促进了"人的延伸"。无论是利用社交媒体接受信息，还是基于社交媒体开展人际交往，或是通过社交媒体参与建构社会，我们的大脑已经习惯于处理这样那样的社交信息，当我们在线连接时（online connected），通常会感觉更好。①

伴随着移动通信网络技术革命，移动社交媒体（mobile social media）渐成主流。人们不再需要依赖固定位置的台式电脑或笔记本，而是更多地选择使用智能手机（smartphone），随时随地登录社交媒体，展开联络。技术的便利赋予移动社交媒体新的特征，最具功能意味的是"位置共享"。智能手机上装载的社交 APP 大多利用用户所在的位置来提供与该位置相关的信息或服务，例如，显示交通拥堵实时信息、提供附近餐馆或景点定位、在不同的地点"打卡"或更新自我状态②，极大地丰富了社交媒体的应用场景。在"图像视频共享"方面，移动社交媒体将拍摄视频、观看视频、上传照片等功能集于一身，有效降低了用户参与图像视频生产的成本，释放了蕴含在个体中的生产力与分享力。Instagram（2010）以照片共享见长，Snapchat（2011）的优势在于基于位置信息发布"快照"，且成功引入了"故事"或系列短视频的观念。③ 抖音（TikTok，2016）最初的定位是音乐创意短视频社交软件，鼓励用户举起手机，"记录美好生活"，目前已成为世界上最受欢迎的社交媒体平台之一。

现如今，在地球上的 80 多亿人口中，约有 50 亿是活跃的社交媒体使用者，相当于约 62.3% 的全球人口经常使用社交媒体。④ 美国民众使用最多的是 YouTube 和 Facebook，分别占比 83% 和 69%。Twitter 则经历更迭，

① PETER D. Why social media has changed the world — and how to fix it ［EB/OL］. MIT News，2020-09-24.
② ANDREAS M K. If you love something, let it go mobile：Mobile marketing and mobile social media 4x4 ［J］. Business Horizons，2012，55（2）：129-139.
③ MARYVILLE University. The Evolution of Social Media：How Did It Begin，and Where Could It Go Next? ［EB/OL］. Maryville University Online，2020-05-28.
④ 欧飒. 全球社交媒体活跃用户数量破 50 亿 ［EB/OL］. 光明网，2024-02-01.

并于 2022 年改名为 X，尽管如此，大多数高度活跃的用户表示他们仍然将
会继续使用该平台。① 此外，还有 47% 的民众使用 Instagram，33% 的民众
使用 TikTok，TikTok 的增长比例最快。② 中国互联网络信息中心（CNNIC）
的数据显示，截至 2023 年年底，中国短视频用户的规模约 10.53 亿人，占
网民整体的 96.4%。微信、QQ 等即时通信的用户高达 10.60 亿，占网民
整体的 97.0%。③ 面对如此庞大的"社交网络居民"，任何组织都不可忽
视。更何况，民众对于移动视听类社交媒体的卷入度还在持续上升。58%
的美国青少年几乎每日都要登录 TikTok，17% 的用户认为自己是 TikTok 的
重度使用者。④ 中国移动视听应用的人均单日使用时长为 187 分钟，短视
频的人均单日使用时长为 151 分钟。这意味着，中国用户每日花费在视频、
短视频的总时间可达 2.5~3 小时。这种现实已然明确提示了那些想要获得
公众注意力的组织和个人要到哪里去找到他们的受众，以及要用何种方式
与受众进行交流。

　　尽管身处传播场域的媒体和无时无刻不在应对环境的企业对社交媒体
的变化更为敏感，但在政治与社会领域，社交媒体的演进同样激活了政府
和公共部门"传播自身"的意愿与潜能。一个重要的原因是，作为一种信
息中心型的工具，社交媒体始终能够为政府公布政策和纲领带来积极的意
义⑤，而使用各种方式促进政府信息公开、传播与流通，正是现代责任政

① Pew Research Center. 8 facts about Americans and Twitter as it rebrands to X ［EB/OL］.
pewresearch，2023-07-26.
② Pew Research Center. How Americans Use Social Media ［EB/OL］. pewresearch，2024-
01-31.
③ 中国互联网络信息中心. 第 53 次《中国互联网络发展状况统计报告》［R/OL］. 中
国互联网络信息中心，2024-03-22.
④ Pew Research Center. Teens，Social Media and Technology 2023 ［EB/OL］. pewresearch，
2023-12-11.
⑤ YI M，OH S G，KIM S. Comparison of social media use for the U. S. and the Korean gov-
ernments ［J］. Government information quarterly，2013（3）：30.

府、开放政府的题中之义①。早在 2012 年，美国联邦政府已有 699 个部门建立了 2956 个 Facebook 账号、1016 个 Twitter 账号、695 个 YouTube 账号以及 498 个 Flickr 账号。这些账号的主要目的是将政府拥有的信息资源与民众共享，以便民众更好地了解政府正在实施的各项政策和举措，② 使其成为具有创新性的电子化交流手段，而非仅仅作为电子网站或新闻公告板的替代。这一理念使得政府账号建设伊始，就十分重视基于社交媒体属性而形成新的传播经验。美国联邦应急管理局（Federal Emergency Management A-gency）的 Facebook 官方账号"FEMA"，在文字表达之余，还使用照片、动图、H5、幻灯片加以展示，同时提供详细的链接并增加与公众的互动。在韩国首尔都市区，地方政府、自治团体以及其他公共部门全面应用 Face-book、Me2day、YouTube、Yozm、Flickr 等社交媒体，建立连接市民、公务员、专家的"社交特别市首尔"项目③，旨在弥补政府与民众之间的信息鸿沟，同时注重本土地方文化和公共性的传递。中国政府所建立的"两微一端一视频"政务新媒体体系也以"政务信息公开的完善和创新"为使命，且十分重视利用不同社交平台的元素与话语创建内容，使之成为政府与民众沟通的中枢。

注重实现传播个性化、个体化和意趣性，利用社交媒体吸引公民与客户也是政府采用社交媒体进行传播创新的初衷。④ Tiwtter 的政治功用除去将 24 小时直播的竞选新闻转化为即时更新的 140 词"推文"之外⑤，还让

① CRIADO J I, SANDOVAL-ALMAZA R, GIL-GARCIA J R. Government innovation through social media [J]. Government Information Quarterly, 2013, 30 (4)：319-326.

② MERGEL I. Social media adoption and resulting tactics in the U. S. federal government [J]. Government information quarterly, 2013, 30 (2)：123-130.

③ 首尔市通过社交网站创造沟通文化 [EB/OL]. 新华网, 2015-11-24.

④ KHAN G F. Social media for Government [M]. Singapore：Springer Singapore, 2017：7-21.

⑤ STEPHEN M. How Twitter is Winning the 2012 US Election [EB/OL]. Support The Guardian, 2015-07-10.

政治家们用更少的文字去讨论议题或展示生活世界，形成独特的"推特风"（twitter style）。而推送他们对公共议题的看法、家人朋友的照片、喜欢的足球比赛等看似与竞选无关的信息，目的只有一个——吸引选民的注意力。① 新加坡民防部队（The Singapore Civil Defence Force，SCDF）曾因其赢得 Facebook 粉丝的创意帖子而受到《海峡时报》的称赞。该机构决定构建一个诙谐、有趣、信息丰富、对话语气不居高临下且对救生技术非常了解的社交媒体角色，于是在 Facebook 上经常更新执行救生任务的官员的有趣照片，并且增加采访，同时要求 SCDF 官员在社交媒体上与公众互动时持续保持这一角色。② 香港特别行政区政府历来重视社交媒体战略，不仅在微博、微信平台开设 170 余个账号与内地政务新媒体矩阵"呼应"，也鼓励官员积极注册微博、小红书账号，用视频、图文结合的方式分享特区政策。③ "个性化表达""朋友式沟通"必不可少，这些举措有望引起内地民众对香港特区政府的兴趣，从而获得广泛支持。印度尼西亚雅加达市的新领导人则将政府行动拍成视频上传到 YouTube，为向民众更为直观地展示新政府为提高治理水平和政治透明度所做出的努力。这些视频没有经过任何编辑加工，捕捉到的镜头就是政府行动发生和实施的真实场景。这一创意无疑强化了政府想要传达的"提高透明度"这一核心信息，民众在观看的过程中就能充分体会，从而提高自身对当地政府的信任程度。④

　　短视频作为移动互联网时代最受瞩目的社交媒体，以及信息创建、内

---

① EVANS H K, CORDOVA V, SIPOLE S. Twitter Style：An Analysis of How House Candidates Used Twitter in Their 2012 Campaigns ［J］. Political Science & Politics，2014，47（2）：454-462.

② SCDF Wins Fans with Its Social Media Persona ［EB/OL］. Straitstimes，2016-02-14.

③ 火爆出圈！香港高官扎堆"种草"内地社交平台，小红书、微博……［EB/OL］.澎湃新闻，2023-05-16.

④ BATAM P N. Political will and strategic use of YouTube to advancing government transparency：an analysis of Jakarta government-generated YouTube videos ［C/OL］. researchgate，2013-09-16.

容分发的"百科全书"①，为政府提供了传播创新的机遇。正所谓"公民所在的地方，就是你要接触他们的方式"②。政府利用短视频的初衷是因为短视频平台上聚集了数量最为庞大的线上公民，而利用短视频的使命是帮助政府的各部门直接与公民联系，并使用这种更有价值和意义的方式更好地与公民沟通。有研究认为，"全球政治的抖音主义"正在兴起，原因是抖音已然成为促进政府、官员、政治家和年轻人交往和联系的独一无二的方式。③ 除此之外，抖音还带来一种全新的来自内容层面的挑战，即使用抖音语言和规则构建"创意政治"，这种感觉新奇而"魅惑"。来自西班牙的研究表明，当地政府完美使用了抖音的特殊语言和技术支持（特效）进行政治活动的展演，甚至发明了一种"游戏化"或"戏剧化"的框架来表现政治，将政治权力和公共事务化作"善与恶"二分法的战场，直接强化了民众的情感反应。④ 秘鲁政府及领导人则将抖音作为网络竞选战略的一个组成部分，主要用于向公众展示并分享自己。尽管他们意识到，通过抖音构建新型的"政府—公民"关系尚需时日，但政府已然正在使用一种清晰的、娱乐化的维度来表现政治意图。这是其他传播方式所不能具有的，一种娱乐政治的补充。⑤

　　经过几年的探索实践，抖音正在帮助政府建立起适合视觉化传播时代建构信息的基本方式，将"简明扼要"和"引人入胜"的原则奉为圭臬。新加坡政府在短视频平台上推出多种公共服务公告短片、纪录片、采访短

---

① ZHANG Z. Infrastructuralization of Tik Tok：transformation, power relationships, and platformization of video entertainment in China ［J］. Media Culture & Society, 2021, 43（2）：219-236.

② The importance of social media for government ［EB/OL］. contentgroup, 2024-9-12

③ BALL J. The TikTokisation of global politics ［EB/OL］. gale, 2021-03-22.

④ CERVI L, TEJEDOR S, MARÍN-LLADÓ C. TikTok and the new language of political communication ［J］. Culture Language and Representation, 2021（1）：267-287.

⑤ CERVI L, TEJEDOR S, BLESA F G. TikTok and political communication：The latest frontier of politainment? A case study ［J］. Media and Communication, 2023, 11（2）：203-217.

片，坚持每个作品只有一个中心点，使用图形、动画等创意视觉效果来吸引人们的注意力并尽可能地诉诸情感。中国政府推进的"政务短视频"建设同样回应了这一潮流。截至 2022 年 8 月，抖音官方认证的各级政府机构账号有 2.8 万个。① 这些账号在抖音发布的内容与政府在其他平台发布的有着显著不同，却与抖音平台上的"流行爆款"在结构和风格上别无二致。这说明政府正在有意识地学习使用抖音规则对政府传播的内容进行"包装"，突破传统时政新闻、政务发布中严肃、单一、枯燥的方式，实现影像、画面、人物、声音、文字同步，力求清楚呈现传播意图的同时，满足受众的视觉感官享受。② 这种"新型策略"，扩大了政务抖音题材的范围，促进了政府传播风格的多样化发展，是政府在使用视听媒体方面的显著进步。③ 政务抖音中也包含着些许与政府、政党、国家无关的主题，这是出于"争夺观众注意力"的考虑。虽然不符合传统"宣传"的定义，也存在不够严肃或缺乏权威性的争议，但有益于增加受众规模，进行视觉化技能演练，将公众引向更为安全的舆论领地。④

新一轮的媒体融合与人工智能技术潮流再次为社交媒体赋能，为政府传播创新带来了不竭动力。"保持敏捷"被认为是 2024 年政府应对社交媒体变革最为重要的价值取向。纵然 Facebook 和 Tiwtter 有所衰落，但短视频欣欣向荣，融媒体、生成式人工智能（Artificial Intelligence Generated Content，AIGC）、大模型（Large Language Model）正在兴起，社交媒体仍是政

① 西安市司法局. 守正创新用新媒体提升政务服务新温度［EB/OL］. 西安市司法局普法网，2023-04-20.

② 贾哲敏. 移动政府：政务新媒体的传播图景与效果［M］. 北京：人民出版社，2021：85-87.

③ CHEN X, KAYE D B V, ZENG J. Positive energy Douyin：Constructing "playful patriotism" in a Chinese short-video application［J］. Chinese Journal of Communication，2021，14（1）：97-117.

④ LU Y, PAN J. The pervasive presence of Chinese government content on Douyin trending videos［J］. Computational Communication Research，2022，4（1）：68-97.

府传播与沟通的绝佳工具。多年从事政府公共部门社交媒体运营的官员认为，"这真的不是我们第一次看到新技术改变政府空间或社会空间。今天的内容创造与 10 年前不同，我们必须与社交媒体一起变革"①。现如今，根植于社交媒体的"融合性"（convergence）让政府传播创新目不暇接。政务 VR（Virtual Reality），在帮助政府通报政治新闻或表现社会治理场景之时，创造出一个逼真的、多感官体验的虚拟世界，使得民众产生一种身临其境的感觉。政务直播（live streaming）让民众与政府跨越时空，在虚拟新空间中彼此对话、交流。一场广受欢迎的直播能够带来一个新鲜而具有持久性的话题，如"滚雪球"一般吸引民众参与其中，占据社交媒体的显著位置。政务动画（cartoon）通过"插图"来强调政府的观点或想法，既具有娱乐性又能增加信息量。更为重要的是，政务动画在社交媒体的生态之中衍生和演变，用一种更易于理解的方式将当前的问题和人们联系起来，进而形成一种集体意识，产生积极的社会影响。② 微电影（microfilm）或微纪录片（mini-documentary）普遍拥有精巧的构思和精美的制作，在短短几分钟之内，将影像拍摄手法、短视频脚本与流行性陈述结合起来，表现政府行动的过程和结果，塑造形象，帮助人们了解所记录和描述的事件并产生认同。政务 AI（Artificial Intelligence）的应用更具想象力。不仅能够有效地帮助政府处理指令，提高效率，还能够自主起草面向市民的宣传文案，产生新的传播创意。AI 与机器人的结合进一步突出了"类脑性"和"具身性"的特点，有望产生更加多元的互动空间和协同行动，这将为政府传播和治理带来不可估量的影响。

一项关于 2035 年网络社会发展愿景的调查认为，"大趋势将促使人们

① Government Technology. Staying Agile in the Changing World of Government Social Media [EB/OL]. govtech, 2024-04-22.

② MONDRY H. A conversation on the politics of natural substances: ingesting psychoactive matter in 19th century Russian literature and culture [J]. Zeitschrift fur Slavische Philologie, 2017, 73 (2): 249-251.

和组织转变为更好的自己"①。无论边界在何处,事实已然证明,只要社交媒体仍在演进和发展,政府传播创新将永不停歇。本研究将以此为出发点,系统性审视这一过程中政府所做出的关于传播创新的种种实践。无论是曾经获得成功的,还是正在经历检验的,抑或产生争议的,甚至昙花一现的传播行动,都是政府张开双臂,拥抱新技术和新媒体,履行传播创新使命的积极探索。

本研究使用"政府融媒体产品"来概括上述丰富、庞杂但精彩的政府传播创新实践。"产品"鲜见于描述政府行为,但考虑到政府传播创新实践的具体形式在内容创制和传播策略方面已表现出"产品"的某些特点。比如,根据公民或受众的需求,提供适合于他们使用的信息或媒介服务;具有明确的传播功用,主要目的是满足公民或受众的某种愿望或需求;形成鲜明的"标签",能够与其他产品有效地区分开来;创制者具有产品意识,与其他社会生产部门保持密切的合作②,仍在本研究中使用。短视频是时下最为重要的政府融媒体产品品类,产品化程度高、影响广泛。但在实践中,政府融媒体产品的版图已十分庞大,几乎涵盖所有的视听融媒体:短视频、微纪录片、微电影、动漫、游戏、VR、AR……且仍在不断地推陈出新,向外扩展。本研究将通过翔实的案例、充分的经验观察和多项实证研究综合加以考察。尽管形式繁多,亦并非每种政府融媒体产品都曾持续获得正向评价,但在政府传播创新的实践向度中均具有建设性意义,应当以积极的态度深入其里。本研究的论述还存在三个基本倾向:其一,作为传播者,政府应始终保持融入潮流的开放心态,紧跟技术的变化和社交媒体应用的更新,落地最受欢迎的平台、使用这一平台上最受欢迎的风格和方式。其二,找到目标受众(用户),以受众(用户)为中心,

① Pew Research Center. Visions of the Internet in 2035 [EB/OL]. pewresearch, 2022-02-07.

② KOTLER P, ARMSTRONG G, BROWN L, et al. Marketing [M]. 7th Ed. Australia: Pearson Education Australia/Prentice Hall, 2006: 561-566.

使用受众（用户）喜爱的方式去传播、去创造，同时更要注重通过自身的内容创新和价值建构影响受众（用户）；其三，注重政府创新传播的功能取向，并开展效果评价。以实现政府传播意图、提高传播效果为落脚点，及时调整"收效甚微"的产品形式，积极采纳有益的改进策略，不断提高融媒体产品质量。"创新与创意"正是这一过程的灵魂所在。

第二节　理论视域及相关研究

一、从政治传播到政治营销

哈罗德·拉斯韦尔（Harold Lasswell）的 5W 传播模式"谁（who）—说了什么（says what）—通过怎样的渠道（in which channel）—向谁说（to whom）—有什么效果（with what effect）"为政治传播研究奠定了基础，用于解释不同媒介时代的政治传播行为。根据定义，"政治传播"是政治系统中有关政治资讯的分选与处理①，是政治共同体内与政治共同体间政治信息的扩散、接受、认同、内化等有机系统的运行过程②。政治传播的主体（who）包括政党、政府、政治活动家、非党派人士及公众。③其中最为主要的是现代政府，包括国家行政机关、权力机关和司法机关，以及在政治活动中承担政府职能的公共部门。学界也使用"政府传播"的概念来概括由政府进行的信息传播活动④，或是政府议程（或公共政策）、

---

① FAGEN R R. Politics and communication：an analytic study ［M］. Kentucky：Little Brown & Company，1966：15.
② 荆学民，苏颖. 中国政治传播研究的学术路径与现实维度 ［J］. 中国社会科学，2014（2）：79-95.
③ 麦克奈尔. 政治传播学引论 ［M］. 殷祺，译. 北京：新华出版社，2005：1-5.
④ 程曼丽. 新媒体对政府传播的挑战 ［J］. 对外大传播，2007（12）：38-41.

政府施政行为等内政外交之信息和价值观的扩散、接受、交互、内化和认同①。传统媒体时代，政府主要作为信息源参与政府传播和政治传播，但新媒体的发展让政府必须"直面公众"。不少政府机构设立了"新媒体编辑部"或"新媒体中心"②，运营官方新媒体、社交媒体账号，直接参与政治信息的生产与传播，在网络政治传播场域中发挥重要的作用。

在政治传播过程中，"说了什么"（says what）与"通过怎样的渠道"（in which channel）至关重要。这意味着作为传播主体的政府有义务与责任利用不同类型的、最新的技术和媒介，使用多元而恰当的方式和策略发布政治信息和公共政策③，确保政府所认定的事实和观念准确到达并影响公众，更好地传达政策意图④。大众媒体兴盛之时，政治传播的核心是政府影响下媒体对政治信息的传递⑤，政府或候选人需要开展高效的大众传播，传达他们想要传达的信息并争取支持⑥。现如今，政府和候选人的首要任务是通过这些富有活力的"新媒介"实现多维度的同步或异步传播，形成有效的政治沟通。⑦ Facebook、Twitter 的优势在于能够帮助政府将信息带到人们消费内容和花费时间最多的地方，并帮助政府在用户所在的地方、

---

① 刘小燕. 政府传播中的公众意愿回应模式［J］. 国际新闻界，2011，33（11）：63-68.

② 尹连根. 博弈性融合：政务微信传播实践的场域视角［J］. 国际新闻界，2020，42（2）：100-120.

③ ChUN S A, REYES L F L Social media in government［J］. Government Information Quarterly，2012，29（4）：441-445.

④ SERRANO J C M, PAPAKYRIAKOPOULOS O, HEGELICH S. Dancing to the Partisan Beat：A First Analysis of Political Communication on TikTok［C］. ACM，2020.

⑤ 谢岳. 当代中国政治沟通［M］. 上海：上海人民出版社，2006：6-7.

⑥ Bob Mead to Dick Cheney and Don Rumsfeld, White House memorandum on The Role of Radio and Television in Political Campaign［EB/OL］. fordlibrarymuseum，1975-06-19.

⑦ LINDSAY H H. Participation or Communication? An explication of political activity in the internet age［J］. Journal of Information Technology & Politics，2012，9（3）：217-233.

按照用户的条件与之接触。① Youtube 或 TikTok 鼓励政治传播者充分利用视听途径（audiovisual acts）来表达观点，传达他们的政治立场。② 那些原本不为人知的候选人则有望在 TikTok 中浮出水面，获得成为"头条"的机会。

　　政治信息的范围和政治传播的内容维度（says what）也已发生变化。政治传播不再仅仅谈论大型公共政策与政务详情，而是更加关注政治家所经历的普通日常事件。这使得政治传播越来越成为政府一系列具有自身合理性的叙述。③ 2022 年新出版的《理解媒体与政治：5 项政治传播的原则》一书中提道："几乎所有的媒介都在致力于讲述可以给政治过程带来主要影响的'故事'，即使出现在各种形式媒体上的'故事'都存在偏见。"④ 这种有选择的"故事"已然成为一种有效的个性化内容工具，帮助政府实现政治传播目标。⑤ 在中国，"宣传"（propaganda）也在发生着话语与观念的转型。⑥ 政府正在"主流价值"层面使用更为巧妙、更具说服力的方式进行传播⑦，即以轻松活泼的方式报道具有亲民和服务属性的新闻，使用情绪动员、网络语言、话题标签甚至虚拟偶像等具有网络传播力的叙事

---

① FOUHY B. Elections 2012：The social network，presidential campaign edition ［EB/OL］. huffpost，2012-04-17.

② SERRANO J C M，PAPAKYRIAKOPOULOS O，HEGELICH S. Dancing to the Partisan Beat：A First Analysis of Political Communication on TikTok ［C］. ACM，2020.

③ FISHER W R. Human communication as narration：toward a philosophy of reason，value，and action ［M］. Columbia：University of South Carolina Press. 2021：5.

④ WOLFSFELD G. Making sense of media and politics：five principles in political communication ［M］. New York：Routledge，2022：45-71.

⑤ SCHUBERT C. Narrative sequences in political discourse ［M］. Amsterdam：John Benjamins Publishing Company. 2010：143-162.

⑥ 刘海龙. 20 世纪宣传话语与宣传概念的变迁 ［D］. 北京：中国人民大学，2008.

⑦ HUANG H. Propaganda as Signaling ［J］. Comparative Politics. 2015，47（4）：419-444.

手法，推动"软宣传"的兴起①。凯文（Kevin G. Barnhurst）认为，"我们需要一种新的方式以超越工具理性，革新政治传播需要关注伦理和审美层面的信息体验"②。这种体验突出了政治信息和事实之外的价值属性，强调对政治传播中所蕴含的政治文化的深层关注。

"政治营销"的兴起，无疑将 5W 模式中的"向谁说（to whom）—有什么效果（with what effect）"推向新的极致。菲利普·科特勒（Philip Kotler）认为，任何形式的组织都要面临营销，以解决其与其他组织、公众及客户间的关系问题。③ 政府部门也不例外，在履行行政职能的同时，还需要进行专业的营销活动。1956 年，斯坦利·凯里（Stanley Kelley）首次提出"政治营销"（political marketing）的理念。正是那些"营销行动"让选民清楚地了解了经济状况、国家安全等外部条件的政治相关性，明确了竞选人的竞选演说、专业程度和角色以及作为竞选人将如何应对危机，这对于选举结果尤为重要。④ 政党、候选人、政府也越来越意识到"营销"的重要性，不断发展并调整营销策略，试图赢得民众。1994 年，布鲁斯·埃·纽曼（Bruce I. Newman）出版《营销总统：选战中的政治营销》一书，他认为"政治营销"就是将营销原则和程序在政治竞选过程中的应用。"政治候选人、政党、政府、游说人和利益集团为了寻求驱动公关舆论，提升它们自己的意识形态，通过某项立法提案或者获得公民的选票，借助战略性分析、发展、执行和管理，对社会中特定民众和集团的需求和

---

① 张开平，孟天广，黄种滨."软宣传"的兴起、特征与效果：基于 2009—2023 年主流媒体与政务新媒体的大数据分析 [J]. 新闻与传播研究，2023，30（12）：86-103+128.

② BARNHURST K G. The new "media affect" and the crisis of representation for Political Communication [J]. International Journal of Press/Politics, 2011, 16（4）：573-593.

③ Kotler P. A generic concept of marketing [J]. Journal of marketing, 1972, 36（2）：46-54.

④ STEGER W, KELLY S, WRIGHTON M. Campaigns and political marketing [M]. Oxfordshire：Routledge, 2013：2-9.

愿望做出反应。"① 这一定义明确了政治营销的两个基本原则："目标导向"和"迎合公众"。政府或候选人应当以"预期获得怎样的传播效果"为目标，进而有针对性地确定政治营销方案。判断这种方案是否合适的主要标准是其是否能够满足公众需求，是否以实现公众愿望为中心。

伴随着市场经济和媒体行业的发展，政治营销被认为应当更加积极地借鉴市场营销的策略与方法。立足于受众调查，在全面评估政治和社会环境的基础上，明确目标，选择战略，运用有效的营销手段与众多社会行为体进行信息沟通、理念交流和产品服务交换，以获取民众（选民）的认同和合法性支持。② "分析目标受众"是政治营销最为重要的先期工作，其次是产品设计和产品提炼。③ 这一过程的关键在于明确公众的信息偏好和媒介偏好，通过差异化产品设计和营销策略传递有针对性的信息，确保产品、政党形象、候选人形象与政治价值紧密联系起来。④ 政治营销存在三个鲜明的趋势。一是产品化发展。政府或候选人用"推出产品"或营销新品的方式进行包装，或运作某一政治纲领或公共政策，使其成为传媒市场富有竞争力的内容产品。这一"产品"的内涵十分丰富，包括：实体化产品，如广告传单、邮寄的选举资料、介绍事实等⑤；符号化产品，如政党的代表颜色、设计、口号等；媒介化产品，如政党在媒体推出的形象广告、影像记录，以及无形化产品，如政治观念、政治思想与政治价值等⑥，

---

① 纽曼. 营销总统：选战中的政治营销 [M]. 张哲馨，译. 上海：上海人民出版社，2007：1-8.

② 孙鸿，赵可金. 国际政治营销概论 [M]. 北京：北京大学出版社，2011：13.

③ LEES-MARSHMENT J. The Marriage of Politics and Marketing [J]. Political Studies，2001，49（4）：692-713.

④ WRING D. Conceptualizing political marketing：a framework for election - campaign analysis [J]. The Idea of Political Marketing，2002：171-85.

⑤ MARK N C. The Marketing Glossary：Key Terms，Concepts and Applications [M]. New York：Amacom Books，1992.

⑥ LOCK A，HARRIS P. Political marketing [J]. European Journal of Marketing，2013，30（10/11）：14-24.

均在整体的政治营销之列①。二是专业化程度高。政府或候选人在开展政治传播时越来越注重专业化。② 大量的第三方公司如公关公司和广告公司为政治营销提供服务，开展受众调查，设计方案、执行专门的营销活动。一档政治脱口秀节目显然比传统新闻更容易获得年轻且偏好嘻哈风格的受众的喜爱。一项由候选人引领的慈善活动，如果配合特定脚本的演说，则更能清晰展示候选人在支持社会公益和社会保障方面的态度和观念。"框架设定"经常被用来优化候选人形象。与媒体合作，可以放大候选人的优势，而将其部分容易被人诟病的元素尽可能地"趋小化"。三是品牌化趋势。政治营销具有"目标的政治性"和"手段的商业性"等基本特点。③"政治品牌"（political branding）的出现，通常被认为是政治传播中消费者（政治受众）权力持续增长的一个结果，也是新商业技术应用于政治领域的基本表现。政治品牌的运作可归纳为洞察公众潜在需求、建立政治品牌标识、政党过滤机制、诉诸情感的政治认同、社会型政治动员、介入长效记忆的政治品牌管理、通过符号化实现品牌增值。④ 社交媒体有利于政治品牌的建设和维护。一方面，政府或候选人可以将民众视作客户与伙伴，更加充分地通过社交媒体推销自己，进行有效沟通。⑤ 政府或候选人所发布的每条 Facebook/Tiwtter 信息，都是一张名片或广告，构成"政治品牌"的标识，并不断强化品牌的内涵。另一方面，基于社交媒体的互动和交往能够催生情感效应，维系民众对于候选人或政府机构的认同，有利于政治品牌价值的接受与内化。

---

① 石晨旭 . 政治营销研究综述 [J]. 广告大观（理论版），2011（2）：35-44.

② BLUMLER J G, KAVABAGH D. The third age of political communication: influences and features [J]. Political Communication, 1999, 16: 209-230.

③ 赵可金 . 美国政治营销的兴起 [J]. 美国研究，2008（2）：28-47, 3-4.

④ 苏颖 . 国外政治传播新转向：政治品牌的发生、运作与争议 [J]. 国外社会科学，2020（4）：100-113.

⑤ WUKICH C. Government social media engagement strategies and public roles [J]. Public Performance & Management Review, 2021, 44（1）, 187-215.

20 世纪 90 年代，美国西北大学唐·舒尔茨教授（Don E. Schultz）提出整合营销传播理论（Integrated Marketing Communications，简称IMC），进一步倡导消费者/客户/受众是一切营销传播的出发点和中心。组织需要抓住消费者的心理和需求，主动向消费者推送信息，然后建立其与消费者的完善的沟通机制。① 这一理论在政治营销领域中的价值在于：其一，政府或候选人应当将受众需求放在首位，采用多种方法和方案开展政治营销，以"受众"为组织行动的主导，基于"满足公众对于政治讯息的需求"制定营销传播策略。其二，政府或候选人需要面对不断变化的外部环境快速做出反应。但必须明确的是，整合营销传播是一个统一或协调的整体，能够促进一致的品牌信息的传播，使得品牌看起来更值得信赖。② 其三，"整合"是一组组合工具，尤其是多媒体整合策略。受众有可能通过多种类、多样化的媒体快速关注并获得关键信息，多媒体整合策略往往更加有效。③ 在 IMC 理论的基础上，2008 年，北京大学陈刚教授结合中国互联网和新媒体的发展变化，提出"新媒体时代的营销传播是以人的智慧与数字技术相结合为基础的创意传播管理"（Creative Communication Management，简称 CCM），包括传播管理、创意传播和传播接触三部分。其中，"创意传播"是依托"创意"创造交流、创造内容、创造营销传播效果，于互联网海量信息中吸引、影响目标对象，是整个新营销传播的重中之重。④ "沟通元"（meme）是创意的关键，是指一种基于内容的文化单元，它聚集了互联网生活者最感兴趣的内容和最容易引起讨论和关注的话题，一旦投入数字生

① 沈虹. 缘起"协同"：论"协同创意"的理论渊源 [J]. 广告大观（理论版），2013（4）：74-81.

② TERENCE A J, CRAIG A. Integrated Marketing Communication in Advertising and Promotion [M]. Cincinnati：South-Western College Publishing，2013：360.

③ ANG L. Principles of integrated marketing communications [M]. Cambridge：Cambridge University Press，2014：141-142.

④ 陈刚. 创意传播管理（CCM）：新传播环境与营销传播革命 [J]. 广告大观（综合版），2008（5）：23-28.

活空间，就会迅速引起关注，激发生活者热烈的分享、讨论和参与。在传播者和生活者的积极互动中，沟通元不断地丰富和再造，并不断地延续传播。①

发明"沟通元"，利用"沟通元"，在创意传播的过程中邀请公众深度参与并及时根据效果调整营销方案，是新媒体时代组织建构品牌、获得成功的法宝。尽管创意传播管理主要用于商业领域，但政府及其他政治传播主体仍然能够从这一理论中获益。新媒体时代的政府、组织、企业、媒体与公众都是网络平台的"生活者"，时刻处于竞争性传播中，只有"创意"才有可能获得公众宝贵的注意力，使得政府或组织的行动被有效识别。"创意传播"的前提是对用户和公众"新媒体偏好、流行趋势与审美风格"的深度理解和尊重，只有以用户为中心的"创意传播"才能真正打动公众，激发公众参与创意的兴趣和热情。"创意传播管理（CCM）"还为政府提供了一条新媒体时代传播创新的操作化路径，即"提供沟通元—协同开发—效果反馈"。政府需积极提炼、创造公众喜闻乐见并符合政府传播意图的"沟通元"，可以是字词等相对简单的语音结构，也可以是声音、图像等②，或从网络信息环境和舆论热点之中选择应用流行语、"梗"、隐喻、IP人物或影视桥段。在网络之中触发后，公众、媒体、社会机构对"沟通元"不断复制、分享、再创造，实现信息、意义的协同开发，完成传播营销行动。政府可通过在线舆情检测或数据服务系统评估创意传播的效果，根据反馈，及时调整策略并优化。

"创意"本意是去创造，产生原创和有价值的东西。③ 向勇认为，"创意传播"是在互联网语境下发展起来的"以人为本、以文化为素材、以创

———————————

① 陈刚，沈虹，马澈，等．创意传播管理［M］．北京：机械工业出版社，2012：124．

② 沈虹．创意传播的沟通元与广告创意传播［J］．广告大观（理论版），2012（4）：47-58．

③ RPBER J S, KARIN S. Creativity ［M］. Cognitive Psychology（6 ed.）. American：Cengage Learning. 2011：479-483.

意为手段、以场景为体验"的传播生态与传播方法。① 近年来,"线上创意表达"(creativity expression online)盛行,参与政治传播的各个主体都有着强烈的创作意愿,在快手、抖音等艺术表达和公民参与障碍较为宽松的环境中积极创作、分享内容,这一过程使得他们感受到愉悦与支持,更加相信他们的创意行动具有价值。② 尤其是青年群体,他们使用游戏、同人小说、多媒体创意性地讨论、评价政治过程,为同龄人提供了重新想象政治的空间与可能。③ 短视频则正在兴起一种"玩政治"(playing politics)风潮,广大青年通过"玩"的形式,发布创意内容,参与政治过程,既蕴含了公民的政治训练,还能够突破政治参与的种种限制。④ 这使得"创意传播"正在成为一种生态和语境,与参与性政治联系在一起,也增加了民众获得政治日常性的渠道和方式。克里斯·比尔顿(Chris Bilton)和斯蒂芬·卡明斯(Stephen Cummings)在《管理与创意手册》中写道:"我们不能把创意仅仅看作产品,而是一个广泛的社会过程,与多元的社会组织和他们的关键部门相关联,使得多元化的机构和个人囊括其中,创意能够带来新的结果与价值。"⑤ 一方面说明了"创意"所具有的普遍性、丰富的价值和机会,另一方面也说明"创意"在宏观层面受到政府或其他重要组织的影响,政府对整个社会"培育创意"有着重要的作用⑥,政府的创

① 向勇. 创意管理学 [M]. 北京:清华大学出版社,2022:176.

② JENKINS H. Confronting the challenges of participatory culture: media education for the 21st century [M]. Cambridge: MIT Press, 2009: 45.

③ KLIGLER - VILENCHIK N, LITERAT I. Distributed creativity as political expression: youth responses to the 2016 U. S. presidential election in online affinity networks [J]. Journal of Communication, 2018, 68 (1): 75-97.

④ VIJAY D, GEKKER A. Playing politics: how sabarimala played out on TikTok [J]. American Behavioral Scientist, 2021, 65 (5): 712—734.

⑤ BILTON C, CUMMINGS S. Handbook of management and creativity [M]. England: Edward Elgar Publishing, 2014: 15-18.

⑥ BILTON C, CUMMINGS S. Handbook of management and creativity [M]. England: Edward Elgar Publishing, 2014: 15-18.

意选择在一定程度上代表了时代风尚。

融媒体时代，政府鼓励开展"视觉化创意"，通过图像表现一个或多个事件，展示人物的变化，通过视觉特征来强调事物本质。① VR 等沉浸式的视觉图像更加吸引公众，激活公众的参与、互动和探索，带来更广泛的理解和卷入。② "情感化创意"有利于传递政治形象和价值。印尼佐科威总统使用自己的 Vlog 塑造自己谦逊、亲民、谦虚的领导人形象，在构建政治叙事时也注重表达自己进步和改革的理念，将人物、动作、环境、文本、情绪整合在一起。③ 中国官方媒体则同样注重利用情感化表达引发民众的爱国热情，塑造与民众爱国意识和民族意识更为一致、能够产生深刻共鸣的政治叙事。④ "故事化营销"原本注重通过讲述与品牌理念相契合的故事来吸引消费者，使消费者在感受故事的过程中潜移默化地完成品牌信息植入。⑤ 这同样可以运用在政府传播创新领域，通过故事的建构和讲述，赋予政府行动、政府人物以表现力和感染力，加深用户在理解故事的过程中所产生的政治认同。"萌化创意"则巧妙运用了拟人和拟物的修辞手法，以增加萌元素的创制方式对具有政治色彩的现象进行符号化解读，表达某

① MURRAY J K. Buddhism and early narrative illustration in China ［J］. Arch Asian Art，1995（8）：7-31.

② NIKOLAOU A, SCHWABE A, BOOMGAARDEN H. Changing social attitudes with virtual reality：a systematic review and meta-analysis ［J］. Annals of the International Communication Association，2022，46（1），30-61.

③ SURDIASIS F, ERIYANTO E. Narrative of politics in the era of social media：a multimodal analysis of president Joko Widodo's video blog ［J］. E3s Web of Conferences，2018：74.

④ ZHAO J, ZHANG D. Visual propaganda in chinese central and local news agencies：a douyin case study ［J］. Humanities and Social Sciences Communications，2024，11（1）：1-14.

⑤ 王乃琦，刚强. 新媒体时代文创产品叙事模型研究：以故宫文创产品为例 ［J］. 出版广角，2020（18）：68-70.

种政治情感。①"万物皆可萌"②，在新媒体传播和商业化浪潮的推动下，政府同样需要在创意传播中利用"萌力量"③，赢得公众。

二、政府融媒体产品的相关研究

在中外文献中，尽管直接使用"政府融媒体产品"对社交媒体时代的政府创新创意传播进行概括的尚不多见，但围绕政府融媒体产品的实践经验所展开的相关研究早已展开。在国内，政务新媒体是新时期政府开展创新传播、创意传播的关键举措，也是政府融媒体产品的主要投放平台，因而对政务新媒体的研究成果值得借鉴。政务新媒体是政府及其部门基于社交媒体推动并引领内容、关系、服务，构成网络空间秩序并面向数字政府创新的一系列应用及行动系统的总称。④ 从技术和媒介语境出发，政务新媒体是政府利用新技术、新媒介进行政治传播的主要途径，有效地提高了政府传播的效率和效能⑤，且在网络和新媒体范围内形成了多个政治传播主体的互动网络，引领公众与社会共同参与⑥。2018 年，国务院办公厅发布《关于推进政务新媒体健康有序发展的意见》，要求发展政务新媒体信息传播、公共服务、社会治理三大功能，建设"亮点纷呈、人民满意的指

---

① 马川，孙妞. 从"政治萌化"到"反政治萌化"：当代青年政治主体性的建构、再构与重构 [J]. 中国青年研究，2020（6）：102-106.

② 蒋兆雷，叶兵. 关于都市"萌文化"现象的研究 [J]. 中国青年研究，2010（3）：75-77.

③ 赵新利. 萌力量：可爱传播论 [M]. 北京：人民日报出版社，2017：241-243.

④ 贾哲敏. 移动政府：政务新媒体的传播图景与效果 [M]. 北京：人民出版社，2021：34.

⑤ 李剑利. 社会治理创新视角下政务新媒体发展探析 [J]. 中共石家庄市委党校学报，2016，18（2）：43-45.

⑥ ZHENG L. Social media in Chinese government：Drivers, challenges and capabilities [J]. Government Information Quarterly, 2013, 30（4）：369-376.

尖政府"①。当前，我国政务微博、政务微信、政务 APP、政务短视频（简称"两微一端一视频"）已形成矩阵化发展②，共同发挥着积极的作用。在融媒体时代，推出政府融媒体产品，无疑是政务新媒体建设再攀高峰的一种有效的策略。

梳理已有文献可知，对政务微博、政务微信等不同类别的政务新媒体展开内容分析、主题分析和框架分析的研究众多，从中可窥见政府利用社交媒体进行创新传播的变化趋势。早期的政务微博从维度上主要分为机构微博、发言人微博、主题微博三种类型③，从内容类别上包括形象塑造类、公共服务类和关系类，且已形成一定的发布规律和风格，如连续、规律地发布信息、根据用户活跃情况设定信息发布节奏、多媒体元素融合使用、用网民风格发布信息等④。城市政务微博的内容特征可概括为"生活服务资讯占主导，城市文化新闻是重点，新闻发布会信息优先，互动性内容作补充"。基于大数据的分析，北京市政务微博体现出"政治经济类宏观议题与民生社会类微观议题并行发展"的内容特点，且存在"核心职能—多元议题"内容联动结构⑤。"上海发布"（2011—2016 年）的官方微博/微信同样最为关注民生、服务类内容，且在形式上注重使用流行性标题，摆脱传统行文规则。⑥ 张开平等分析了 94 家主流媒体和政务新媒体新浪微博

---

① 中华人民共和国中央人民政府. 国务院办公厅关于推进政务新媒体健康有序发展的意见：国办发［2018］123 号［A/OL］. 中国政府网，2018-12-07.

② 解读政务新媒体的发展优势与问题对策［EB/OL］. 中华人民共和国国家互联网信息办公室，2019-12-03.

③ 郑磊，任雅丽. 中国政府机构微博现状研究［J］. 图书情报工作，2012，56（3）：13-17.

④ 黄河，刘琳琳. 试析政府微博的内容主题与发布方式：基于"广东省公安厅"与"平安北京"微博的内容分析［J］. 现代传播（中国传媒大学学报），2012，34（3）：122-126.

⑤ 贾哲敏，赵吉昌. 北京市政务微博群集的现状与发展：议题图景与服务转型［J］. 电子政务，2017（4）：38-48.

⑥ 王玲宁，禹卫华. 全文本视野下政务新媒体的内容生产和传播特征：以"上海发布"为例［J］. 新闻界，2017（9）：27-31.

官方账号（2009—2013 年）所发布的 702 万条微博，发现官方传播呈现出更强的亲民性、互动性和融合式趋向，正能量新闻比重稳步提升。宣传话语和形态也在同步发生迭代，情感动员、网络流行语和话题标签等传播方式形成了突出价值判断的政治话语。①

罗伯特·恩特曼（Robert M. Entman）认为，媒体在建构新闻的过程中会选择性感知事实的某些部分，将它们凸显在传播文本中②，即框架（framing）。克罗斯尼克与欣德（Krosnick & Kinder）发现，在政治传播中，如果某些"框架"被突出强调，那么公众会更加关注这个领域。③ 因此，政府普遍利用"框架"引导公众关注被特殊选择的方面，从而忽视其他方面，以便将其政治偏好、分配原则、政策倾向、服务理念贯穿其中。④ 笔者曾经的研究表明，政务微信主要凸显公共性（政府—公众框架、公共利益实现框架）和流行性（流行语框架与人情趣味框架），形成双重框架并行结构。⑤ 政务短视频则主要使用政治类框架（如政府—政治框架与"正能量"框架），且显著扩大了新闻性框架，如冲突框架（包括事实冲突和态度冲突）的使用范围。"网红—吸引"框架相比其他框架设定更富于凸显戏剧化和喜剧效果，用于提高政务短视频的趣味性、吸引公众注意力。⑥ 叙事框架（narrative framework）则主要研究政策制定者和发布者如何运用

———————————

① 张开平，孟天广，黄种滨."软宣传"的兴起、特征与效果：基于 2009—2023 年主流媒体与政务新媒体的大数据分析 [J]. 新闻与传播研究，2023，30（12）：86-103，128.

② ENTMAN R M. Framing: toward clarification of a fractured paradigm [J]. Journal of communication，1993，43（4）：51-58.

③ KROSNICK J A, KINDER D R. Altering the foundations of support for the president through priming [J]. American Political Science Review，1990，84（2）：497-512.

④ LAWRENCE R G. Game-Framing the issues: tracking the strategy frame in public policy news [J]. Political Communication，2000，17（2）：93.

⑤ 贾哲敏，顾晓宇. 政务微信传播的框架建构与影响 [J]. 北京航空航天大学学报（社会科学版），2018，31（1）：32-38.

⑥ 贾哲敏，何婧琪. 政府视觉传播中的框架建构：基于抖音政务短视频的内容分析 [J]. 中国政治传播研究，2022（1）：94-107.

"叙事"来影响政策过程，以使得政府偏好与战略能被有效贯彻其中。①
"叙事"是有选择性地讲述事件的一种工具，甚至能够通过传达"偏见"
来实现说服，以实现个性化、整合、示范和两极分化四种功能。② 融媒体
时代，"叙事"非常符合政府内容建构的需求。研究表明，政府正在积极
调用各种数字资源符号，重新建构"叙事"，使得每一种传播方式能够充
分释放其叙事功能。③ 为迎合粉丝的阅读趣味并保持账号吸引力，政务新
媒体正在根据职能、地域、历史、文化、公民需求的不同，探索个性化与
个体化传播，调整原有的叙事框架。④ 有学者研究了政务短视频在表现
"爱国主义"叙事时，无论是在国家宏观层面（如建国、军队、表述建设
国家繁荣的成就等），还是在人民民生的微观层面（如孝顺、榜样、个人
奉献和家国民命运）都在不断强化这一主题的"一致性"，保持积极向上
的正能量。⑤ "故事化"则成为另一个重要的叙事策略选择，除去政府和官
方"建构故事"时所使用的"事件、人物和背景"⑥，还要考虑如何让用
户沉浸于故事之中，形成与故事一致的认知和信念⑦。"短视频讲故事"实

---

① JONES M D. Communicating climate change: are stories better than "just the facts"? [J].
   Policy Studies Journal, 2014, 42 (4): 644-673.
② SCHUBERT C. Narrative sequences in political discourse: Forms and functions in speeches
   and hypertext frameworks [C] //HOFFMANN C R. Narrative Revisited: Telling a Story
   in the Age of New Media. Amsterdam: John Benjamins, 2010: 156-162.
③ PAGE R. New perspectives on narrative and multimodality [M]. London: Routledge,
   2010: 78-99.
④ KHAN G F, YOON H Y, PARK H W. Social media communication strategies of govern-
   ment agencies: Twitter use in Korea and the USA [J]. Asian Journal of Communication,
   2014, 24 (1): 60-78.
⑤ CHEN X, KAYE D B V, ZENG J. Positive energy Douyin: constructing "playful patriot-
   ism" in a Chinese short-video application [J]. Chinese Journal of Communication, 2021,
   14 (1), 97-117.
⑥ LABOV W, WALETZKY J. Narrative analysis: oral versions of personal experience [J].
   Journal of narrative and life history, 1997 (7): 3-38
⑦ 陈先红，袁文霞. 讲好中国共产党故事的短视频叙事效果与提升策略 [J]. 现代出
   版，2023 (4): 20-32.

现的是信息—情感—意义三个层次的集体对话和叙事疗愈。①

此前研究并未对"政府融媒体产品"做出明确的概念界定。但笔者在2019 年 12 月至 2020 年 2 月所进行的 16 个政务新媒体运营机构深度访谈中，有多位从业者明确使用"做产品"这一提法来描述他们所从事的内容传播工作。可见，政府内部已有初步共识。在技术建构论角度，安德鲁·查德威克（Andrew Chadwick）认为新技术具有政治性并在政治背景中发挥作用，互联网政治的很多议题由其技术秉性所引发且在一定程度上构建政治。可以预期，"政府融媒体产品"将获得进一步发展，并将在未来引领一股政治传播潮流。② 在政治营销角度，候选人为实现选举目标进行政治营销，引导公众投票。关键在于注重投票人信息偏好，提供差异化产品并使用营销策略传递有针对性的信息。③ 政府融媒体产品亦遵循政治营销"细分、目标、用户中心"的理念。媒介产品化角度，媒介像其他物质产品一样满足人们需要，而新媒体产品化程度则更高，且核心是立足受众，满足人们在复杂媒介环境中的需求和欲望④，这要求政府重视用户并提供满足其需求的政治信息产品。

政务短视频是现阶段发展比较成熟的政府融媒体产品品类之一。短视频坚持"用户生产内容"（User Generated Content）的原则，鼓励民众举起日渐普及的智能手机，拍摄所见所闻，用丰富的符号、音乐、图像，"记录美好生活"，构筑视觉化媒介实践的崭新空间。⑤ 政府与公共部门也积极

① 陈先红，袁文霞. 信息·情感·意义："短视频讲故事"的集体对话 [J]. 新闻与写作，2021（10）：90-95.
② 贾哲敏，傅柳莺，何婧琪. 政治传播的新潮流还是新模式?：政府融媒体产品的兴起与发展 [J]. 西安交通大学学报（社会科学版），2021，41（2）：122-130.
③ WRING D. Conceptualizing political marketing：A framework for election-campaign analysis [J]. The Idea of Political Marketing，2002：171-85.
④ 易钟林，姚君喜. 新媒体产品创新的特征与过程 [J]. 现代传播，2016，38（3）：129-132.
⑤ 吕永峰，何志武. 逻辑、困境及其消解：移动短视频生产的空间实践 [J]. 编辑之友，2019（2）：86-90.

"入场"，参与传播，带来公共信息的"短视频化"。① 短视频发送几秒钟到几分钟的短小、个性化内容，趣味性强，具有快速传播、网络繁殖、社交性强的特点。② 因此，作为产品的政务短视频能够使得政府的传播目的更加明确，有效的告知公众且加强沟通。在中国，政务短视频的内容主题还聚焦于在形象宣传和正能量领域③，用于政治价值、道德伦理和政治行动效果的塑造④。这是因为，政务短视频的运行和传播逻辑与政府网站、政务微博和微信截然不同⑤，更具有产品化的特点。政务短视频所处的是通过视觉技术对用户进行感官刺激，满足受众娱乐需求的商业导向的媒介环境⑥，且政务短视频拥有的是更加关注个性化、游戏性、娱乐性，对视觉内容选择更加自主、分散、多元的受众⑦。卢樱丹等对政务短视频所展开的分析认为，出于"争夺观众的注意力"的考虑，中国政府在抖音平台使用大量的视觉符号、视觉特效来突出视觉化效果，使得其所建构的内容更接近于网红或普通用户的短视频表达，但和政府在其他政务新媒体平台所展示的内容有着显著不同，且存在大量与政治、政府、政党等传统的宣

---

① 贾哲敏，何婧琪. 政务短视频发展现状及在政府传播中的作用 [J]. 北京航空航天大学学报（社会科学版），2019，32（6）：53-58.

② XU L, YAN X, ZHANG Z. Research on the causes of the "Tik Tok" app becoming popular and the existing problems [J]. Journal of Advanced Management Science，2019，7（2）：59-63.

③ 王佳航，张希臣. 抖音政务号的话语方式与社会效果探析 [J]. 新闻论坛，2018（5）：19-23.

④ WIDAYAT R M, AJI J S, KURNIAWAN C. A systematic review of social media and government in the social science discipline [J]. Journal of Contemporary Governance and Public Policy，2023，4（1），59-74.

⑤ 巫霞，马亮. 政务短视频的传播力及其影响因素：基于政务抖音号的实证研究 [J]. 电子政务，2019（7）：22-30

⑥ ZUO H, WANG T. Analysis of Tik Tok user behavior from the perspective of popular culture [J]. Frontiers in Art Research. 2019，1（3）：1-5.

⑦ 彭兰. 短视频：视频生产力的"转基因"与再培育 [J]. 新闻界，2019（1）：34-43.

传意涵不尽相同的内容。① 这种倾向在其他国家的政府传播中也存在着，政务短视频的作用更多地在于展示，而非促进协商民主和参与，对政治事务的讨论则始终缺席。② 此外，政务短视频也较多地表现出情感性的特点，将严肃的政府形象人格化，并在受众中建立一种亲密感和即时感，从而提升内容的吸引力。③

此外，还有部分针对其他品类的政府融媒体产品展开的探索性研究。如政府使用 VR 产品开展竞选信息传播，主要看重 VR 产品所具有的 6 个特征：图像的肯定力量、身临其境的图像的生动性、第一人称叙事和故事生活、VR 促进互动参与、VR 环境的设计、VR 技术的新颖性。④ 这种沉浸式的图像有望进一步激活公众参与、互动和探索，带来更广泛的卷入和认同，从而形成对政府更加积极的评价与态度。⑤ 政务直播在国内已经有一定程度的发展，得益于直播主体通过可听、可视、可感的修辞，形成了言能称物、辞能达意的表意效果⑥，从而激励民众在跨越时空构筑起的虚拟

① LU Y，PAN J. The pervasive presence of Chinese government content on Douyin trending videos [J]. Computational Communication Research，2022，4（1）：68-97.
② CERVI L，TEJEDOR S，BLESA F G. TikTok and political communication：The latest frontier of politainment? A case study [J]. Media and communication，2023，11（2），203-217.
③ 于晶，赵艺童. 政务新媒体传播效果及其影响因素研究：基于社会临场感理论视角下的跨平台比较 [J]. 北京航空航天大学学报（社会科学版），2024，37（2）：147-156
④ WEBER W，DINGERKUS F，FABRIKANT S I，et al. Virtual reality as a tool for political decision-making? An empirical study on the power of immersive images on voting behavior [J]. Frontiers in Communication. 2022（7）：1-17.
⑤ NIKOLAOU A，SCHWABE A，BOOMGAARDEN H. Changing social attitudes with virtual reality：a systematic review and meta-analysis [J]. Annals of the International Communication Association，2022，46（1），30-61.
⑥ 马俊悦，朱爱敏. "品味新疆好产品"公益直播的话语修辞研究 [J]. 新闻世界，2023（8）：29-31.

新空间中彼此对话、交流，形成独特的政府—公民关系①。政务动漫《跟着那兔学党史》则在卡通化、扁平化、碎片化的策略性编码中描摹与勾勒出中国共产党从诞生到解放全中国的波澜壮阔的历史图景，实现了"视觉符码—国家意象—价值信仰"的内容生产实践逻辑。2019年，北京市政府打造了"70年我与新中国同行"政务新媒体系列产品，利用短视频、微纪录片、长图、视频专访和VR全景、数字新闻、互动直播等7种形式，推出"那些年温暖在北京、那些年奋斗在北京、那些年生活在北京、那些年绽放在北京以及大美北京、数解北京、史观北京"等7大主题、共70个融媒体产品。② 亨利·詹金斯（Henry Jenkins）认为，"一个媒体故事横跨多种媒体平台展现出来，每一个新文本都对整个故事做出独特而有价值的贡献"。这些政府融媒体产品无疑也形成了一种"跨媒介叙事"③，构筑了不同形态、不同角度、不同价值取向的媒介景观。久而久之，人们对政府的认知和想象能够被这种"媒介景观"所限定并影响④，形成关于政府与政治的"价值性判断"。

在效果研究维度，对政务新媒体的研究表明，政务新媒体能够促进信息公开并且提高政府的透明度，易于政府关注到公民的政治诉求并快捷有效地回应各类民意。政务新媒体为公众提供了优质的线上公共服务并缩短了政府与公众间距离，因而显著提高了政府绩效，带来公众对政府的信任度和公信力的积极评价。⑤ 但政务短视频及其他的政府融媒体产品是否具

---

① 任彬彬，颜克高．官员直播带货：县域政府实现乡村振兴的新探索：基于基层治理创新视角［J］．兰州学刊，2021（1）：137-151．

② 郑海鸥．"70年我与新中国同行"政务新媒体新品在京发布［EB/OL］．人民网，2019-09-22．

③ 詹金斯．融合文化：新媒体和旧媒体的冲突地带［M］．杜永明，译．北京：商务印书馆，2012：157．

④ 张丽莹．阿帕杜莱文化全球化理论浅析［J］．学理论，2015（18）：79-80，95．

⑤ BERTOT J C, JAEGER P T, HANSEN D. The impact of polices on government social media usage: issues, challenges, and recommendations ［J］. Government Information Quarterly, 2012, 29（1）: 30-40.

有同样效果还有待探讨，原因是政务短视频并不直接提供公共服务，且所提供的信息及内容与政务微博、政务微信等有所不同。针对政务短视频的研究通常将用户使用的信息及内容按照属性进行划分。信息性内容的接触和使用往往仍具有积极作用。① 但由于政务短视频会使用娱乐性表达方式来增加流量，使用吸引眼球的标题、流行梗、剧本表演等，使政务短视频具有一定的"娱乐性"特征，且普遍存在于政务 VR、政务游戏、政务动画等政府融媒体产品之中。娱乐性使用所带来的效果与影响研究结果并不一致，特别是在对用户政治态度和行为的影响上。尽管对于媒介的"娱乐性"使用的确容易产生消极影响②，但有学者发现，在 TikTok 平台观看具有娱乐元素的政治辩论短视频，能够带来用户政治态度或行为积极的改变③。原因是，虽然娱乐性内容并不直接生产政治信息，但通常会以各种方式将政治信息、政治知识、政治价值隐含其中，从而带来相应的正面效果。除此之外，学者们还关注到政务短视频会对公众参与带来促进作用，得益于政务短视频中广泛使用的支持性内容策略（凝聚力、自豪感、自信心等)④，以及政府与公众经常合作生产创制短视频产品的行动⑤。研究还发现，短视频产品的利用更有利于意识形态、身份认同、政府价值的传递。"红色主题"融媒体产品有利于民众构建起关于"我们"的身份归属，

① SHAH D V, CHO J, EVELAND W P, et al. Information and expression in a digital age: modeling internet effects on civic participation [J]. Communication research, 2005, 32 (5): 531-565.

② PUTNAM R D. Bowling alone: America's declining social capital [M]. London: Routledge, 2015: 188-196.

③ MEDINA S J C, PAPAKYRIAKOPOULO O, HEGELICH S. Dancing to the partisan beat: A first analysis of political communication on TikTok [C]. 12th ACM conference on web science, 2020: 257-266.

④ 陈强，赵汉卿，李彤钰. 政务短视频对公众参与的差异化影响：基于危机与后危机情境的比较研究 [J]. 北京航空航天大学学报（社会科学版），2024，37（2）：136-146.

⑤ 金诸雨. 政务视频公众参与行为影响因素研究 [D]. 南京：南京大学，2021.

凝聚情感向心力、固化信仰之源。① "讲好中国共产党故事"的短视频通过全民尤其是青年人的参与，重新整合了叙事力量，有效提高了民众对党的认同，构成说服效果的核心。② TikTok 同样能够在"轻松愉悦"的氛围中调动民众的情感和支持③，将民众的注意力引导到"政府所想要塑造和建构的内容上来"。

　　综上所述，在新信息和新技术时代，从"政治传播到政治营销"的过程就是政府适应新的媒介环境和传播环境，改变观念、调整策略以赢得公众的过程。理论的演进带来探究新时期政府传播创新的基本视角，"以用户/受众为中心"和"产品化"正是主旨所在，其间仍有诸多问题值得深入探讨。已有研究成果带给本研究充分的借鉴，但仍可在如下方面继续展开。其一，"政府融媒体产品"的概念应得到明确界定，进一步讨论其兴起的条件、背景，特征、属性与分类。目前研究对于政务短视频比较重视，但对其他品类的融媒体产品关注不足，因而有必要对其进行系统性分析，或作为政府传播实践的历史性资料进行梳理，或作为值得肯定的创新性案例在实践中予以发扬。其二，关于政府融媒体产品内容建构的研究仍然有待加强。与以往政务微博、政务微信等政务新媒体传播形式相比，政府融媒体产品的内容、叙事、框架、风格都有发生了很大的变化，且在不同应用场景中的形态和功能也有所不同。只有加强对融媒体产品创新实践的分析，从典型个案出发进行解析，才能够全面、客观地了解政府融媒体产品的内容现状和建构特征。这是明确政府融媒体产品传播效果和价值的基础。其三，尽管政务短视频受众研究已有所开展，但对大多数融媒体产品而言，受

①　戴海波，杨惠. 在视像展演中凝聚信仰：共青团政务短视频构筑青年政治认同的双重逻辑：基于《跟着那兔学党史》的审视 [J]. 中国青年研究，2022（8）：44-51.

②　陈先红，袁文霞. 讲好中国共产党故事的短视频叙事效果与提升策略 [J]. 现代出版，2023（4）：20-32.

③　CERVI L, TEJEDOR S, MARÍN LLADÓ C. TikTok and the new language of political communication: the case of Podemos [J]. Cultura, Lenguaje y Representación. 2021（26）：267-287.

众调查仍然缺乏。受众调查是政府以"用户/受众为中心"展开传播的基础，是政府"找到用户、劝服用户、影响用户"的必由之路。这方面的研究理应强化，效果研究也同样缺乏。一方面，基于融媒体产品使用数据所展开的因果量化研究不足，难以发现影响政府融媒体产品效果的关键变量。另一方面，基于个案的效果分析主要局限于"红色文化"等主题，政府传播中更为常见的突出政策性、文化性、公共性、知识性的融媒体产品个案研究相对缺乏，可见对于这一问题的讨论尚处于起步状态，在诸多层面亟待开拓。

第三节　研究问题、方法与框架

一、研究对象与问题

（一）研究对象

本研究的研究对象是在新媒体、社交媒体、移动互联网、人工智能背景下由政府策划与制作，主要在政务新媒体平台发布、投放、传播的各类融媒体产品。最具有代表性的是政务短视频，由各级政府机关、附属机构以及有关公共部门在抖音、快手两大短视频平台注册运营的官方账号产制发布。在广义上，政府在哔哩哔哩、微信视频号、西瓜、小红书等平台所发布的符合短视频时长定义的视听媒介产品也属于这一范畴。此外，由政府发起、主导制作，在政务新媒体平台推出，或与主流媒体合作发布的政务直播、政务 Vlog、政务微电影、政务微纪录片、政务 H5、政务动画、政务游戏、政务 VR、政务 AR 等各类融媒体产品均是本书的研究对象。

（二）研究问题

本研究首先回顾自社交媒体（微博）兴起以来，政府在利用社交媒体开展创新创意传播过程中的主要实践。这些实践显示了政府在回应媒介变迁的过程中，在传播方式、话语形态、传播风格、传播规律等方面的积极探索，既构成政府融媒体产品得以形成和发展的背景，也构成了政府传播产品化、创意化传播的基本底色。

在此基础上，本研究将进一步明确政府融媒体产品兴起的诸种条件，从而界定政府融媒体产品的基本概念，并分析主要特征与属性（问题一）。其次，本研究对目前多元化的政府融媒体产品进行了分类，结合典型个案，梳理每种类型中重要的融媒体产品品类，对不同政府融媒体产品的特征、现状与功能进行解析（问题二）。本研究还讨论了政府融媒体产品的内容建构与叙事。由于政府融媒体产品品类繁多，不同品类产品的内容建构逻辑有所差异，因此本研究从应用情境入手，重点讨论政府在"应急普法传播、公共文化传播、公共政策传播"三种不同情境中如何运用融媒体产品，使用怎样的视听符号和叙事策略呈现传播意图，以及这些产品和内容建构为政府传播带来了怎样的拓展与效果，存在怎样的局限（问题四）。

本研究还基于一套全国性问卷调查（样本量1150）开展政府融媒体产品的受众分析和效果研究。通过描述性统计，解析用户对政务短视频、政务直播、政务游戏、政务H5、政务快闪5种政府融媒体产品的使用情况。通过回归模型，分析不同人口社会经济特征的用户使用政府融媒体产品存在的偏好差异，讨论用户使用政府融媒体产品的主要影响因素（问题三）。本研究还将探讨政府融媒体产品（主要是政务短视频）所带来的微观政治和社会效果。通过量化数据分析、回归模型和中介模型的构建，讨论用户对政务短视频产品的接触和使用对其媒介可信度、持续采纳意愿以及线上政治参与的影响（问题五），为"媒介使用的政治效果"这一理论议题提供新的情境和解释。

最后，本研究的落脚点在于提出"政府融媒体产品并非仅仅是一股潮流，而是正在生成一种'产制—价值'为核心的政治传播新模式"。在未来的融媒体、人工智能媒介变革浪潮中仍会存在，具有前景。需不断采用新的发展策略，调整形态，完善功能，始终作为政府传播创新的一部分，发挥应有的作用。

二、研究方法

本研究主要使用案例研究法、内容分析法、文本分析法、问卷调查法对上述问题展开研究，同时也使用一套深度访谈资料，用于把握政府融媒体产品的产制逻辑，了解现状与问题。

（一）案例研究法

作为"许多个中间的一个，个案是一个有界限的系统"①。案例研究一直是社会科学最常见的研究方法，能够对研究对象的特质进行深入讨论，发现其中不为人知的意趣和价值。同时，案例还可以被当作探讨某种议题、提炼概括性结论的工具（instrumental case study），"以小见大"，考察个案的地位与功能②。本研究使用了案例研究的方法，梳理了自融媒体产品出现至今有代表性的政务短视频、政务 H5、直播、游戏 VR 等产品个案，对其特征、内容、叙事、传播、互动、效果等进行解析，既重视对典型产品自身特质的分析和意义展现，又考察其在政府传播体系中的地位和创新作用。此外，本书还使用了 3 个政府融媒体产品应用的情境化个案：应急普法、文化传播及公共政策。解析在这些情境中政府开发和利用融媒体产品的具体实践与策略，以及效果和影响。

（二）内容分析法与文本分析法

"内容"处于传播过程的中心③，通过"内容"系统性将传播的前因

---

① 邓津，林肯. 定性研究：经验资料收集与分析的方法 [M]. 风笑天，译. 重庆：重庆大学出版社，2007：444.

② 卢晖临，李雪. 如何走出个案：从个案研究到扩展个案研究 [J]. 中国社会科学，2007（1）：118-130，207-208.

③ 里夫，赖斯，菲克. 内容分析法：媒介信息量化研究技巧 [M]. 第 2 版. 嵇美云，译. 北京：清华大学出版社，2010：11.

后果整合起来，是传播研究的关键①。内容分析法（content analysis）被认为是客观系统并量化地描述显性的传播内容的一种研究方法②，强调关于内容的研究要聚焦于外在的、显性化的、客观的、共享的意义，有利于清晰地描述媒介中基本的内容呈现、现象、特征和差异化③，进而为这些内容特性寻求证据，加深对传播者意图的理解。文本分析法（text analysis）则具有人类学传统，主要通过搜集文本，发现并比较不同文化内部的风格、叙事的基本结构和模式，内含着对意义的探索和解释。④ 特别是叙事的规律，主要从文本中发现，进而了解社会现象、文化和历史。本研究中主要使用了如下内容/文本资料：2020—2023 年间应急管理部举办的"应急普法融媒体产品征集活动"中的 220 个获奖作品、故宫博物院官方短视频账号推出的 720 个短视频产品、上海"垃圾分类"政策传播过程中的 10 个融媒体产品，以及书中涉及的其他政府融媒体产品中的具体内容和文本。以此为基础，本书讨论了政府融媒体产品的视听符号建构、内容主题、风格呈现、叙事框架及文化意涵。

（三）问卷调查法

本研究使用了问卷调查法，自主设计"政府融媒体产品/政务新媒体用户使用及社会影响"问卷，主要用于政府融媒体产品的用户研究和效果研究。问卷结构分为人口统计变量、政治和社会心理变量、政府融媒体产品使用情况、政务新媒体使用情况、政府融媒体产品使用意愿、媒介可信度、政治参与行为等。调查委托国内领先的市场研究咨询机构"益普索"

① SHOEMAKER P J, REESE S D. Exposure to What? Integrating media content and effects studies [J]. Journalism Quarterly, 1990, 67 (4)：649-652.
② BERELSON B B. Content analysis in communication research [J]. American political science association, 1952, 46 (3)：869.
③ 里夫，赖斯，菲克. 内容分析法：媒介信息量化研究技巧 [M]. 第 2 版. 嵇美云，译. 北京：清华大学出版社，2010：11.
④ BERNARD H R, GRAVLEE C C. Handbook of methods in cultural anthropology [M]. American：Rowman & Littlefield, 2014：595-596.

执行。益普索公司长期从事基于互联网、社交媒体的各类公共调查和商业调查，具有庞大的网络固定样本库，经验丰富。调查于 2021 年 9 月展开，采用电子问卷的形式发放。受访者会收到问卷链接，然后点击问卷，在规定时间内进行填答，而后提交。系统会自动过滤掉填答时间过短的问卷，再进行数据清洗，获得最终样本 1150 个。由于经济越发达的地区政府往往越开放、开明，政务新媒体、政府融媒体产品的建设和推广也较为积极，用户数量也相对偏多。故而在调查时对样本所在的地域进行了配比。来自北京、上海、广东、浙江四个经济较为发达的直辖市及省份的样本占比为 55%，来自全国其他地区的样本占比为 45%，覆盖全国 28 个省市区的 144 个地级市。

（四）深度访谈资料的利用

本书还以一套深度访谈资料为基础，了解政府融媒体产品产制的基本现状、问题、困境与对策。笔者于 2019 年 12 月至 2020 年 2 月运用深度访谈方法开展"中国政务新媒体运营现状研究项目"。访谈对象包括运营情况较好的头部政务新媒体账号（5 个）及优质账号（11 个）。主管单位和运营主体涵盖国家部委、中央党群组织、省市区三级政府新闻中心、负责具体业务的局/司/处、下属事业单位等。受访机构绝大多数在多个新媒体平台开设账号。开设账号最多的平台是微信（12 个）、微博（12 个），共有 10 个机构账号开通抖音，推出短视频产品。受访者分为两类：一是该单位宣传部门、新闻或新媒体中心的负责人（9 人）；二是账号直接运营者（16 人），既包括政府内部的专职运营者，也有第三方合作机构的运营人员。共有 8 位受访者明确使用"做产品"这一提法来描述他们所从事的内容传播工作。半结构访谈提纲主要包括"账号运营基本情况、内容产制方式、问题困境及未来规划"等。访谈总时长为 847 分钟，文本总字数超过 20 万字。

三、研究框架与章节安排

图1-1为本研究的基本框架。在"以用户为中心"和"产品化"理念的驱动下从理论与实践两个层面展开对政府融媒体传播产品传播创新的研究与探讨，涵盖理论研究、基础研究、现状研究、受众研究、内容叙事研究、效果研究、模式与对策研究等部分。

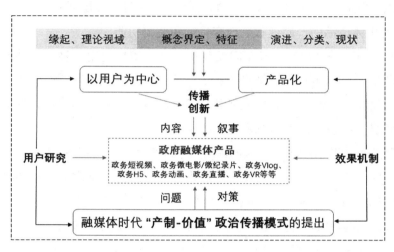

图1-1　研究框架

本书共七个章节。绪论以社交媒体演进下政府传播的创新使命为导引，以政治传播、政府传播、政治营销、创意传播理论视域和相关研究的梳理为基础，步步深入，试图从整体上展示新时期政府融媒体产品创新传播的多元化样态，形成宏观印象，提供理论来源并明确全文的分析进路，引出研究主题。

第二章为整个研究的基础，分两部分。第一部分回顾我国政府自"微博"而始，到短视频、融媒体时代所进行的创新性、创意性、以受众为中心的诸种传播实践；第二部分则讨论政府融媒体产品兴起的技术、媒介、受众及经验性条件与背景，概括"政府融媒体产品"的定义，分析适用性及主要特征，并与"政务新媒体"概念进行区分。

第三章则主要讨论政府融媒体产品的主要类型和发展现状。基于媒介技术和形态标准，展开政府融媒体产品发展现状的探讨，分别讨论视听式（如短视频、微电影/微纪录片、Vlog、音频）、直播式（如政务直播、AI直播、官员带货直播）、沉浸式（如 H5、动画、游戏、VR）、技术应用式（如政务机器人）、全网互动式（如#话题#、快闪、流行语）等 5 个类别、14 种融媒体产品的产制现状、内容特征和主要功能。

第四章为受众研究。基于问卷调查，呈现用户使用 5 种代表性政府融媒体产品（政务短视频、政务直播、政务游戏、政务 H5、政务快闪）的特征与偏好，讨论用户采纳和使用政府融媒体产品的影响因素，探寻提高政府融媒体产品普及比率和采纳意愿的主要策略。

第五章为政府融媒体产品的内容与叙事研究。主要考察 3 个情境化个案——应急普法、公共文化传播、公共政策传播情境下政府融媒体产品的内容建构与叙事。通过内容分析和文本分析，考察不同情境下不同类型政府融媒体产品的视听符号选择、主题、风格、框架、叙事、文化意涵、价值倾向等，明确政府融媒体产品在内容和叙事方面的主要策略与变迁趋势。

第六章以政务短视频为例，基于问卷调查数据解析政府融媒体产品的政治与社会影响。主要通过回归模型和中介模型的建构，考察政务短视频使用在微观层面对用户态度（媒介可信度）和政治行为（持续使用意愿、线上政治参与）的效果生发机制，回应媒介效果经典研究结论。

第七章为研究总结及展望。基于全书的理论研究和经验研究结论，提出政府融媒体产品引领一种新的政治传播模式——"产制—价值"模式，成为政府在新时代传播创新的不竭动力。最后，在数智化媒介发展的新趋势之下，本研究还提出了优化政府融媒体产品、积极推动政府传播创新的策略作为前景展望。

第二章

聚焦政府融媒体产品：回溯与界定

自 2009 年新浪微博上线以来，我国政府在持续发展的社交媒体浪潮中砥砺前行，转变传播观念，转换传播角色，尝试新传播风格，摸索"创新创意传播"的方法与路径，形成独特的线上传播风景（online government communication）。本章将回顾在这一过程中产生和形成的主要媒介实践，管窥社交媒体演进为我国政府创新创意传播带来的契机以及政府的回应与调适，在此基础上明确政府融媒体产品产生和发展的背景与条件，对这一概念进行学理化界定与分析。

第一节　我国政府创新创意传播发展始末

一、"140 字"微博革命

新浪微博是政府创新创意传播实践的孕育平台。最初的定位是"为用户提供娱乐休闲生活服务的信息分享和交流平台"。自 2009 年 8 月上线起就迅速引起社会关注。仅一年时间，新浪微博每天发博数量就超过 2500 万条①，"织围脖（微博）"成为当时网民最为热衷的网络活动。对于微博

---

① 百度百科. 微博 [EB/OL]. 百度，2024-07-30.

所蕴含的传播变革机遇与潜力，政府反应非常灵敏。2009 年 11 月 2 日，湖南省桃源县官方微博"桃源网"开通，成为中国最早开通的政务微博。最初只发布政府活动、领导视察等内容，后来侧重发布本地自然风光、历史文化、旅游资源及地方土特产介绍。① 与传统政府信息发布不同的是，微博需遵循"140 字"原则。这种流行于微博平台的字数新规，无疑敦促政府尽早开展传播创新，形成一种新的微博语言经验。

此后，围绕微博，政府实现了多个层面的传播调整。其一，实现了从"复杂文本"向"简洁文本"的转化。"140 字"要求政府将传播重点聚焦在最为重要的信息上，使用简明、凝练的语言传递，这与"文件式"传播或传统新闻文本有着显著区别。其二，尝试"即时更新"。微博传播具有即时性、及时性、快速化的特点，不受发布时间和版面的限制。政府重要事项不止在"日报""整点新闻"中出镜，而是分阶段、分频次即时发布，这调整了政务传播的发表周期，从客观上要求政府增加内容供给，保持一定的发布频率。其三，微博作为一个公众自我表达的平台，语言风格轻松活泼。政府若要在微博上获得关注，势必向公众学习新的表达方式，调整话语风格，与微博流行趋势融为一体。

图 2-1 展示了早期政务微博的传播风格。来自"@北京发布"的一条微博意在向社会通报当年市政府的投资去向。在"140 字"原则下，该微博言简意赅，突出"投资用于民生"这一关键信息，而后在幼儿教育、公共交通建设、医疗、社会保障四方面提供数据支持。

"@平安北京"发布的是一则"申请赴港澳个人旅游签注业务"的便民通告。通告减去冗余信息，重点指出政府提供"取证时间缩短、增设自助机器、添加排队系统"三个新的举措。"@上海发布"则将目光聚焦于与百姓生活密切相关的蔬菜价格问题。为表现"菜价下降"的主旨，微博

---

① 湖南桃源县政府开通微博 信息发布更快捷［EB/OL］. 桃源县人民政府网站.2010-06-01.

将"菜里乾坤"设计为"#话题#"，辅之以图片和数据，画面生动，主要信息一目了然。"@上海发布"还通过一问一答的方式回复公众留言。前半部分展示网友提问，使用口语化表达，原汁原味地体现民众诉求。后半部分展示政府回复，首先明确答案，即"养老金将继续增加，且高于今年"，并连续添加两个感叹号增强政府回复的力度。后续则进行政策意图的说明，使用便于民众理解的方式，却蕴含着政府保障民生第一的负责态度。

 北京发布
11-11-23 来自微博 weibo.com

今年我市政府投资九成用于民生项目，重点投向交通、能源、就业等六大领域。新建扩建35所公办幼儿园，新增学位8800个；新开工建设轨道交通线(段)3条，年内有望开通3条地铁新线(段)；同仁医院亦庄分院将设病床1400张；已完工校舍翻建项目74万平方米；社会服务机构将新增养老床位约1.5万张。

 上海发布
11-11-28 来自专业版微博

【每周菜价第1期】#菜里乾坤#上周上海市抽查了普陀区高陵、黄浦区宁海东路、杨浦区沙岗路、浦东新区羽山路、徐汇区漕溪、虹口区吉祥6家菜场。数据显示：与前一周同期相比，市民最常采购的13种蔬菜，均价有8种下降、5种上涨。其中，花菜降幅最大，达25%；青菜、鸡毛菜价格均下降；茄子涨幅最大，达31%。

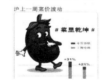

 平安北京
10-7-31 来自微博 weibo.com

7月底起，市民办理出入境业务将享受到新的便民措施：您再次申请赴港澳个人旅游签注时，警方可酌情决定提前取证时间，最快当日可取；全市各接待大厅增设了自动填表机、满意度评价器；市局出入境接待大厅增设了叫号排队系统。大家可登陆北京市公安局官方网站或拨打出入境管理处电话84020101了解详情。

 上海发布
11-11-29 来自专业版微博

【回复】昨天好多上海网友问：明年养老金加吗？增幅？退休职工都巴望着。今早市权威部门告知：明年上海养老金继续加！增幅一定高于今年！正式方案12月中旬公布，春节前发放到位。低保线最低工资线等明年4月也给力上调。相关部门说，研究此事的原则是：只要符合国家政策和上海实际，尽量取最高增幅。

图 2-1 早期政务微博示例

此后，政府为适应"140字"的"短微博时代"开展了一系列传播创新。"短、平、快，亲切、真诚"为这一时期的主要风格特征，对政府来说是一个难能可贵的接受和转变的过程，是政府打开思路，拥抱新媒体，参与"碎片化""去中心化"传播的开始。尽管"140字微博"是否能够

准确而有效的传递信息在研究中表现为不同的结果①，但的确推动产生出一种"信息与情感"并重的传播方式②。在"告知""通告"之外，微博也被用于形象建构、官民互动交流和情感维系，有效地拓宽了政府传播的边界，带来了全新的传播体验和积极的效果。2015 年 1 月，新浪微博解除了"140 字"限制，用户可以发送"长文本"并在其中插入各类图文、视频、链接，成为今天常见的样貌，但初创时期的探索仍然对政务传播产生了深远的影响，形成了政府利用社交媒体传播的底色和基调。

二、"软文"与"鸡汤"

微博流行以来，为了吸引受众，政府积极尝试各种创意传播的新方式，在社交媒体平台"冲浪"。2010—2015 年，政务微博、微信中曾流行发布"软文"和"心灵鸡汤"，试图贴近民生，与民众互动。调查显示，北京市软文类政务微博发布的整体比例为 7%，且呈现政府层级越低，软文类微博发布比例越高的特点（市级政府 5.6%、区县级政府 8.0%、基层乡镇政府 8.7%）③。可见，在政务微博发展早期，"软文"与"鸡汤"十分普遍，一方面显示亲民姿态，拉近与民众之间的距离；另一方面则弥补政务微博原创内容不足，活跃氛围。"软文"与"鸡汤"主要包括如下内容：发送"早安""晚安"问候语，按照节气、节庆发图并致意，健康养生类信息及生活建议，推送历史文化典故借古喻今，讲述人生哲理，提供心理健康或情绪调节方面的知识方法，激励民众直面人生，等等（如图 2-2 所示）。此类推送曾给人耳目一新的感觉。用户感觉到政府正在"走下

---

① BHATTACHARYA D, RAM S. Sharing news articles using 140 characters: a diffusion a-nalysis on Twitter [C] //IEEE/ACM International conference on advances in social net-works analysis & mining. ACM, 2013.

② TUMASJAN A, SPRENGER T O, SANDNER P G, et al. Predicting elections with Twitter: What 140 characters reveal about political sentiment [J]. ICWSM, 2010, 10: 178-185.

③ 贾哲敏，赵吉昌. 北京市政务微博群集的现状与发展：议题图景与服务转型 [J]. 电子政务，2017（4）：38-48.

神坛"，用亲近的姿态与民众打招呼、做朋友，建构起官民关系互动的"软性空间"。

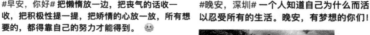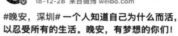

图 2-2　在政务微博中发布的"软文"及"心灵鸡汤"

但是，"软文"与"鸡汤"究竟是否应该大量出现在政务微博或微信之中存在争议。支持者认为"软文"使得政府形象焕然一新，是亲民的体现，整体上无伤大雅。主要的批评在于政务微博应将公共信息发布和公共服务放在首位，而不是花精力、花时间去做无关的推送。况且政务微博在"软文"与"鸡汤"推送方面并不专业，重复率较高，让民众感到审美疲劳。且政府应以严肃、公平、公正的形象示人，产制"软文"与"鸡汤"，迎合网络流行趋势并不妥当，属于"不务正业"。《人民日报》曾发表评论，指出"政务微博，不能跑题"。虽然政务微博允许励志语言和心灵鸡汤的存在，但还是应该回到其建设初衷，成为一个良好的互动平台，主动回应各界关切，及时发布权威信息，引导社会舆论，凝聚社会正能量。①北京市则要求政务微博需要避免只"煲鸡汤"而不互动的现象发生，"微博内容并非不能说天气预报和养生之道，但这些是辅助的，不能让辅料变成主料，副餐变成主食"，因此规定每日政务信息发布量不少于当日发布

---

① 吕洪. 政务微博，不能跑题 [N]. 人民日报，2013-10-31（14）.

总量的 60%。①

作为政府传播的"早期创意","软文"与"鸡汤"曾让人耳目一新，是一种别有特点的尝试。原因在于：其一，政务微博建立伊始，功能定位不明，容易赶时髦、随大溜；其二，政府人员大多第一次接触新媒体，缺乏运营经验，为保持微博活跃度又必须发文，那么"信息不够，软文来凑"成为一种低成本选择；其三，官方微博之间相互影响比对，也造成了一段时间内"软文"与"鸡汤"泛滥。不可否认的是，"软文"与"鸡汤"的确在一定时期、一定程度上为政务微博赢得了粉丝，吸引了网民的目光。但随着政务微博运营的成熟，政府显然已摒弃想要以"鸡汤"与"软文"弯道超车的思路，将重点放在政务信息的高质量发布方面。2019年，国务院办公厅发布《政府网站与政务新媒体检查指标》②和《政府网站与政务新媒体监管工作年度考核指标》③，进一步明确政务新媒体要"谈政"，发布"软文"与"鸡汤"过多的政务微博、政务微信需关停整顿。此后，"软文"与"鸡汤"回到从属地位，配合政府信息公开建设，发挥活跃氛围、调节情绪的作用，不再喧宾夺主。

三、"段子手""萌化"与"拟人化"

"段子手""萌化"与"拟人化"是政府在社交媒体时代践行创新创意传播所采用的主要手法之一，也是政治传播从"政府中心"向"用户中心"调整的标志。在政务传播从封闭转向开放的过程中，在日渐明晰的流量逻辑下，"段子手""萌化"与"拟人化"较好地迎合了网络流行风潮，

---

① 蒋彦鑫. 北京政务微博须每日更新 避免只"煲鸡汤"不互动［N］. 新京报，2013-10-25.

② 国务院办公厅. 关于印发政府网站与政务新媒体检查指标、监管工作年度考核指标的通知［A/OL］. 中国政府网，2019-04-18.

③ 国务院办公厅秘书局. 关于印发政府网站与政务新媒体检查指标、监管工作年度考核指标的通知［A/OL］. 中国政府网，2019-04-18.

为政府带来更多流量，受到民众的喜爱。

"段子手"（punster）一般指通过"遣词造句、抖包袱、谐音、设置悬念"来制造流行语或网络金句的网络写手①，后来指在网络空间创意、整活，具有全网流行效应的博主或传播者。"高大上""YYDS""特种兵式XX""绝绝子"等社会流行语皆出自段子手，具有强大的传播力和影响力。一些政府部门运营政务新媒体时，也积极利用此类流行语发布信息。中央气象台官方微博的创意秘诀是用"拟人化"的口吻让天气说话，将各种网络段子用得纯熟自然，做"预报界的段子手"。在回答网友提问"这是什么云"时，官微以轻松愉快的口吻道："这就是隐形失败的UFO。当其飞越山区时，潮湿的空气会在飞船外部形成水珠，在太阳光的折射下便会现形。不过愚蠢的地球人一般叫他荚状云。"② 这种表述带着向"段子手"学习的痕迹，将生涩难懂的气象知识表现得活灵活现，对于普通公众来说容易理解，且十分有趣。

深圳卫健委还曾被誉为顶流段子手③，原因是其官方微博致力于以"风趣幽默、自然流畅"的方式向民众科普健康知识、发布健康提示或健康指南。如图2-3所示，官微使用"普通系青年""佛系青年"这些广为流行的"段子化"句式来描述当代年轻人的精神状态，充满自嘲和调侃意味，但实际用意在于提示青年无论工作和生活压力多大，都要保持积极的心态，健康向上。"段子"还搭配了流行表情包，无辜又可爱的动漫形象再一次戳中青年用户的内心，道出他们心中所想所虑，产生了强烈的共鸣。在评论区，该官微也以"段子手"著称，在与公众的互动中尽量采用受众熟悉、喜爱、易于接受，又颇有力量和责任感的交流方式，"懂人心、

---

① 百度百科. 段子手.［EB/OL］.百度，2024-09-18.

② 余颖.政务微博既能办事又会卖萌 说"政"事尺度是学问［EB/OL］.搜狐网，2017-07-29.

③ "深圳卫健委"公众号主创团队."深圳卫健委"公众号半年涨粉百万 医卫届顶流"段子手"啥样［EB/OL］.搜狐网，2020-07-31.

做潮人"。①

图 2-3　深圳卫健委在官方微博中的"段子手"式表达

"萌化""拟人化"传播也是近年来常见的一种创意传播方式，即运用拟人和拟物的修辞手法，以增加萌元素的创制方式对具有政治色彩的现象进行符号化解读，从而表达某种政治情感。② 2014 年 2 月，官方媒体首次公布了习近平主席的漫画形象，"萌倒"一片网友③，习近平主席的形象更加亲民，更加受人尊敬和爱戴。2015 年，"复兴路工作室"发布《跟着习大大走之上合·金砖发布会》动漫视频，也积极使用了"萌化元素"。萌萌的习大大和参与金砖发布会的各国领导人一起踢足球、玩自拍、散步、

① 张志安. 生活在媒介中：新闻实务与媒体运营的深层变革：2022 中国应用新闻传播十大创新案例分析 [J]. 新闻战线，2023（21）：46-50.

② 马川，孙妞. 从"政治萌化"到"反政治萌化"：当代青年政治主体性的建构、再构与重构 [J]. 中国青年研究，2020（6）：102-106.

③ 李丹丹. 习近平漫画形象"萌倒"网友一片 [EB/OL]. 中国日报网，2014-02-20.

骑车，碰撞新的"idea"，还在虚拟朋友圈中发布一张"我们！"的照片①，不到一天就获得了 60 万次的点击，赢得了国内外民众的高度赞誉。除去对政治领导人形象的"萌化"塑造外，各类政务新媒体也积极使用"萌化"及"拟人化"的方式建设账号。军警类账号经常化身"警察蜀黍"与民众交流警务事宜（见图 2-4）。"蜀黍"作为叔叔的谐音，原指有"萝莉情节"的中年男子，又与港台地区发音"叔叔"一致，带有嗲音，遂在网络中成为"叔叔"的代称②，传播广泛。"@中国长安网""@平安北京"等账号都曾使用"警察蜀黍"自称或指代，在公安部门所开展的各类新媒体公关活动中，"警察蜀黍"也会频繁出现。"蜀黍"内涵了警察亲切和蔼、坚实可靠、乐于助人的形象。广大民警如亲人一般，"总是第一时间出现在群众面前，站在为群众解决困难的第一线"，具有良好的共情效果，也有助于构建更为平等和友好的警民关系。团中央政务新媒体系列账号使用"团团"这一"拟人化"称呼与年轻人沟通（见图 2-4）。"团团"表现得非常亲切，"如同一个大哥哥，与年轻人玩在一起，站在一起，了解年轻人心中所想，与年轻人打成一片"③。共青团中央通过"团团"创新群众路线和青年工作，开创、维系一个与年轻人友好相处的网上圈子，融入他们的话语体系，用"玩梗、讲段子，成为一家人"的方式将主流声音、主流价值带入青年群体，深受青年的喜爱。

---

①　王进.习近平外访报道开启"萌"模式：卡通形象获赞［EB/OL］.央广网，2015-07-14.

②　百度百科.蜀黍［EB/OL］.百度，2024-09-15.

③　张德刚.新媒体峰会｜网红"团团"：从群众中来，到群众中皮［EB/OL］.羊城派，2020-01-12.

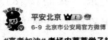
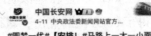
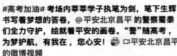

图2-4　政务微博中的"萌化"与"拟人化"表达

　　总体而言，"段子手""萌化""拟人化"传播产生了独特的效果，具有较为积极的价值。其一，为领导人和政府带来了崭新的形象，也为政务信息和政治价值的传递提供了新的表达方式和承载方式，具有一定程度的突破性。其二，打破了传统媒介中政府严肃、生硬的刻板印象，活跃了我国政府传播的氛围。良好的传播效果激励了政府部门的创作意愿，使得政府开展创新创意传播的边界进一步扩展。其三，这些方式普遍具有较强的参与属性，因而较好地动员了民众的情绪和情感。在感受政府日渐亲民、平等、活跃、开放的过程中，民众逐渐深化了对政府的认同和对国家的热爱。[①]但是，在各地政府争当"段子手"，比拼"人气"和"整活"的过程中，也不乏"讨巧、过度卖萌、流行语使用不当"而导致的"翻车"，甚至引发舆情风险。此外，过度"萌化"以及对某些段子的反复使用也会给公众带来审美疲劳，导致效果下降。因此，近年来不少运营者和管理者持谨慎态度，宁可采用传统传播方式，也要避免因难以把握"段子""萌

---

　　① 马川，孙妞.从"政治萌化"到"反政治萌化"：当代青年政治主体性的建构、再构与重构［J］.中国青年研究，2020（6）：102-106.

化""拟人化"创意之"度"而带来的潜在风险。

四、"政府网红"现象

"网红"（网络红人，Internet Celebrity 或 KOL，Key Opinion Leader）原指透过经营社交网站或影音网站提升自己的知名度，并且以此为业的人物。[①] 网红在网络空间充分展示自己的个性与才艺，在网上频繁曝光，不断聚集起个人影响力，且非常注重与公众的互动，受到一大批粉丝的追捧。[②] 2018 年以来，短视频成为网红孵化的主要媒介。研究认为，短视频比过去的社交媒体更适合网红"展演"，原因包括短视频网红的风格具有一致性、容易为受众增加临场感、网红角色容易唤起受众情感支持等。[③] 打造"政府网红"是短视频时代政府创新创意传播最为"出圈"的媒介实践行动之一。特别是在文旅行业，"网红文旅局长"一度吸引了社会各界的目光。

2020 年，藏族男孩"丁真"意外走红网络。随后，四川甘孜州文化和旅游局局长刘洪在抖音平台开设了实名认证账号，以"变装武侠风"火爆网络，吸引了近百万粉丝，成为最早出现在公众视野中的"网红官员"。刘洪的外形气质与"武侠风"颇为协调，既不夸张，也不浮华，反而贴合了人们对"遥远理塘、神秘理塘"的想象。"网红局长"形象大获成功，也带来了甘孜旅游业的繁荣。此后，不少文旅局长学习这一经验，变换出各种花样成为"网红"，争取流量，吸引客源，为地方文化旅游推广做出贡献。新疆昭苏县女县长贺娇龙，推出一款"雪地、红衣、骑马"的爆款短视频，将名不见经传的"昭苏县"带到公众面前，成功推动了新疆旅游

---

①　ANNE H. The new fame: Internet celebrity [EB/OL]. CNN. 2008-05-01.

②　敖鹏. 网红为什么这样红？——基于网红现象的解读和思考 [J]. 当代传播，2016（4）：40-44.

③　李佳，钟瑛. 短视频网红的媒介叙事与呈现效果思考 [J]. 新闻爱好者，2023（1）：36-38.

热潮。2023 年冬，哈尔滨旅游"燃遍全网"。阿城区文旅局长王殿友穿着女真传统服饰在大金古城弯弓射箭，手捧"铜坐龙"在中央大街上向游人讲述金源文化①，为家乡代言。数据显示，2022 年以来，21 个省（自治区）的 331 名县（市、区）文旅干部曾希望通过"政府网红"的方式推介本地旅游资源和文化产品②，不少官员成功塑造了自己的网红 IP，在网络大潮中竞技。

　　自"网红"出现起，政府就在不断地理解和把握其意涵，从对"网红"现象的包容，到对"网红"生产模式的接受和习得③，再到"政府网红"的培育和推出，身体力行，"下场"实践，可见政府在短视频时代越来越具有开放的姿态和积极的尝试精神。"政府网红"让政府官员变换新的面貌出现在公众面前，用一种全新的方式与公众交流互动，带来了政府与公众新型公共关系的构建。官员不再只以刻板印象示人，而是具有个性化的面孔，发挥个人的才华，在一定程度上充分地"自我呈现"，重新挖掘这一职业身份的角色内涵。官员"扮装"起的"网红"形象往往基于对地方文旅资源的深度挖掘，又与自身特质紧密结合。尽管并非像专业网红一样擅长表演展示，但仍然容易树立起一种亲和力强、有特色、有价值的个人 IP。这往往同步构建起当地政府的形象。甘孜刘洪自由而豪迈的"武侠风"，背景是辽阔无垠的旷野，还有气势恢宏的雪山、漫天金光以及山川河流，内含着甘孜奔放、淳朴、悠远、神秘的文化气质，从中亦可窥见政府同样具有相似的品格。网红官员的独特性和政府形象本体的独特性产生了可靠的共鸣。此外，官员基于"网红"身份与民众直接产生了多种形

① 翟晓晨. 在冰雪大世界跳舞的"显眼包"文旅局长，是个啥样人儿？［EB/OL］. 新晚报，2024-01-19.

② 廖晶，吴文越. 从随州文旅局长扮侠客另类出圈，看地方文旅宣传如何创新［EB/OL］. 澎湃新闻，2022-11-08.

③ 贾哲敏. 移动政府：政务新媒体的传播图景与效果［M］. 北京：人民出版社，2021：127.

式的互动。秉持"民众至上"的理念，"政府网红"需要热情、及时地回应民众的各种需求，"宠粉"成为其追求的主要目标。"政府网红"不仅需要持续提供粉丝喜爱的内容和产品，花费大量时间和精力与粉丝互动，还要持续提供粉丝所需要的感受和体验，提供充分的情绪价值，从而维系"网红—粉丝"之间的紧密联结。

值得注意的是，尽管"政府网红"在短视频时代非常具有代表性，但政府并非在各种领域和场景鼓励官员化身网红，直面公众。时下语境中，"政府网红"只在"文旅""助农"等领域中获得长足发展。一个原因在于，这种"网红式传播"的背后嵌入了明确的目的导向，市场化收益是一个重要的考量。政府网红在"助农"方面的直播具有很强的带动作用，哪怕只有一场直播成功，也会为当地带来巨大的经济效益。"文旅"的翻红则更能够产生一种持久的综合效应，增长人气、树立形象，为当地旅游、文化、交通、民生、教育等多个行业带来丰富的收益。这是政府喜闻乐见的政绩成果，各地才有动力紧追短视频潮流，掀起"网红文旅局长"的创意竞赛。尽管在客观上"政府网红"增加了官员与民众接触的时间，丰富了交往场景，缩短了官民之间的距离并容易带来信任，但政府是否应该化身"网红"也存在争议。质疑的声音表现在"政府网红"的新鲜感往往难以为继。在诞生之初，人们惊艳于政府的开放和时尚，但如果"一窝蜂而上"，则会给人带来审美疲劳。"政府网红"往往需要第三方专业团队合作，耗费较多的制作、推广成本，否则难以持续产出有价值、广受欢迎的内容和产品。这种"跟风"和"炫技"往往受到来自公共性的追问。政府不应把有限的精力用于"走红"和"吸睛"，而是应当更多地改进本职工作，改善治理。无论如何，"政府网红"现象都是一次政府传播创新的有益探索，也是短视频时代地方政府推进文旅品牌化的营销实战，为中国网络政治传播发展提供了鲜活而生动的实践历程。

五、"正能量"传播

政府进行创新创意传播，目的不仅在于单纯的创意比拼或"吸睛"，其重要使命之一在于主流价值观念的传递与渗透。这在中国新媒体场域中表现为"正能量"传播。"正能量"一词兴起于 2012 年伦敦奥运会火炬传递期间，网友用"点燃正能量，引爆小宇宙"表达积极向上、充满希望的精神，迅速成为网络流行语。此后，"正能量"的含义不断被引申开去，指所有积极的、健康的、催人奋进的、给人力量的、充满希望的人和事，以及所有符合社会主义核心价值观的积极、健康、感化人性的政治和经济秩序的新闻和消息。①

政府是"正能量"传播的主要引领者，主要通过亲民性新闻②，以及社交媒体、电影、纪录片等更为巧妙和有说服力的方式传播主流价值观③。"正能量"是政府传播在各个社交媒体平台中着重表现的主题④，也是政府传播内容建构中所使用的主要框架，渗透在几乎所有的题材之中。⑤ 具体而言：（1）政府采用不同的叙事风格对时政要闻和重大政策进行多元化、多层次建构，广泛提供国家与政府积极、正面的形象与视角，表现国家运行和政党执政期间政治平稳、权力公平、社会有序的良好生态。（2）政府在重大主题（如"建党百年""全国两会""北京冬奥会"等）的传播策划中积极创意，利用多种融媒体，多维度加以展示，表现党和国家的光辉

① 百度百科. 正能量 ［EB/OL］. 百度，2024-07-30.
② 张开平，孟天广，黄种滨. "软宣传"的兴起、特征与效果：基于 2009—2023 年主流媒体与政务新媒体的大数据分析 ［J］. 新闻与传播研究，2023，30（12）：86-103，128.
③ HUANG H. Propaganda as signaling ［J］. Comparative Politics，2015，47（4）：419-444.
④ 王程伟，马亮. 政务短视频如何爆发影响力：基于政务抖音号的内容分析 ［J］. 电子政务，2019（7）：31-40.
⑤ 贾哲敏，何婧琪. 政府视觉传播中的框架建构：基于抖音政务短视频的内容分析 ［J］. 中国政治传播研究，2022（1）：94-107.

历史、国家建设的繁荣成就、中华民族伟大复兴的目标与追求，建构国家层面"爱国主义""民族主义"叙事。（3）在微观层面表现对于人的价值、职业道德、家国命运等层面的积极追求，传播先进感人事迹，树立榜样，鼓励奉献，用真实的、普通人的故事打动人心，将社会主义核心价值观的点点滴滴充分塑造。（4）正能量还与各类议题巧妙结合，挖掘在文化、军警、应急、民生、法制、教育、环境等主题中值得鼓励、富有感染力的细节与元素，鼓舞民众，营造积极向上的精神氛围。除此之外"正能量"还表现为一种视觉美学。政府传播中往往综合调用各类文字、图片、音乐、表情等符号，突出构建致敬、激情、关键时刻、强力、温情的风格，使用"大画面"和"大制作"，精心刻画、生动真切，将"正能量"落实到每一帧画面、每一组文字、每一个情节和每一段旋律之中。①

有学者认为，我国正在进入"依赖一体化观念、科学方法和新兴信息技术"的宣传 3.0 时代，主要理念和方法应是"亲市场的、弱政治的、科学的"②。"正能量"传播正是考虑了新一代公众的媒介偏好和需求，并非生硬、严肃地传递政治价值和意识形态，而是通过软性化、生活化、流行化的表达方式进行传递，讲求"润物细无声"的传播效果。从这个意义上来说，"正能量"传播是中国政府利用社交媒体开展创新、创意传播的创举，在新媒体传播日益复杂的网络环境中形成了独特的风景，是宣传 3.0 时代一种非常重要的方式，为世界各国政府利用新媒体开展传播提供了借鉴。在未来一段时间内，"正能量"传播仍然是政府开展政治传播重要的组成部分，承载着传播社会主义核心价值观、主流意识形态渗透、弘扬中华优秀文化的使命，有必要进一步开拓思路、鼓励创意、充分挖掘、注重细节，推出更好的作品，产生更加精准而持久的传播效果。

---

①　贾哲敏. 移动政府：政务新媒体的传播图景与效果［M］. 北京：人民出版社，2021：133.

②　刘海龙. 宣传：观念、话语及其正当化［M］. 北京：中国大百科全书出版社，2020：276-365.

第二节　政府融媒体产品：背景、定义与特征

一、政府融媒体产品兴起的背景

在媒介技术变革、媒体融合政策、政务新媒体大力发展等多重作用力的推动下，政府探索并发展"融媒体产品"，是优化政府政治传播、突破原有传播局限、维系受众、塑造政府形象的一个重要转向。梳理我国政府自微博而始的创新创意传播实践可知，"政府融媒体产品"并非偶然出现，而是在一定的背景与条件之下兴起和发展起来的。

（一）新技术和新媒介环境下政府传播要素业已发生变化

在媒介渠道层面，移动媒体、可视化、人工智能等技术的运用，决定了政府政治传播不可能只利用单一媒介，必须积极进驻各类新媒体平台，加速"融媒体化"，才能适应迭代迅速、变化日趋复杂的媒介环境。新技术赋予新媒体更高的"信息生产可供性（production affordances）"①，激励政府必须从多层次、多维度挖掘各类新媒体所蕴含的传播潜质，主动变革，丰富政府媒介利用，调整信息生产，拓展新的传播境界。在内容层面，政务新媒体经过多年的运营与积累，政府已明确其所能提供的政治传播内容范畴已不仅仅停留在"信息发布"，而是涵盖了政策、数据、故事、态度、知识、公共关系等。这种新兴的、丰富的内容结构决定了单向、一元的内容推送无法满足政府和公众的传播需求，势必采用新的融媒体方式展示、呈现、策划、制作。政府需要重新"审视"其所拥有的传播资源，将其真正转化为有用、有趣、有价值的"内容"，实现持续而有效的供给。

---

① 潘忠党，刘于思. 以何为"新"？"新媒体"话语中的权力陷阱与研究者的理论自省：潘忠党教授访谈录［J］. 新闻与传播评论，2017（1）：2-19.

此外，作为传播执行主体的政务新媒体运营机构也日趋完善。这些机构不仅具有独立开发、产制融媒体产品的技术与能力，还与第三方专业内容生产机构有着密切的合作，能够执行对制作要求较高的大型融媒体产品项目。大量专业的政府传播工作者有着明确的产品意识，创作意愿较高，也有力地推动着政府融媒体产品的发展进程。最后，政府对于"正能量"传播所产生的积极效果更为重视和强调。"正能量"中所蕴含的意识形态、主流价值传播使命要求政府有能力开展精准传播、软性传播、渗透式传播，融媒体产品正是有效策略之一。

（二）用户媒介习惯的改变带来政府传播主体性的挑战与风险

用户往往能够敏锐地回应社交媒体所发生的种种变化，他们总是身在最为流行、最具吸引力的社交平台之中。"视觉化"和"社交性"是新一代用户所看重的媒介属性，"短视频"是其不二选择。统计显示，中国用户每日花费在视频、短视频的时间可达 2.5～3 小时①，对比中国人每日平均休闲时间约 2.82 小时②，这意味着数量庞大的中国用户将其主要的休闲时光花费在刷短视频上。这提示政府必须同步建设短视频账号，或通过"移步 B 站"来找到他们的受众，也意味着当前用户主要通过短视频，视频，或其他融媒体产品接触政治和社会信息。与此同时，用户还是短视频内容的生产者，进行着日常生活的自我表达，其态度和观念的形成受到短视频平台的影响。用户使用短视频语言、规则所创作的"政治"与传统的政治传播有很大不同，严肃的政治新闻或时政议题与"段子、梗、IP、流行语"杂糅，用户在娱乐、调侃甚至游戏中体味政治，形成对政治的基本感知。政府逐步意识到，在融媒体生态下，政府在政治传播链条中的主体性和首要性受到挑战。政府不再是天然掷地有声的"传声筒"，而是处在

---

① 中国互联网络信息中心 . 第 53 次《中国互联网络发展状况统计报告》［R/OL］. 中国互联网络信息中心，2024-03-22.

② 央视新闻 . 最新数据！中国人每日平均休闲时间出炉，来看看你达标了吗［EB/OL］. 光明网，2021-09-03.

与平台、组织、自媒体时刻进行内容、用户、流量和注意力的竞争中。如果不创新传播方式，很难避免政府声音在纷繁复杂的媒介环境中销声匿迹。新生代媒介习惯的改变和"新偏好"的形成，政府面临与之"断代"的风险。如果政府无法找到并抵达目标用户，进而开展有效的政治传播，则无法确保政府意图准确的传递，还有可能进一步加深年轻用户的"去政治化"水平。① 这无益于正能量的传播，也无益于民主社会的构建，因而势必找到一条接近用户、吸引用户、影响用户的融媒体产品传播之路，才能在复杂的传播环境中脱颖而出，保持主体性地位。

（三）主流媒体融媒体产品的探索与发展提供经验借鉴

主流媒体立足于实现"全媒体品类、全方位覆盖"的传播体系，已然形成从选题、产制到传播、营销一整套媒介经验，为不同形态的融媒体产品产制提供行业"标杆"，也为政府开展融媒体产品传播提供经验借鉴。主流媒体积极利用各类新生数字技术和媒介技术。VR、AR、ChatGPT、Sora 等如何由一种技术形态应用于"官方传播"普遍先由主流媒体"试水"并奠定基调，进而扩散至政务新媒体。政府传播创新则经常以主流媒体为范本展开。主流媒体非常重视受众媒介使用偏好的变化，加大力度建设短视频、视频等产品，"生动、亲民、活泼、流行"成为主流媒体短视频的内容建构准则，在形式、内容、表达层面尽可能地贴近受众喜好。受众场域之中形成的"热词""段子""梗""IP"基本都是先经由主流媒体使用而在社会范围内传播扩散开来，再进入政府的视野。主流媒体对于"网络流行语""网红文化"的收编与利用，一定程度上决定了政府融媒体传播中将会带有哪些和多少流行元素。此外，主流媒体在重大议题融媒体产品传播方面积累了丰富的经验。如在"建党百年"重大主题中，主流媒

---

① PRIOR M. Post-broadcast Democracy：How media choice increases inequality in political involvement and polarizes elections ［M］. Cambridge：Cambridge University Press，2007：124-125.

体致敬伟大的中国共产党，致敬信仰创造传奇，创作了一批优秀主题短视频作品，掀起了"建党百年"短视频创作传播热潮。① 进而形成了"宏观叙事与微观叙事结合""注重历史红色元素的挖掘与重构""故事叙事连接'史海钩沉'与'当代精神'""以小见大、抓住细节打动人心""形态多样、制作精美，构筑视觉奇观"等一系列融媒体产品策略，值得政府学习和借鉴。在这一过程中，主流媒体也进一步深化与政府的传播合作，通过"重大主题"，共同推动融媒体产品的产制，盘活政府内部的内容资源，激发起政府开展融媒体传播创新的积极性和能动性，从而合力打造主流传播、官方传播的新景象和新生态。

总而言之，政府作为政治传播主体，在新信息技术、融媒体、移动传播趋势的推动下，利用新技术、创新政治传播内容和方式是其必然选择，而受众偏好的转变则促进了"以用户为中心""产品化"理念的进一步渗透，是政府融媒体产品兴起和发展的条件与基础。经过充分的积累酝酿以及爆破式发力，"政府融媒体产品"应运而生。

二、"融媒体"与"产品"的适用性

"融媒体"主要有两层含义。从本体的角度，有学者将融媒体看作对媒介生产者、生产机制、生产理念、生产方式等既有生产秩序的重新理解和重构，其主要形式"超文本"再造了一种人类全新的知觉方式。② 从新闻业务融合角度，融媒体指介质门类齐全的全媒体，注重各介质之间的"融"，打通介质、平台，再造新闻生产与消费各环节的流程。③ 传统媒体则将分散的内容资源、采编队伍、采编发流程、产品形态、传播渠道、技

---

① 黄睿思，那其灼．融媒视域下重大主题短视频的创意策略与传播特色［J］．中国广播电视学刊，2022（6）：69-71.
② 孙玮．融媒体生产：感官重组与知觉再造［J］．新闻记者，2019，433（3）：29-33.
③ 栾轶玫．建议用"融媒体"代替"全媒体"［N］．光明日报，2014-12-27（10）.

术解决方案、市场对接等融合到统一平台上①，采用新理念、新思路、新技术、新形态，打造富有温度感、科技感、体验感的融媒体产品②。有代表性的如《人民日报》在 2019 年两会期间制作的 AI 科技创意短视频《全息 3D 强影看两会》、新中国成立 70 周年推出 H5 产品"56 个民族服装任你选！快秀出你的爱国 Style"、中央广播电视总台在抖音平台发布的系列短视频"主播说联播"等，实现了融媒体"多屏、多网、多介质的线上线下传播矩阵"效果③，为政府生产融媒体产品提供了经验与范本。此外，在国家媒体融合战略下，"融媒体"还意味着媒介、技术、场景、社会的"大融合"，有力地推动新传播形态和交往形态的诞生，也为政治传播、政府传播的新生态全面赋能。④

"产品"是用以满足人们需求和欲望的有形物体或无形载体。⑤ 在竞选政治领域，政府或候选人经常通过推出"产品"进行政治营销，引导公众投票行为。关键是注重投票人的偏好，通过设计差异化产品来传递有针对性的信息，使得产品、政党、候选人与政治价值紧密联系起来。⑥ 用于选举的"产品"十分丰富，包括：实体化产品，如广告传单、邮寄的选举资料、介绍事实等⑦；"符号化"产品，如政党的代表颜色、设计、口号等；"媒介化"产品，如政党在媒体推出的形象广告、影像记录等；无形的产

---

① 陆先高．融媒体：光明日报媒体融合发展七路径［N］．光明日报，2014-11-01（10）．
② 彭雪，马轶群．融媒体产品的温度感，科技感与体验感［J］．新闻战线，2018（9）：20-21.
③ 陈刚．媒体融合与广告公共服务型转向研究［J］．人民论坛·学术前沿，2019（3）：7.
④ 王晶晶，党李丹，刘东建．在场与沉浸：媒体融合中政治传播创新的新路向［J］．新闻爱好者，2024（1）：27-30.
⑤ 维基百科．产品［EB/OL］．Wikipedia，2024-07-30.
⑥ WRITING D. Conceptualizing Political marketing：A framework for election-campaign analysis［J］. The Idea of Political Marketing，2002：171-185.
⑦ MARK N C. The Marketing Glossary：Key Terms, Concepts and Applications［M］. New York：Amacom Books，1992.

品，如政治观念、政治思想与政治价值①。一直以来，我国政府政治传播
鲜有类似之举，多以"发布信息"为己任。《中华人民共和国政府信息公
开条例》规定，政府向社会提供的"政府信息"指行政机关在履行行政管
理职能过程中制作或者获取的，以一定形式记录、保存的信息。② 此类信
息属于公共物品，具有非竞争性和非排他性，近年来政府大力建设的政务
新媒体，也意在突出政府信息传播的权威性与即时性，并非从"产品"的
角度加以考量。但是，伴随着社交媒体和视觉化传播的发展，尤其是政府
在开展创新创意传播实践的过程中，所生产的内容、使用的策略已明显表
现出"产品"的特点。例如，重视公民及受众需求，并主要根据需求提供
适合于他们使用的信息或媒介内容；政府主要的传播目的不仅包含自身的
传播意图，还要重点满足公民及受众的某种愿望和心理感受；政府创制的
政务短视频、政务微电影、政务 Vlog 等已形成鲜明的"标签"，能够与其
他种类的政府信息传播有效地区分开来。③

因此，在现下语境中，使用"产品"来概括政府传播的创新创意形式
有其合理性，还需进一步明确如下两点：其一，基于新媒体的内容生产本
身就具有产品取向。"媒介产品"的提法由来已久，媒介被认为是像其他
物质产品一样的消费品用以满足人们的需要。④ 而新媒体内容产品化的程
度更高，其核心是立足受众需求⑤，以运营产品的理念运作，以新媒体手
段进行包装，通过互联网多元渠道进行推广，研发跨媒体、跨素材、跨用

① LOCK A，HAEEIS P. Political Marketing：Vive la Difference ［J］. European Journal of
  Marketing，1996，30（10/11）：21-31.
② 中华人民共和国中央人民政府. 中华人民共和国政府信息公开条例［EB/OL］. 中国
  政府网，2019-04-15.
③ KOTLER P，ARMSTRONG G，BROWN L，et al. Marketing［M］. 7th ed. Australia：
  Pearson Education Australia/Prentice Hall，2006.
④ 何海明. 论媒介产品和媒介的广告产品［J］. 电视研究，2005（1）：63-64.
⑤ 陆先高. 产品融合：媒体融合发展的关键：《光明日报》、光明网的融媒体发展实践
  探索［J］. 传媒，2014（24）：10-12.

户群的融合型产品①。与此同时，新媒体产品重视产品人性化和用户体验，主要用以满足人们在复杂媒介环境中的各种需要和欲望。② 政府正是理解和运用了新媒体内容生产的"产品化取向"，而基于产品化重视用户、提供满足用户需求的信息和内容产品，与政治传播的公共性与权威性并不矛盾。其二，在具体实践中，政府传播机构的从业者已经明确使用"做产品"这一说法来描述他们所从事的政府内容传播工作③。特别是开设短视频账号，或拍摄纪录片、微电影，或推出过"爆款"的运营机构，则认为其工作的重点正在由单一的信息生产向供给复合型媒介产品过渡。可见，政府内部对"融媒体产品"之基本形态已有一定共识。观念的转变说明政府传播体系内部存在着"产品化"驱动力，而通过"产品"努力提高传播效果成为政府的追求和目标。推出"产品"正在成为政府新媒体运营机构一项处于计划之内的工作，从客观上促进了"融媒体产品"的持续性产出并发挥作用。

三、政府融媒体产品的定义与特征

此前研究并未对"政府融媒体产品"做出概念化界定。经由上述分析，本研究将政府融媒体产品界定为，政府为实现政治传播，意图利用多元数字技术策划生产的具有融媒体属性、重视用户需求和体验的政务创新创意内容产品或活动。政府融媒体产品具有如下特征：

（一）技术先导

政府融媒体产品是政府积极利用大数据、视觉化、VR、AR、人工智

---

① 孙振虎，刘明君. 融媒体环境下时政报道创新路径探析：以 2017 年两会报道为例 [J]. 现代传播（中国传媒大学学报），2017，39（8）：35-38.

② 易钟林，姚君喜. 新媒体产品创新的特征与过程 [J]. 现代传播（中国传媒大学学报），2016，38（3）：129-132.

③ 笔者在 2019 年 12 月—2020 年 2 月对 16 家政务新媒体运营机构进行了访谈，其中第 2 号、7 号、16 号访谈均提及其所生产的内容中包含"做产品"一项。

能、大模型、云计算等技术，并充分整合微博、微信、短视频、APP 客户端等媒介应用的产物。政府融媒体产品致力于采纳最新技术，不断打破融媒体的技术边界①，产品具体形态也随着技术的发展演变而不断创新改进。不同技术的推广利用直接催生了不同品类的政府融媒体产品，也因技术属性的多样化带来了政府融媒体形式与细节的丰富和扩展。需要注意的是，新技术具有政治属性，政府融媒体产品的存在与发展一定程度上由技术秉性所引发，但技术仍然需要在具体的政治背景中被运用并发挥作用。② 故而"技术先导"的特性需要与政府传播需求充分的融合，才能决定何种政府融媒体产品将被政府确定并选用。每种新技术的诞生，都会为政府融媒体产品带来挑战与机遇，但技术运用的成熟也需经验积累与时间沉淀。

（二）多元融合

政府融媒体产品的"多元融合"表现在多个层面。最为重要的是媒介形式的融合，在产品终端通常融合了图片、文字、音频、视频、表情包、H5、话题、活动、直播等多种形式的超文本，这是"融媒体"属性所决定的。还有平台的融合，虽然各个平台适合生发、推广的产品品类不同，但最终产品需要与平台进行充分的融合与协作才能形成传播合力。微博、抖音最适合形成"爆款"融媒体产品，但全网融合、联动与扩散是获得流量、产生影响力的关键。融合属性还体现在以"参与"为中心的用户线上线下的行动融合，以及政府产制融媒体产品体现出的思维融合与流程融合。

（三）政治导向性

政府融媒体产品区别于一般新媒体产品的关键，是要具有明确的政治立场、明晰的政治价值诉求、要有合理的政治价值引导以及传播内容的意

---

① 栾轶玫. 融媒体传播 [M]. 北京：中国金融出版社，2014：153.

② 查德威克. 互联网政治学：国家，公民与新传播技术 [M]. 北京：华夏出版社，2010：24-25.

识形态性。① 无论产品采用何种形式，提供何种内容，政治导向性是基本出发点。这需要政府对产品的策划、符号使用、情节设定、人物内容等进行把关与审核，遵循政治红线的原则与界限。作为融媒体产品的策划者、产出者和审核者，政府以政治导向性为基准审视"政府融媒体产品"的内容建构与传播推广，在对产品进行创新创意的过程中牢牢坚守政治价值、意识形态、主流治国理念和政治文化的原则与内核，将"正能量"传播落实到由宏观至微观的方方面面。在此基础之上，再利用不同融媒体产品的优势和擅长，进行多维度的内容建构，力求通过大众喜爱的、亲民性更强的、更能体现国家和政府形象的方式取得更好的传播效果。而非本末倒置，忽略政治导向性原则，仅仅在表面讲求形式"花哨"，片面迎合公众。

（四）以用户为中心

在坚持政治导向性原则下，"以用户为中心"是政府融媒体产品的核心特征。一项政府融媒体产品之所以成为产品，必定能够满足用户的某种需求。只有重视用户需求、体验和评价，才能将这种新的传播形式定义为一种"提供给阅听人的产品"②，用户能够在使用这一产品的过程中受益。这一特点也决定了政府运营融媒体产品的理念由主体视角转向用户视角，更具有营销观念并注重用户策略。通常而言，政府融媒体产品主要满足用户的如下需求：（1）信息性需求。政府融媒体产品为用户提供具有公共性、时政性或知识性的信息或消息，满足公众对周围环境了解或感知的需求。（2）娱乐性需求。政府融媒体产品需要具有生动、轻松的品质，用户在观看和使用时能够感到放松、有趣，满足用户休闲娱乐、愉悦身心的需求。（3）价值感需求。政府通过融媒体产品提供关于政治理念、政府形象、意识形态等多重层面的政治价值。如政党和领导人的高瞻远瞩、统筹

---

① 荆学民．政治传播与政府新闻学［J］．现代传播（中国传媒大学学报），2012，34（1）：60-61.

② 丁汉青．论媒介产品性质的动态变化［J］．国际新闻界，2008（9）：65-68.

全局；政府履职的公平、公正、效率、责任；人民军队保家卫国及基层公务员关心民生、爱岗敬业；等等。（4）情感性需求。在不同作品中提供致敬、爱国、感动、情怀、怀念等情感价值，使得用户的情绪和情感跟随产品情节起伏、旁白叙事、音乐画面得到充分的释放，沉浸其中，产生共鸣。（5）参与性需求。"以用户为中心"还强调政府与用户的沟通，满足用户的参与性需求。政府邀请公众共同参与融媒体产品的传播或产制，与公众协同合作，调动用户的参与热情，在过程中满足用户公共参与需求，还能切实加深用户对政府传播的感知与体验，进一步强化认同。

"以用户为中心"的特征还表现在以下方面：政府应当创制用户喜爱、评价较高的融媒体产品，且一旦用户喜好发生偏转，就应当及时调整产品策略。如果用户追捧某种新的融媒体品类，政府也应在较快的时间内加以尝试。政府还应致力于在用户使用最多、已形成媒介使用习惯的平台上投放融媒体产品，且产品的内容形式与风格应当与该平台的主体风格保持一致，追寻用户、融入用户，而不是试图沿用传统传播风格改变用户。政府融媒体产品还应敏锐地察觉平台中由用户发明、创造当红的"流行语""IP""沟通元"，及时跟进，尽力将这些流行元素与政府传播意图、价值观念有效地结合起来，使之较快地出现在政府融媒体产品中，发挥积极作用。"以用户为中心"还意味着政府需要及时开展用户调查，了解用户的媒介使用习惯、融媒体产品接触偏好以及社会心态、政治态度、信任度等，经由仔细分析，策划推出能够满足用户深度需求的融媒体产品。遇到有重大议题或特殊议题，还需进行用户细分研究，明确不同用户群体的需求差异和偏好差异，推出能够精准匹配用户需求的产品。

（五）创新创意性

政府融媒体产品对政府开展政治传播的创新性和创意性提出了更高的要求。"创新创意传播"的前提是对用户新媒体偏好、流行与审美的深度理解和尊重，并以此为基底，对内容、风格、修辞、剧本、场景进行全新的设计和持续创新、创意。政府需突破原有的传播习惯和话语偏好，适当采纳流行风格，一定程度上利用"接梗""IP化""萌化创意"或"故事营销"等方式寻求突破。但政府融媒体产品也不能全然被平台流行性所左右，仍需独创和引领，"以人为本、以文化为素材、以创意为手段、以场景为体验"①展开创意传播。政府可以提炼、创造公众喜闻乐见并符合政府传播意图的"沟通元"进行创意，也可以利用各种人物符号、资源要素、特殊场景、独家镜头等大胆原创，尝试不同表现方式，突破原有的内容建构边界，或者赋予传统经典场景、故事新的视角和维度，焕发生机。创意性还体现在用户参与过程中的分享与二次创造，通过参与性激活创意性，获得意想不到的效果。

四、与政务新媒体概念的关联与区别

与政府融媒体产品有关联的概念是政务新媒体。相似之处在于，两者都是政府为适应社交媒体、新媒体环境变化所进行的政治传播、政府传播行动调适，两者诞生及发展所依赖的都是微博、微信、抖音或快手等各类流行性平台。两者均有发布政务信息、公共政策，传递政府理念和价值的功能，且均需在内容建构过程中考虑不同平台属性和用户的媒介偏好。两者的产制机构和运营主体基本一致，均是政府为改善传播设立的新媒体中心或新闻处、新媒体处等，对两者统筹策划，促进发展。

但两者也存在一定的区别。首先，政务新媒体主要以"平台"命名，如政务微博、政务微信、政务APP等，但政府融媒体产品主要以具体产品的形态来命名，如政务直播、政务Vlog、政务H5等。可见，两者的范围不同。其次，政务新媒体的功能较多，除去信息功能之外，还包括公共服务功能、社会治理功能，而政府融媒体产品虽也具有政务信息传播功能，但更擅长形象塑造、知识传播及价值建构，也与文化传播有更深刻的融

---

① 向勇. 创意管理学 [M]. 北京：清华大学出版社，2022：176.

通，在公共服务和治理方面的功能还有待进一步开发。再次，在效果层面，政务新媒体更为重视信息的精准、及时、权威地传达，而政府融媒体产品则更重视主流价值的有效传递及对公众潜移默化的影响。从次，政务新媒体的内涵更为广泛，是网络政治传播体系、电子公共服务体系、数字治理体系的一部分，时刻与政府、社会、政治和经济体系进行着交换能量，能够实现更大规模的社会动员。政府融媒体产品则更关注某类或某个产品所具有的内容、叙事、传播功效，以及在"传播者—受众"关系中所蕴含的信息、价值、情感的互通与互动。最后，政府融媒体产品比政务新媒体更注重"以用户为中心"，更具有"产品化"倾向，对影视拍摄、视觉编辑、剪辑技术等应用更加充分，风格也更多元活泼。

两者还存在一定的联系。政务新媒体是政府融媒体产品主要的发布平台。政府策划、制作的融媒体产品通常会在其自主运营的政务新媒体账号中发布，再转载、扩散到其他新媒体平台，引发联动效应。政府融媒体产品是政务新媒体重要的内容组成，通常是政务新媒体内容中最具有探索性和创新性的部分，为政务新媒体引流，吸引更多的社会关注。对政务短视频而言，在政务新媒体和政府融媒体产品的概念语境中同时使用。政务短视频是一种产品化的政务新媒体，因其在几种政务新媒体中最具有产品化效果，且与其他政务新媒体传播风格、话语形态有着显著的不同。政务短视频也是一种更具有政务新媒体属性的政府短视频产品，因其较多地承担了信息发布、危机通告、政策发布等功能，需要在"信息公开"这一维度进行深度探索和开拓，因而在这个层面与其他政府融媒体产品的建构方式和价值取向也存在不同之处。

第三章

政府融媒体产品的分类与现状

根据上述定义，政府早在 2014 年就已试水融媒体产品。随着春晚歌曲《时间都去哪儿了》的流行，最高人民法院趁势推出"法官时间去哪儿了"微直播，直观记录了基层法官的工作状态和司法作风。近年来，由各级政府精心策划并制作推广的融媒体产品频频出现在公众视野之中。例如，团中央发起的话题"#我和国旗合个影#"、海南省公安厅推出的全国首个警方侦察抓捕 Vlog、最高人民法院"#带着国徽去审判#——超级大 V 法院行"微博直播以及长沙市公安局制作的警务真人秀《守护解放西》等等，可见政府融媒体产品已涵盖多个品类。本章将讨论政府融媒体产品的分类，并对不同品类的政府融媒体产品现状进行分析。

第一节 政府融媒体产品的主要分类

政府融媒体产品的分类方式较多，本研究主要从"媒介技术和形态"维度进行分类。类型化分析旨在对社会复杂现象进行抽象化和概念化分析，对某种具体实践的理解可以通过与理想类型的比对而完成。[①] 这一思

---

① 吉登斯. 社会学 [M]. 赵旭东，齐心，王兵，等译. 北京：北京大学出版社，2003：13.

路可用来加深对政府融媒体产品现状的认知与理解。按照政府融媒体产品所依赖的主要媒介技术形态，可分为视听式、直播式、沉浸式、技术应用式、全网互动式等 5 个类型（如表 3-1 所示）。

表 3-1　近年来政府融媒体产品分类

媒介取向	政府融媒体产品（运营机构）举例
视听式	海南警方 Vlog（海南省公安厅）
	"'瞰·北京'——一座城市的发展密码"短视频（北京市人民政府新闻办公室）
直播式	#带着国徽去审判#——超级大 V 法院行（最高人民法院）
	团团直播间（团中央）
	长安直播（中央政法委）
	中国电商扶贫行动（团中央）
沉浸式	"70 年我与新中国同行"大美北京系列 VR（北京市人民政府新闻办公室）
	"美丽街巷我的家，国庆带你游胡同"H5（首都文明办）
	"声波绘画带你感受总理《政府工作报告》"H5（中国政府网/国务院客户端）
技术应用式	"信息机器人——无人机路况矩阵式直播"（深圳市公安局交警支队）
	"地震快讯——中国地震台网速报"（中国地震局）
全网互动式	#biu，回到童年！网络挑战接力#（国资委新闻中心）
	#我和国旗合个影#话题（团中央）
	#中国制造日#话题（团中央、国资委、工信部等）

视听式，指利用视觉和听觉技术与符号，以 Vlog、长视频、短视频、音频、MV、微电影、纪录片、宣传片、真人秀、影视剧等形式推出的政府融媒体产品，其常用于展示政府工作场景、职能职责实现、塑造政府形象、弘扬主流精神。视听式产品通常有比较完善的策划，采用专业拍摄手法，制作精美，注重场景、人物、图片、文字、动画、表情、音乐、解说等

元素协调一致，可以表现致敬、激情、温情、强力、网红等不同风格。"海南警方 Vlog"使用快速切换的场景，黑夜中晃动的镜头，紧张刺激的配乐，真枪实弹硬核爆燃，展现抓捕办案中的关键时刻。"'瞰·北京'———一座城市的发展密码"短视频则以卫星图片为基础，通过高空俯瞰的视角，展示出气势恢宏的北京。

直播式，指基于视频或新闻直播技术，由主播将镜头直接带进政府执法执业的内部，多角度展现一个真实的政府。最高人民法院推出的"#带着国徽去审判#———超级大 V 法院行"微直播，邀请@法山叔@毕导 THU 等大 V 体验艰苦地区的巡回法庭，切身感受深山中的司法工作。"政府直播间"则特邀领导者、专家、工作人员与名人、主播一道与公众就公共议题开展交流。团中央开设的"团团直播间"热衷于时下流行的国漫、节日等话题直播，中央政法委"长安直播"则侧重司法专业性议题。团中央"中国电商扶贫行动"还联合快手网红为贫困县直播带货，也是一种值得关注的直播产品形式。

沉浸式。政府利用 H5、游戏、AR、VR 等技术进行内容的数字化开发，推出沉浸式、全景式产品。用户需要通过亲自操作完成产品使用，将自身代入其中，仿佛置身于一种真实场景。此类产品令公众身临其境，感受独特，容易激发公众对沉浸式内容的响应，扩展了公众感受政府、感受公共生活的空间与方式。国务院客户端推出的 H5 产品"声波绘画带你感受总理《政府工作报告》"通过声音控制由用户自主决定阅读和聆听的进度和角度；北京市人民政府新闻办公室推出的"大美北京系列 VR"全景、多维、立体地展示了北京灿烂的历史、文化与成就；首都文明办推出的"美丽街巷我的家，国庆带你游胡同"H5 则通过地图导览的方式动态整合了图片、文字与场景，加深了用户对北京街头巷尾、日常生活的印象与感受。总体而言，沉浸式产品推动了政府传播由文本、话语向沉浸式视觉、场景、影像和参与的转化，拥有广阔的前景。

技术应用式。指 5G、云计算、大数据、可视化、智能机器人、图像处理、神经网络等新信息技术在政府信息传播或提供服务方面形成的创新性产品或解决方案，主要趋势是智能化。如深圳市公安局交警支队开发"信息机器人"，使用无人机航拍早高峰路况并进行矩阵式直播。中国地震局推出的"地震速报"产品，采用自动播报、机器人写作与正式播报相结合的方法，不仅能够以最快速度发布地震信息，还能在震后数十秒就自动制作完成并推送地震参数、震中信息、地形图、影响人口、天气、城市状况等综合数据，一分钟可覆盖一亿网友。

全网互动式。政府综合利用媒介平台在全网范围内开展的快闪、接力、话题、流行语接龙、表情包设计、抽奖、冠名、竞赛、邀请等主题活动。如国资委推出的"#biu，回到童年！网络挑战接力#"、团中央发起的"#我和国旗合个影#"快闪、联合国资委共同推出的"#中国制造日#"话题等。此类产品的突出特点是参与性强，需要邀请大规模的用户参与其中，共同完成。政府在微博或短视频平台策划并推出富有话题性、趣味性、时效性的互动主题，调动用户的积极性和参与热情。用户通过随手拍、编辑制作、创意文案、上传提交作品、发布链接等方式参与互动，并在社交媒体中分享、交流，实现滚雪球式扩散。"全网互动式"产品的效果往往由用户参与人数、参与方式和参与质量而决定。

政府融媒体产品按照内容取向可分为信息、故事、观念、知识、行动、沟通元等 6 个类型。（1）信息。针对政府工作报告、日常政务、公共政策、职能信息、政府数据等内容资源做融媒体产品开发，旨在重组各类信息要素，变换产品的表达方式和呈现方式，使得政治信息传播耳目一新。（2）故事。"故事"是一种写作技巧或组织信息的方式，涵盖讲述者对世界的关照和解释，包含着讲述者与倾听者之间的共享、沟通、互动。[①]

---

①　姜红，印心悦."讲故事"：一种政治传播的媒介化实践［J］.现代传播（中国传媒大学学报），2019（1）：37-40.

融媒体产品中，政府作为讲述者，通过精心的叙事策划、符号选择、情节设计，提供关于政府工作、公务员、政务职责履行的故事。（3）观念。选择适当的符号，强化视觉效果，对意识形态、主流价值观念进行深度刻画和传播。（4）知识。政府有义务向公众提供有关法律法规、政府业务、民主政治方面的知识。融媒体产品通过剧本、表演、短剧、网红、直播等方式，使得知识简洁明了、充满意趣。（5）行动。由政府与用户的共同行动来塑造和完成。公众的参与、体验是其中不可或缺的部分。（6）沟通元。以政府为主视角提供能够引爆全网的流行语、网络热词、表情、"梗"等话题，激发公众的创造力，进而演绎、参与、讨论、再创造，在特定的语境中被反复使用并广为流传。

除此之外，政府融媒体产品还有其他分类方式。按照功能可分为信息传播产品、形象塑造产品、公共服务产品、改善参与产品、文化创新产品；按照生产主体属性分为政府主导型产品（由政府传播机构独立策划与生产）、政府合作型产品（由政府策划并负责审核，由合作的第三方机构负责产制运营）、引导参与型产品（政府为主引导公众产制的产品）、众包参与型产品（主要依靠公众生产与传播）等，可见政府融媒体产品有着多样性、包容性和丰富的创造力，具有不断衍生出多种产品形态的可能性。

第二节　典型政府融媒体产品及现状解析

依照"媒介技术和形态"的分类标准，本节将对政府融媒体产品的具体品类展开现状分析。基于每种品类发展过程中的典型案例，梳理其特征、适用范围及功能作用。

一、视听式：短视频、微电影/微纪录片、Vlog、音频

视听式政府融媒体产品主要利用现代视听技术制作与推出，具体品类

丰富，短视频、微电影/微纪录片、Vlog、音频这几种较为常见，且发展比较成熟。

（一）政务短视频

政务短视频主要在抖音、快手、哔哩哔哩等平台流行，在时政要闻、政务发布、形象塑造、应急传播、公共政策、知识传播、正能量传播等多个主题领域应用普遍。短视频是政府尝试较早的融媒体产品形式，经过几年探索，已形成一定的风格和内容原则。主要包括以下几方面：保持短视频"简明扼要"的特性，每个短视频只有一个中心议题或只传递一条消息；采用文字、图片、声音、表情、影像等多种符号进行视觉创意来增强效果，并以此来吸引人们的注意力；提前编写脚本，使用抓人眼球的导语；信息传递简洁明快，保持一定的节奏感和清晰度；尝试以号召性用语结束；站在用户立场，尽可能地诉诸情感并调动他们的情绪；"有趣"是短视频的灵魂所在，要在开头就引人入胜，并持续保持吸引力。①

推出"爆款短视频"是政务短视频获得用户和流量、产生社会影响力的关键。2018 年 5 月，北京市公安局反恐怖和特警总队抖音账号"北京SWAT"发布首条短视频"北京反恐特警正式入驻抖音"。反恐特警射击绝技、空降、救援、冲锋、翻越障碍等多个不为人知的训练场景，以及直升机、无人机等许多高精尖的警务装备在该短视频中亮相。不少镜头和画面首次对外公开，其独特性、揭秘性极大地满足了公众的好奇心与探索欲。再加上多种警务符号、场景符号、自然符号、人物符号有机结合在一起，配合激情飞扬的音乐，振奋人心的情感表达，成为当之无愧的"爆款"。不仅获得了超高的播放量和点赞量，还引发了其他政务短视频的复制与模仿，奠定了"爆款政务短视频"的基本底色：揭秘内部场景、调用专属符号、使用流行元素、激情式情感基调。在军队、消防、应急、反诈等领

---

① KIRAN V. Political short-form videos：The next big trend for political campaigns［EB/OL］. Political Marketing，2020-06-16.

域，一时间政府推出了大量"爆款"，"中国陆军"所发布的短视频《角逐漠北草原，上演钢与火之歌》直接将镜头对准真实战场，在强烈的视觉冲击下，将射击声、火炮声、呐喊声共同融入激昂的音乐，观众骄傲、激动的情绪被调动起来，短视频因此大获成功。此类"爆款短视频"通常具有马太效应，带领政务短视频在网络传播平台中出圈、突围，吸引一大批忠实用户。因此，产制"爆款"这种具有流行性又热销的产品，对政府短视频运营部门而言十分必要。

"脚本化"策略在政务短视频中使用颇多。"脚本化"即通过建构剧本、演员表演的方式将重要的法律法规、政策情节或执行过程展示出来，适用于冲突性、警示性较强的题材。"脚本"的设计能够进一步强化冲突，加强感情色彩，形成更丰富、饱满的短视频作品。"@中国禁毒在线"推出的禁毒短剧《拒绝毒品，远离毒魔》，由演员扮演涉毒人员与普通群众，通过精心设计的对话脚本和近乎自然的表演展示了人们是如何被"步步引诱"，落入毒品陷阱，再选用富有冲击力的画面突出吸毒的严重危害和后果，画面"扎心"，警示效果显著。杭州市公安局推出的短视频"警察说hip hop"则利用嘻哈文化构建脚本，紧随流行的叙事方式，原生态地讲述了警察生活的多个侧面。

"故事化"是近年来政务短视频内容建构的一大趋势。政府作为讲述者，通过精心设计的人物和情节，向用户提供关于政府履职的故事。突出政府内部隐秘而不为人知的一面，通过细节描述、人物刻画和修辞使得故事生动真实，通过冲突、戏说等戏剧手法增强故事的可看性和趣味性。"讲故事"的方式更容易让政府贴近公众，而邀请公众进入共同的故事叙事空间有助于公众对政府增进理解，提高认同。长沙市公安局真人秀《守护解放西》讲述了巡逻、警种联动、疑犯审讯、要案参与等多个警情故事，注重细节，展示冲突，结构紧凑，表现真实，广受用户好评，在运用故事化叙事方面极具代表性。此外，"故事化"在讲好中国故事、正能量传播方面也有着广泛运用。在重大主题传播中使用"故事化"方式在原有叙事脉络中增加趣味性和曲折性，提供饱满而丰富的细节，让用户沉浸故事之中，形成与故事一致的认知和信念。① 用户从中获得心灵的满足。在日常传播的层面，"故事化"能够展现更多的个人经验与生活体验，往往生动、具体、鲜活，能够激发受众对于社会生活和人生境遇的共鸣，实现情感互动。

"奇观化"则使用多元、密集、精美的符号打造视觉盛宴，使得这些精心制作的"大画面"和"大制作"具有令人震惊、惊叹的气质。文化传播中最具代表性的"奇观化"短视频主题当属"北京中轴线"。北京市文物局拍摄的短视频《行中轴》在一分钟左右的时间内，充分调动各种机位，运用航拍、俯拍、仰拍、特写、拼接等技术，将已逾600年的故宫、天安门、天坛、太庙、社稷坛、正阳门、钟鼓楼等所包含的各类视觉符号反复调用、重组，表现恢宏壮丽、高大巍峨的气势。《"瞰·北京"——一座城市的发展密码》短视频以卫星图片为基础，通过高空俯瞰的视角，表现出北京城市建构历程中的壮美成果与非凡智慧，再现一个古老与现代交融的北京。算法推荐机制也将这类"奇观化"产品源源不断向用户推送，用户无不沉浸并感叹于"奇观"所浸染的"民族""国家""文化"意涵，产生高度的文化认同。抖音短视频《我宣誓：誓死保卫祖国!!!》通过方阵、装备、训练、穿越火线等视觉冲击和场景变换表现军队的气势磅礴，带来奇观化效果，有效传递了爱国主义价值。

近年来，政务短视频还注重发挥自身专业度高、具有公共性和权威性的优势，进行科普、知识类融媒体产品的产制，服务于广大用户。"知识传播"成为政务短视频产品的主要议题。政府有义务向公众提供有关法律法规、政府业务、民主政治方面的知识，融媒体产品则使其通俗化、趣味

---

① 陈先红，袁文霞. 讲好中国共产党故事的短视频叙事效果与提升策略［J］. 现代出版，2023（4）：20-32.

化、简洁明了。《四平警事》系列普法短视频结合时下公安工作重点，制作扫黑除恶、两抢一盗、电信诈骗等专题，通过演员生动的表演，深入浅出地传播法律知识并进行普法教育。北京疾控中心曾在新冠病毒流行期间精心制作了《新冠疫苗》系列科普短视频，进行疫苗接种宣传，提供详细的专家解读，并针对公众关注的各项疫苗安全和健康问题进行了详细的讲解，其及时性和专业性都受到广泛认可。应急管理部门针对"危机"进行知识科普和公共教育，创新了多种方式，利用短视频开展应急传播也被视为应急管理过程中不可缺少的一环。航天公共部门所开展的"短视频航天科普"致力于将复杂的航天原理和知识最大限度地图像化、视频化、动态化、趣味化，使其简明易懂，快速增加用户的知识获得。

与此同时，政府还特别重视增加短视频的互动性，提高公众参与度。"北京SWAT"曾在抗疫期间推出《硬核"私教"》系列政务短视频，特警队员变身"科普专员"和"健身教练"，一方面向公众讲解科学健身知识，宣传自我健康保护的重要性，另一方面领练各类健身动作，带领粉丝用户"动起来"，共同促进日常健康管理，丰富生活。共有超过200万用户在线参与了活动，"跟着特警学健身"也一度成为流行风潮。西安市在推动"网红城市"建设的过程中，曾经连续举办"西安年、最中国"的活动。主办方在大唐不夜城举办"开街点亮仪式"大型线下活动，邀请公众拍摄短视频，将亲身经历的西安各处城市风貌记录下来，共同构建"西安印象"。民众或拍摄大唐不夜城的灯火绚烂、西安城墙的古朴壮观、博物馆文物的典雅润泽、碑林石刻的历史沧桑，或将镜头对准高楼林立、车辆穿行、天桥、霓虹灯掩映的城市街景，温馨的家庭生活、孩子们的笑脸、渐渐安静下来的街巷、宁静祥和的夜晚、匆忙的路人……使得城市形象更加清晰、真切、自然。公众参与城市形象塑造，既是对政府塑造的一种补充，也是回应和超越。

（二）政务微电影/微纪录片

政务微电影/微纪录片是政府融媒体产品的一种重要形式，基于影视拍摄和制作技术，通常短小精悍，将各种符号和视觉元素巧妙组合，产生独特的观看效果，深受用户喜爱。相较于一般的短视频，政务微电影/微纪录片是一种更加专业化的影像产品，前期经过详细策划和多次协商，经由第三方公司及专业人士操盘，与政府合作生产。政务微电影/微纪录片的情节完整，且根据用户碎片化观看需求调整叙事布局。微电影通常要在几十秒、1分钟或3~5分钟的时间内以最快的速度进入"情节高潮"，因此重视打造悬念，重点表现"冲突""转折""揭秘"等吸引人心的过程。微纪录片则加大特写力度，通过精致、真实的"小景别"手法①，将原本难以通过观众视线观察到的景观呈现出来。再通过微小的细节处理，加大旁白和解说的感染力，贴近用户的体验和感受。

政务微电影/微纪录片适用于多种主题，特别有益于塑造城市形象和政府形象，能从宏观和微观的角度出发，构筑形象故事，深度挖掘价值所在。2022年，北京市政府新闻办公室创制了30集《京味》系列微纪录片，力求从30个微观角度塑造北京形象。② 《京味》无疑是用心之作，除精巧的构思，精美的制作，对北京传统与现代文化价值的深层挖掘之外，还在内容上涵盖了城市建设、文化变迁、生态发展等多个主题，在镜头选取上覆盖了北京古老街区、历史遗迹、现代都市景观等众多层面。既体现出千年古都的历史文化底蕴，又全面展示了北京作为国际大都市的现代胸怀。《京味》还突出平民视角，以人为本，将大量的镜头留给奋战在一线的劳动者，充分挖掘日常生活中的价值与美感，从微观上多角度展示北京普通民众的精神风貌，使得北京城市形象生动鲜活，充满活力。

① 秦璐.短视频中微纪录片的特征分析：以"二更视频"为例［J］.东南传播，2018（4）：115-117.

② 北京市人民政府.品读大美北京，见证古都焕新：《京味》系列国际传播微纪录片正式发布［EB/OL］.北京市人民政府官网，2022-09-24.

政务微电影/微纪录片亦是文化、旅游管理部门开展宣传与推介不可或缺的工具。通过符号、场景、人物、音乐、情节的影像化组合，强化受众对旅游目的地或文化主题的印象与感知。优秀的文旅类微电影/微纪录片不仅能够充分挖掘文化元素的深层价值，重构文化要素的展示方式，与文化热点、传统节庆巧妙结合，还重视中华优秀文化情感的注入与唤醒，强化受众的文化认同。2021年春节，北京西城区非遗保护中心在抖音平台发布了微电影《人·情·味儿》，通过非遗传承人的自白，深度展示京菜、药香、刻瓷等京派非遗文化。这部微电影综合调用了多种具有北京特色的非遗文化符号，恰到好处地融合了"年"的主题。这部微电影还设立了乡愁、年味、守候等镜头模块，由非遗传承人在思乡、团聚的温情时刻娓娓道来，唤醒了受众的共情。整部微电影叙事贴近受众，情感交融，又将非遗文化、年节文化、公共情感、情绪共通融合起来，既形成了有效的文化推介，也强化了主流价值的传承与传递。

（三）政务 Vlog

Vlog 是"Video Blog"的简称，即"视频博客"或"视频日志"。由创作者通过第一视角进行拍摄，记录日常生活①，具有个性化、多元化、真实性强、亲切活泼等特点。融媒体时代，政府亦尝试使用 Vlog 表达自我，将政府开展工作和履职过程全方位展示给用户。Vlog 讲求镜头直拍，没有刻意设计场景与情节。尽管在技术和手法上相对粗糙，但能有效突出未经雕琢的"真人实景"，更为真实、鲜活。用户跟随 Vlog 镜头行走的过程中能够产生较强的代入感，最大限度减少影像生活和现实生活之间的距离，使人们在消费影像时感受到"真实"的存在②。2019年7月，海南警方推出全网首个《抓捕 Vlog》，记录了海南警方打击电诈犯罪"蓝天二号"

---

① 百度百科.Vlog（网络视频日志）［EB/OL］.百度，2024-09-12.
② 宫承波，田园.短视频火爆背后的大众视觉消费转向［J］.新闻论坛，2018（1）：12-14.

行动的收网现场。① Vlog 使用快速切换的场景，黑夜中晃动的镜头，紧张刺激的配乐，全方位展现了抓捕办案中多个关键时刻。用户在观看的过程中不约而同地将自己代入警察办案场景，一路心悬，紧追不舍，体会警方打击犯罪的危险与艰难。这种"真实感"和"刺激感"令不少心怀"警察梦"的用户实现了完美的心理置换，仿佛自己也在这一过程中圆梦。

《在现场》警务 Vlog 是北京市公安局在抖音平台打造的一款融媒体产品。该 Vlog 将镜头对准北京警方打击犯罪、执行勤务、服务群众的第一现场，记录并分享了多个真实瞬间。仔细分析这些 Vlog 的内容组成可知，"抓捕现场"展示了民警执行任务中许多惊心动魄的画面。他们周身装备真枪实弹，商讨战术时冷静有条理、应对执行机智而硬核，处处透露出强劲卓越的职业素养和大无畏精神。"服务民众"主题则主打内容多样，将派出所民警日常出警时的尽职尽责、进行治安处罚时的公正刚直、为群众讲解法规法条时的耐心细致、帮助困难群众时的关爱暖心淋漓尽致地呈现出来，具有很强的感染力。"普法和反诈"系列则由警官现身说法，形式活泼，语言幽默，用喜闻乐见的方式向民众宣传讲解，与民众充分交流和沟通。"日常警队建设 Vlog"则着重记录基层派出所民警的真实工作瞬间，辅以流行元素或"创意梗"使其更加生动。如"密云水库派出所的警察蜀黍都在忙些什么"Vlog 产品就是通过这种方式展现派出所内部繁忙的一天，对大家"脚不沾地"的忙碌状态进行了直观记录，让民众对基层警务工作有了进一步的了解。由此可见，政务 Vlog 产品不仅可以用于表现政府履职的关键时刻，还能让民众切实感受到政府就在身边，感受到政府及其工作人员勤政爱民、责任感强、勇于担当的品格，政务 Vlog 还有利于展示不同层级、不同性质、不同区域政府部门的特质和魅力，让政府富有人情味，是政府自我建构、改善传播与沟通的有效方式。

----

① 海南警方推出全网首个抓捕 VLOG 真枪实弹获赞硬核！[EB/OL]. 微博@政务新媒体学院，2019-07-10.

（四）政务音频

音频是一种伴随性媒介，用户可以随时随地收听。有时声音比文字更具有感染力，能够调动起民众的内心情感，产生深深的触动。音频融媒体产品也是政府对用户听觉感官的一次探索性开发。国家卫健委最早在国内最大的音频平台——喜马拉雅开启音频传播之路，最受欢迎的如《趣味健康百科》，累计收听量达 180 多万。① 新中国成立 70 周年之际，喜马拉雅政务频道联合各地政府机构用 70 个解放故事打造了"70 周年城市传奇"音频节目，深受听众喜爱。② 新疆维吾尔自治区网信办在喜马拉雅推出"达人西游"系列节目，推介新疆丰富的文旅资源，前 5 季共推出 100 集，收听超过 3838 万次。③ "青听"是团中央在网易"云音乐"开设的政务电台，以"青年在哪里，共青团的声音就在哪里"为己任，鼓励原创、共享音乐，用青年喜爱的方式传播正能量，与网友互动。④ 在党建领域，"音频"产品能够亲切地传播"党的声音"，用户在碎片化时间也能参与学习。北京团市委新媒体中央厨房则推出"青春读书会"栏目，播放全国高校学生、社会各界青年和北京共青团机关干部一起朗读《习近平的七年知青岁月》，收听量近 280 万。⑤

MV 也是主要利用听觉媒介展开产品化传播的代表，政府部门一系列公益性 MV 产品，传播积极向上的精神，传唱广泛，打动人心。如江苏省高院推出的原创歌曲《宁海路 75 号》，在江苏高院微信号推出，邀请两位法官共同演唱，其中深深的民谣风，真情实感的演绎打动了全国的法律工

① 朱燕. 国家卫健委音频获百万收听：政务新媒体音频化时代来了？［EB/OL］. 中南舆情网，2024-11-27.

② 政务新媒体"音频化"时代来了？［EB/OL］. 搜狐网，2019-09-26.

③ "达人西游"取真经，传播"解码"大新疆［EB/OL］. 网信办，2018-12-25.

④ 共青团中央为什么入驻网易云音乐？［EB/OL］. 甘肃青年微信公众号，2017-08-03.

⑤ 朱燕. 国家卫健委音频获百万收听：政务新媒体音频化时代来了？［EB/OL］. 中南舆情网，2024-11-27.

作者，表达了法律工作者的心声。在政策传播领域，也有政府部门尝试推出 MV 的形式"助攻"。上海在垃圾分类政策传播中，推出了一系列 MV 产品，如"浦东发布"推出的垃圾分类沪语 MV"垃圾分类歌谣"，突出了本地方言特色，朗朗上口，具有较强传播价值。生态环境部推出的"美丽中国我是行动者"《让中国更美丽》主题 MV 大家唱接力，通过广泛参与，源源不断地向公众输送抒情又热忱的声音，产生了显著的共情效应。

二、直播式：政务直播、AI 直播、官员直播带货

"直播"（livestream）即在互联网上公开播出在线、即时的实况影像，近年在多家网络平台上流行。直播不受地域限制，主播在实景现场或直播间中直接面对数以万计的观众。观众感觉到自己"正在当下"，与主播在同一时空内进行交流。目前经常为政府使用的直播式产品包括政务直播、AI 直播与官员带货直播，适用于不同的场景，产生不同的功能和价值。

（一）政务直播

我国政府较早利用"直播"这一融媒体形态，最早是微博直播。如浙江省政府通过官微账号"@浙江发布"直播政府新闻发布会，全程详细解答市民关注的安全、民生疑问。①"@上海发布"官方微博在线直播各类市政新闻发布会，将政府的公共政策、民生措施直接带到公众面前，引发"全民围观"。可见"直播"让政府工作变得直观、透明，体现政府进一步扩大开放、促进信息公开的决心。最高人民法院推出的"#带着国徽去审判#——超级大 V 法院行"微直播，邀请@法山叔、@毕导 THU 等大 V 体验艰苦地区的巡回法庭，将案情发展、司法工作流程经由微博直播向全民展示，带动全网用户切身感受深山中司法工作的艰难与不易，弘扬法治精神。

后期政务直播主要在微信视频号或短视频平台进行，逐渐形成规模，

---

① 微直播成政务新媒体亮点 [EB/OL]. 新华网．2016-4-15.

出镜主播针对政务服务、政策讲解、知识宣讲进行实时直播①，为政府与民众搭建了一个信息传递、沟通互动的新空间。2021 年 5 月，北京市应急管理局"应急直播"上线，先后开展了"北京市 5·12 防灾减灾日""北京市安全宣传咨询日""北京市中小学生#公共安全开学第一课"等直播活动。政府官员、应急专家、专业媒体在直播间中直面公众，用生动有趣、通俗易懂的方式与大家交流和对话，加强了应急管理部门与公众之间的相互了解，让应急安全意识、应急救援常识、应急自救知识等对民众来说比较生疏的主题深入人心。主题沙龙式直播则邀请多位知名应急专业人士向公众介绍应急救援技术的发展和社会应急管理的建设，同时邀请公众在直播间在线参与，共同探讨应急管理的发展，献计献策，带来了积极的社会反响。

一场政务直播不仅可以成为一次全方位的政府"展示"，还能够促成政府与民众进行一次跨越时空的互动。线上连麦直播"#你不知道的北京中轴线#"由北京市东城区网信办推出，观看和参与总量超过 30 万。十余位网络大 V 和东城区网络宣传员代表、驻区重点互联网企业代表一路开展直播，先后探访了永定门御道遗存、前门三里河公园、颜料会馆、北大红楼和钟鼓楼等 5 个重要的北京中轴线文化景观②，通过边走边拍、连麦分享、直播畅聊等方式，带领网友感受东城区悠久的历史文化。这场直播构建了一个虚拟的文化互动空间，实现了 30 万网友和政府传播主体"同在"，共同行走、同步体验。大家留言、讨论、隔空对话，产生了情感共鸣，共同分享着对北京这座城市的热爱和对传统文化的自豪。整个直播活动的主题也得到进一步升华，东城区的文化形象也得以成功塑造。

---

① 班玉冰. 困境与突围：社会治理视阈下的移动政务直播［J］. 湖北行政学院学报，2019（5）：43-47.

② 文化东城：网络大 V 实地感受东城文化魅力［EB/OL］. 东城区龙潭街道微信公众号，2022-08-03.

（二）AI 直播

AI 直播也是近年来政务直播的一种创新方式，由人工智能技术合成虚拟主播，提供语音或影像直播。AI 直播目前已经运用在新闻直播和会议直播领域，全天候、不间断地提供服务。由"朝阳融媒"上线的 AI 直播已在朝阳区党代会、人代会等大型活动中"上岗"①，以逼真的形象、亲切自然的声音播报新闻和动态，解读政策，为用户带来全新的体验。AI 直播还逐渐具备"即时回应"功能，随着大数据训练模型的进一步精准，已能够基本实现自主信息采集、筛选、分发，对民众诉求和呼声进行快速而有效的回应。2024 年，24 小时不打烊"AI 数字人+真人"直播间在内蒙古科左后旗搭建成功，民众可以通过抖音、快手进入直播间，向 AI 主播提出与政务服务相关的各种问题。② AI 主播将自动识别，予以快速解答。这种全天候、智能化、准确度较高的 AI 主播为当地民众提供了便利，体现了政府传播创新向公共服务领域拓展并为其赋能。

（三）官员直播带货

"直播带货"是短视频平台的重要商业模式之一。近年来，地方官员也化身为网络"主播"，在抖音、快手等平台开展直播，对当地的农产品进行售卖，或推介地方特色文化旅游项目，受到较多关注。媒体报道称："2019 年 4 月至 11 月间，共有来自 24 个省份的 534 名县长或副县长走进直播间进行带货。"③ 河南省光山县"邱学明县长"，主推"光山十宝"系列农副产品，年销售额达 5.2 亿元，为脱贫攻坚贡献了力量。④ 陕西省柞水县副县长张培推销柞水木耳，直播间累计观看人数超过 2200 万。上线后

---

① 吴婷婷．北京朝阳首位 AI 主播明日上线 ［EB/OL］．搜狐网．2021-12-05．
② 杨腾格尔．全国首个 AI 政务服务直播间在科左后旗成功搭建 ［EB/OL］．新华网，2024-06-14．
③ 孟威．官员直播能否持久生效"保鲜" ［EB/OL］．人民网，2024-09-12．
④ 魏蔚．大别山"邱教头"：让光山电商模式走向世界 ［EB/OL］．大河网，2021-01-16．

的几秒钟，超过 8 万包柞水木耳销售一空，相当于该县去年前 4 个月的销售量。① 2020 年，重庆市发布《全市县区"晒旅游精品·晒文创产品"大型文旅推介活动总体方案》，要求区、县长"直播带货"，推介本区县特色文旅产品。② 活动上线后广受欢迎，"区县一把手"亲自上阵，直播解说，令人耳目一新，加上政府信誉背书，有效提升了重庆多个县区的网络热度。

政府官员进入直播场域充当主播，与传统政务直播有很大的不同。尽管这一行动最初的流行一定程度上是为了缓解新冠疫情对地方实体经济所带来的不利影响，却在客观上推动了政府利用短视频传播创新的一次重要探索，属于现象级的媒介事件③。政府需要有真正包容的态度和开放的理念，才能理解和把握"直播"这一新型媒介形式的内涵和规律，才能下决心习得开展直播所必需的"带货话语"，带来官员在直播间的成功。"官员直播带货"让传统意义上的政府变换新的面貌出现在公众面前。主政官员在直播间亲力亲为，仔细梳理本地有价值的乡土产品或旅游资源，调动区域内的各部门跨越时空、突破职权界限、缩短决策流程，以"商品和服务的售卖"为基准履行职能。政府背书提供了宝贵的信任价值，极大地节约了交易成本，促进了更为高效的商业互动与合作的形成。政府对"直播"的利用真切地带来了经济价值，有效带动了地方的经济发展，实现了功能突破。

此外，平时具有距离感的政府官员化身平易近人的主播，全然使用商业直播间的"话术"和"节奏"，声情并茂地介绍产品，情绪饱满地调动

---

① 韩沁珂．风口上的县长直播带货："是个官儿，但不高高在上"［EB/OL］．新京报，2020-04-26

② 重庆市文化和旅游发展委员会，中共重庆市委宣传部，中共重庆市委网络安全和信息化委员会办公室，重庆市文化和旅游发展委员会．全市区县"晒旅游精品·晒文创产品"大型文旅推介活动总体方案的通知：渝文旅发〔2020〕79 号［A/OL］．重庆市文化和旅游发展委员会官网，2020-05-27

③ 强月新，孙志鹏．互动仪式链理论范式下官员直播带货现象分析［J］．编辑之友，2020（10）：21-26.

观众的购买欲望。对观众而言，这种"陌生化""宠粉"的政府面孔具有很强的新鲜感，这种新鲜感很容易转化为购买行动，促使直播间交易目标的达成。通常而言，官员带货直播还颇受公众、平台和社会瞩目，一个受欢迎的直播会产生滚雪球效应，迅速成为一个热门话题①，登上热搜或进入关注度排行榜，反过来进一步吸睛，扩大直播间人数，刺激直播间的政府与民众的多元互动，产生更好的经济效益和社会效应。

三、沉浸式：H5、动画、游戏、VR

沉浸式政府融媒体产品是伴随着多媒体技术、数字技术、虚拟现实技术的嵌入而发展起来的，常见如 H5、动画、游戏和 VR。这些产品推出的数量、节奏虽不及短视频，但因其普遍设计精美，富有创意，能够带来沉浸式、全景式的特殊体验，深受用户喜爱。

（一）政务 H5

H5 即 HTML5（Hypertext Markup Language 5），是可以在移动设备上支持多媒体应用的超文本标记语言②，具有较高的兼容性，能够综合不同插件，将视频、音频、动图、动画等融合在一个网页中播放使用，解决了"同内容不同呈现"的问题③。H5 技术吸引了各类媒体创新新闻产品。除图文式 H5 外，还包括 3 种形式：一是视频型 H5，在 H5 页面插入视频进行全屏展示；二是合成型 H5，即在应用过程中让用户生产的内容与 H5 产品的相关内容结合起来；三是技术型 H5，将 H5 页面和 VR、3D 等其他技术进行融合。④ 火爆全网的《快看呐！这是我的军装照》就是《人民日

---

① SHAH S. The history of social network［EB/OL］. digitaltrends，2016-05-14.
② 王培志. H5 场景化视频化创新引领移动传播新风向［J］. 新闻战线，2017（19）：64-66.
③ 聂书江. HTML5 产品的情感传播及其路径选择：以 H5 产品《我的军装照》为例［J］. 宁夏大学学报（人文社会科学版），2018，40（Z1）：161-165，181.
④ 陈仲仪. 融媒体语境下 H5 新闻的叙事策略研究——以中国新闻奖 H5 新闻获奖作品为例［J］. 新闻世界，2024（1）：70-73.

报》客户端在建军 90 周年之际推出的一款合成型 H5 产品。网友拍照或将自己的照片上传，通过人脸识别和融合成像技术，生成属于自己的"军装照"。这一产品广受网友欢迎，大家纷纷尝试，并转发至微信朋友圈、微博，形成了刷屏效应。数据显示，该 H5 的浏览次数（PV）超过 10 亿，独立访客（UV）累计 1.55 亿。创下业界单个 H5 产品访问量新高。①

近年来，政府亦开始尝试推出 H5 产品，使之成为政府传播中一种常见的信息、新闻展示方式，用途广泛。目前的政务 H5 主要具有如下特点：

1. 发布政务信息简明、条理、易懂，可读性强。H5 擅长将冗长复杂的政府工作报告、政策文本、政务公告等拆分为时间线、逻辑链、示意图，内容明确、语义简洁、重点突出，让人一目了然，解决了用户在阅读复杂时政报告时存在的种种困难，便于用户更好地把握其中要义。2017 年"两会"期间中国政府网/国务院客户端推出的 H5 产品"总理报告'话中有画'"（见图 3-1 左），采用彩色手绘配合图文的方式展示政府工作报告的主要内容，将重点内容标注、悬浮，增强了内容吸引力，强化了用户对政府信息的关注。

2. 呈现政务信息新颖有趣，富有吸引力。H5 提供的是一个融合图像、声音、文字、动画的多整合、多渠道的媒介形态，具有丰富的交互设计和视觉呈现。制作精美，兼具平面化和立体化的审美效果，还可以叠加互动类游戏，设计题库、文档、答题等板块，增加趣味性。2018 年"两会"时中国政府网/国务院客户端推出的"声波绘画带你感受总理《政府工作报告》"H5，使用总理原声配合卡通绘画及图文，使得报告中的主要内容鲜活起来，富有感染力和亲切感，增加了公众对政府的好感。团中央利用 H5 技术推出的"青年大学习"网上主题团课（见图 3-1 右），带领全国青年深入学习领会习近平总书记"7·2"重要讲话精神，将分专题包装成一个个精

---

① 赵光霞、燕帅. 人民日报客户端"军装照"H5 荣获第二十八届中国新闻奖一等奖 [EB/OL]. 人民网，2018-11-02.

美的 H5 产品，让广大青年们随时随地、通过轻松而有趣的方式理解重要讲话精神，并通过随堂测试检验学习成果，坚定自己的理想信念。①

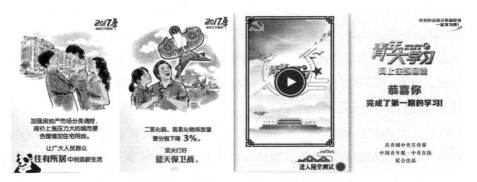

图 3-1 （左）2017 年"两会"政府工作报告 H5 产品；
（右）团中央"青年大学习"H5 产品

3. 参与性和互动性较高，合成型 H5 受用户欢迎。用户需要通过一定的操作，如点击、触摸等，才能进入 H5 产品的使用。"青年大学习" H5 中，用户需要经过点击试听、进入测试、自助答题、获知答案、完成学习等参与步骤才能完成全部使用环节。H5 产品使用的是一种"交互式"叙事，用户部分或完全参与 H5 产品的叙事进程。② 如《快看呐！这是我的军装照》产品，用户需要自拍个人头像，或上传照片，同步启动 H5，经由内部图片库匹配，再根据用户提供的图像进行个性化生成，产生个人的"专属军装照"。虽然"军装照"具有一定数量的模板，但由于用户图像不同，"军装照"看起来个性十足，精彩纷呈，很有纪念意义。相比其他参与形式，用户更能感觉到自己参与了 H5 产品的创制过程，且自身就是 H5 产品的主角。用户还可以将"军装照"分享至朋友圈、微博，大家对彼此

---

① 李川. 团中央推出"青年大学习"网上主题团课 动员团员青年深入学习，领会习近平总书记"7·2"重要讲话精神 [EB/OL]. 中国青年网，2018-08-01.

② 王丹. H5 新闻产品的视觉传播特征 [J]. 青年记者，2018（23）：100-101.

的军装照对比、比照，引起讨论。有过军旅生涯的网友会在转发过程中添加情感表达，引起共鸣。

4. 场景性强，为用户带来全新体验。技术型 H5 能将 H5 页面和 VR、3D 等沉浸式技术融合起来，带领用户进入一个全新的场景。首都文明办与城市管理委员会连续两年发起"美丽街巷我的家"摄影征集活动，邀请市民拍摄自家"房前屋后"的街巷新貌，将这些转化为 H5 产品。① "H5 ｜带你骑车打卡，感受十年蝶变，点'靓'北京最美街巷！"这一产品也颇具代表性。用户点开 H5 进入页面时，会有动画人物骑车进入画面，沿途介绍背景中出现的胡同景色。当路过魏染胡同时，则插入动画，将"京报馆"内部的真实场景再现出来。随后，动画人物再度向前，来到草厂四条，这里展现的是胡同居民过上现代生活的日常画面——老旧胡同的现代化改造和居民议事。"长巷头条"巧妙挖掘出胡同之中蕴藏的历史价值和文化价值，已成网红打卡地。此外还有杨梅竹斜街的文化地标场景，用户在线浏览，便如临其境。

图 3-2 "H5 ｜带你骑车打卡，感受十年蝶变，点'靓'北京最美街巷！"产品截图

① 文明北京官方. H5 ｜ "美丽街巷我的家"优秀作品展 [EB/OL]. 搜狐网，2019-02-03.

　　分析可知，H5 在政务发布、政策解读、城市形象塑造等方面均有良好的效果，但在具体运用中还存在些许不足：其一，H5 的技术问题。网页版和手机端 H5 往往受到网速影响，容易出现卡顿现象。如果制作复杂，插入的视频、程序较多，则会发生"难以打开""页面失灵"等问题，甚至需要重启程序，后续维护也往往不够及时。其二，对大多数政府部门来说，H5 只是尝试或点缀，并未成为常规信息发布形式。且 H5 的内容设计容易僵化和重复，用户形成审美疲劳，懒于点击使用。其三，用户参与存在"程式化"问题。目前答题、测验、上传照片、自动生成等反复出现，时间一长，用户难免觉得缺乏新意，容易降低参与兴趣。合成型 H5 尤其需要进一步创新参与方式。

　　目前，政务 H5 产品有两种应用趋势。一是回归简约，尽力挖掘其信息传播"简明、条理、易懂"的本质属性。"动图"是一种低成本而合适的选择。2024 年"两会"期间，中国政府网推出了"50 个动态场景看2024《政府工作报告》全文"①。（见图 3-3）以这种方式进行展示，图文优美大气，关键信息一目了然。二是鼓励 H5 继续集成各类技术，融合VR、AI 技术，丰富主题、扩展内容表现形式，或添加新颖、趣味性强的游戏、积分等小程序，既增强 H5 的表现力，还有益于提高用户的使用兴趣。

　　（二）政务动画

　　"动画"是利用真实动作以外的各种技术手段来创作活动影像的艺术。② 政务动画是近年来常见的一种政务融媒体产品。常见的动画有 MG动画和三维动画两种。MG 动画（Motion Graphics）即动图动画，融合平面

---

　　① 中华人民共和国中央人民政府．最全！50 个动态场景看 2024《政府工作报告》全文［EB/OL］．中国政府网，2024-03-05.
　　② 赵路平．浅析新媒体环境下动漫在新闻传播中的应用［J］．当代电影，2012（6）：154-157.

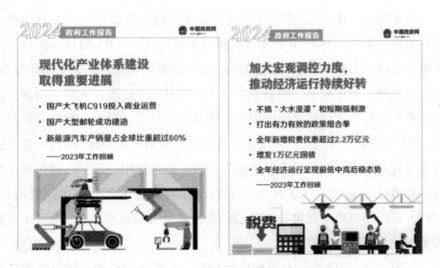

图 3-3 H5 产品"50 个动态场景看 2024《政府工作报告》全文"

设计、动画设计和影像艺术，用动态影像的方式实现视觉信息的传播。[1] MG 动画与传统影视动画根本性的差异是传播目标的差别，影视动画侧重提供具有文学性、情节性的故事叙事，而 MG 动画的传播目标是明确表达信息，或直接渲染情绪[2]，因而非常适合政府信息传播需求，被政府采用。

最早的关于"两会"报道的动画，是 2013 年《壹读》杂志制作的《新鲜的中央政府》。[3] 同年，具有官方背景的"复兴路上工作室"在优酷网发布《领导人是怎样炼成的》动画，首次出现中国领导人的卡通形象，用幽默平实的语言讲述中国官员选拔和考核制度，这段视频赢得了极高的点击率。[4] 以动画的形式介绍政府职能、普及法律法规、解读各类政策，

---

① 严琰. "微时代"的 MG 动画网络传播 [J]. 传媒, 2017 (7): 78-81.

② 李翔, 杨怡静. 动态图形设计：数字时代的视觉传播新范式 [J]. 当代动画, 2018 (1): 100-103.

③ 李玮, 戴梦岚. 动画短视频：数据新闻的成熟可视化形式? ——基于 2016 年"两会"报道中的动画短视频来谈 [J]. 新闻界, 2017 (1): 64-69.

④ 领导人是怎样炼成的 [EB/OL]. 人民网, 2013-10-18.

在近年政府传播实践中更为常见。国务院发布的《秒懂国务院》系列 MG
动画，在 60 秒内表现了国务院的工作主题，短小精悍、易于传播。云南省
人民政府办公厅为《云南省政务新媒体管理办法》的出台拍摄了动画，在
2 分钟内生动地展示了政策文本。① 辽宁省铁岭市税务局推出的政务动画
《民法守护一生 税法相伴成长》主要用于向民众普及与其日常生活最为相
关的民法与税法，如附加税扣除、合同履行、违约责任、房屋共同所有、
契税、遗产税等②，取得了良好的效果。

　　用 MG 动画展示"两会"政府工作报告，是中国政府网及国务院客户端的
保留节目。2023 年，动画《100 秒动漫回望 5 年政府工作》③（见图 3-4），在
舒缓音乐配合下，将 5 年之间中国发展的重要时刻和成就一一展示出来。

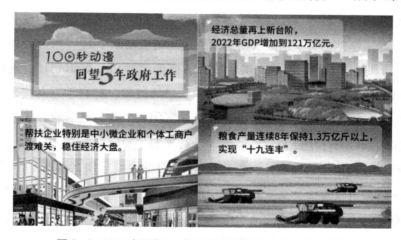

图 3-4　MG 动画产品《100 秒动漫回望 5 年政府工作》

---

① 　云南省人民政府办公厅. 动画解读《云南省政务新媒体管理办法》［EB/OL］. 云南
省人民政府官网，2019-09-09.
② 　李雪. 混合动画《民法守护一生 税法相伴成长》［EB/OL］.澎湃新闻网，2023-
12-12.
③ 　中华人民共和国中央人民政府. 100 秒动漫回望 5 年政府工作［EB/OL］. 中国政府
网，2023-03-03.

该动画画面配合文字说明，整体感觉舒适协调。动画中意欲表现经济发展的共 3 帧画面。第 1 帧表述经济总量，配合象征经济快速发展的北京、香港、上海等地标志性建筑的动画造影。第 2 帧画面描述"减税"，主旨指向因减税而带来的直接结果——商业的兴盛。通过城市百货公司的热闹和繁荣，展示减税带给人们生活的积极影响。第 3 帧表现"促进小微企业发展和企业贷款利率降低"，画面转向写字楼、上班族场景，正是贷款政策的友好，减轻了企业负担，写字楼中才能呈现出欣欣向荣的景象。此外，"就业"画面讲述新职业出现和机遇、"脱贫、农业"成就则配合出现金灿灿的麦田和机械化丰收的景象。最后，5 年间的政府工作在"行政贵在力行"的总结中得到升华。

总体而言，政务 MG 动画提倡高效、明确地输出关键信息，没有复杂的情节和文学性的文字描述。由于没有出现传统动画中的"人物"和"角色"，动画造像干净、明快，讲求线条、图形的简洁和可识别性。这种设计有效地减除了观众头脑中复杂成像和联想的过程，有利于观众快速地抓住 MG 动画所要传递的重点信息，产生深刻印象。这与政府政务信息发布和政策传播的目标十分契合。政务 MG 动画的主要问题在于 MG 生成工具较为相似，这使得动画容易"模板化"。且目前主要运用在政府工作报告、政策文件的解读方面，受众初见 MG 形式时觉得新鲜，到后来容易产生审美倦息。这需要政务 MG 动画主题和题材的不断扩展。是否能够激励用户主动点击 MG 动画进行观看，主要取决于该动画表现的是怎样的政务题材，是否符合用户需要。还要选择合适的内容和方式制作动画，注重 MG 动画中政务信息或政策文本的提炼、运用、排布、整合，提高 MG 动画展示信息的密度和效率。此外，MG 动画还应在点、线、面、颜色、肌理、比例、空间等诸多要素层面继续改进，整体提高 MG 动画的表现力和视觉水准。①

---

① 李翔，杨怡静. 动态图形设计：数字时代的视觉传播新范式［J］. 当代动画，2018（1）：100-103.

可通过实验来确定受用户喜爱的 MG 动画的时间长短、内容种类、要素选用及风格，再进行制作。

政府部门还尝试使用传统的"影视动画"或"三维动画"产品进行传播，但整体的目标与 MG 动画不同，从"传播信息"变为"传递价值"。2018 年，中国政府网发布了一个颇有意思的动画短片——《文具总动员》，展示政府工作报告从起草到经历无数次修改最终"诞生"① 的过程。该动画的主要人物是拟人化的"橡皮"和"铅笔"。橡皮萌态十足，憨厚可爱，抱怨自己因起草报告涂涂改改而"日渐消瘦"；铅笔大气而憨厚，却拥有理性，性格坚强，一路安慰橡皮"工作重要，且不能总在抱怨"。动画在元素设计上鲜艳、明快、柔和，充分表达意境，同时采用"萌化传播"策略，卡通人物造型可爱，对话、用语和肢体语言尽显亲切，幽默而真实，立意更是贴合了普通网友上班族的每日境遇，唤起了广泛的社会共鸣，政府工作人员的勤奋、认真、严谨、爱民的敬业精神也感动了诸多网友，传播效果极佳。

图 3-5 中国政府网推出的三维动画《文具总动员》

① 已刷屏的趣味动画音乐剧，揭秘《政府工作报告》的诞生［EB/OL］. 网易，2018-03-04.

政务动画还有更多创新创意之作，借助游戏、影视 IP 是近年较为流行的一种。2019 年 8 月，在长沙市委网信办的指导下，长沙市生活垃圾分类工作领导小组办公室、长沙市城市管理和综合执法局，探索政务传播跨界融合，联合网易游戏《梦幻西游》手游，首创长沙话方言版《梦幻西游》生活垃圾分类公益动画（见图 3-6）。① 该动画借助《梦幻西游》IP，4 个主要人物依次出场，分别扮演参与垃圾分类的不同人物，还融合了中国历史中的相关典故及《唐律疏议》中的有关法条，只为生动、通俗地演绎垃圾分类的合理性、重要性、内容、方法和后果，脑洞大开，令人耳目一新。长沙方言配音使得动画更具地方性特点，适合地方性条例或规范的推出。从动画审美的角度，以深受用户喜爱的《梦幻西游》IP 为基准设计人物，穿着、体态、表情都充分还原了游戏风格，让青年好奇、追捧，也让相对生涩、严肃的规范条文变得生动而易于接受。

图 3-6　长沙话方言版《梦幻西游》生活垃圾分类公益动画

"三维动画"固然具有视听效果更好、更具有吸引力的特征，也的确适用于形象类、价值类的传播主题，但由于其成本较高、专业性强，整体上还属于一种"尝鲜式"存在，未形成固定模式，也未形成产制规模。政府新闻中心或新媒体部门往往不具备自主生产三维动画的能力，从策划选

---

① 胡晓昕. 长沙话版《梦幻西游》生活垃圾分类公益动画开播啦［EB/OL］. 澎湃新闻网，2019-10-18.

题、剧本商定、元素设计、制作发行都需要与第三方公司合作，生产周期较长，过程中还要经过反复的协商、沟通，这对政府和制作团队都有着较高的要求。和 MG 动画相比，尽管三维动画具有更多的创新空间，但整体来看仍然缺乏好的作品，值得肯定和效仿的创意有所欠缺，且政府传播有着"求稳"的倾向，不愿为新创意承担可能的舆情成本，故而三维动画的创制并非政府传播的基本需求。但是，一些观念先进、思路开明的政府部门仍然积极利用动画开展传播并进行形象塑造。这一方面需要政府部门提升认知，重视策划，找好选题，选择高水平专业团队开展合作；另一方面需要其提升自身对动画产品的理解和利用，丰富视听语言，提高表现力，倡导内容和叙事的精彩流畅，增强价值感，使动画成为重大议题"整体传播规划"的重要环节并发挥独到的作用。

（三）政务游戏

"政务游戏"是一种结合了政务元素和游戏元素而设计研发的新型融媒体产品，由政府部门自行开发或联合开发，希望通过游戏化、社交化的方式吸引公众了解政府，在轻松愉快的氛围中学习政务知识，提高参与政府活动的兴趣。根据"游戏"形态的不同，可分为小程序内嵌游戏、电子游戏、手游、桌游等。

小程序内嵌游戏通常在政务微信或政务 APP 中发布，与 H5 技术相结合，游戏规则简单，玩法任意，用户利用自己的碎片时间就能完成。常见如知识问答游戏。2023 年，中共佛山国安办曾在第八个全民国家安全教育日推出"政党国安达人"问答小游戏（见图 3-7 左），通过答题还可参加积分、抽奖、兑换等活动。① 这种形式也被基层党组织广泛采用，生成一些"党课学习、党史知识测验、党员问答成绩排序"之类的小游戏，提升学习效果。此外，还有只需通过轻触、滑动即可完成的游戏。《口袋宫匠》

---

① @所有人，国家安全知识问答小游戏已上线，速来答题赢奖品！［EB/OL］. 佛山妇联公众号，2023-04-14.

是故宫博物院和腾讯共同开发的小程序游戏（见图3-7右），内嵌在故宫博物院微信中。这款游设计简单，玩家扮演宫匠，只需要向前走动，并且滑动屏幕进行任意转向，就可以搜集建筑材料，建造紫禁城。游戏采用简单场景，却增加了玩家的主体性和能动性，富有趣味。

图3-7　政务游戏示例："政党国安达人"（左）；"口袋宫匠"（右）

电子游戏、手游等则需要更多的设计和策划，政府也曾开展探索和尝试。例如，为辅助垃圾分类政策的推广和落地，长沙市开发了一款以《梦幻西游》为主题的垃圾分类游戏。该游戏以《西游记》故事为背景，设计了全新的卡通人物，很受玩家喜爱，上线3个多月，总曝光量超1.5亿。①游戏根据《梦幻西游》的情节，在恰当的位置植入垃圾分类项目，让玩家参与，可以在完成"日常任务"的同时，将游戏人物包裹中的"垃圾"，分别放置于"干垃圾""湿垃圾""可回收物""有害垃圾"四类垃圾桶中，进而领取丰厚的游戏奖励。因该游戏具有广大的玩家基础，且场景设计合理，画面精美，垃圾分类的嵌入自然流畅，玩家在体验游戏的过程中就能增长环保知识，提高垃圾分类的意识。公共博物馆、文化旅游部门则

---

① 方旭东. 全国首创：长沙政务宣传+游戏 IP 的融合：长沙市生活垃圾分类宣传创新案例［EB/OL］. 长沙晚报网，2020-01-15.

更多地与游戏公司开展合作，开发出多种不同类型的游戏。故宫博物院曾推出多款广受欢迎的游戏，将故宫古建、文物符号、历史人物、传统文化融入其中，每款游戏开发都有不同的侧重，以迎合时下传播潮流和受众审美。如《胤禛美人图》以"十二美人"系列绘画藏品为主，侧重利用游戏进行画中丰富文物知识的介绍；《皇帝的一天》侧重角色扮演，玩家更具有主动性，跟随皇帝的脚步走遍紫禁城的各个角落，完成游戏任务；《绘真·妙笔千山》是以《千里江山图》为场景蓝本的解谜互动手游，打造精美绝伦的符号画面，玩家依靠收集物品推动剧情发展。① 这些尝试都使得"游戏"正在成为一个开拓性的维度，不断扩展着政府传播和公共传播的边界。

利用知名游戏 IP 共同发展文旅事业，也是政务游戏应用的一个重要方面。著名网游《王者荣耀》曾与多地政府开展深入合作。如与南昌市相关部门共同推出"弈星—滕王阁序"系列产品；与甘肃省文化和旅游厅共同推出"千色云中·发现丝路"数字文旅计划（见图 3-8），积极开发融入"敦煌"元素的游戏产品②，在游戏地图、游戏情节、主要人物、皮肤道具等环节加入"敦煌"元素，携手拓展敦煌文化品牌。如"遇见飞天"及"遇见神鹿"两款游戏皮肤就被誉为"清丽国风、仙气十足"，大受玩家喜爱，游戏营销获得成功。

图 3-8　政务游戏示例：《王者荣耀》与敦煌的合作

① 故宫第 11 款 APP 要上线了！前面 10 款都是啥？［EB/OL］. 搜狐网，2019-05-10.
② 中国旅游研究院发布《游戏 IP 赋能文旅实践报告》提出未来发展四个方向［EB/OL］. 搜狐网，2023-07-13.

　　政府还曾尝试利用"桌游"来进行政治文化和主流价值的传递。"剧本杀"是近年兴起的一种真人角色扮演桌游，在青年一代中流行甚广。玩"红色剧本杀"桌游甚至成为一种时尚。建党百年之际，国内涌现出不少"红色剧本杀"作品，以五四运动、抗日战争、解放战争等近现代重大历史事件为背景，通过人物角色演绎，巩固历史知识，培养家国情怀，进行爱国主义教育。有代表性的作品包括以下几个：成都高新区芳草街道定制红色剧本杀"惊蕾"，以 1924 年下半年四川地区革命刊物《蓓蕾》创刊的故事为背景，加入丰富的换装和小剧场供玩家演绎①；上海市市委、静安区团委出品线下剧本杀"红色恋人"，与"密室逃脱"游戏结合，在 800 平方米的空间里重现渔阳里、四行仓库等一系列上海红色经典场景，让"密室+学党史"变为现实②；广东省共青团联合"百变大侦探"剧本杀共同打造的线上红色剧本杀"百年风华"③，以"四·一二政变"为背景，设置 6 个玩家角色，使玩家在故事体验和解密破案之中，沉浸式接受红色教育。作为一种特殊类型的政务游戏，"红色剧本杀"主要面向青年群体，将"游戏"与"政治思想教育"融合在一起，把红色文化强势模因及民族精神和情感有效地传递。④

　　总体而言，政务游戏是一种比较容易"出彩"的融媒体产品品类。无论是内嵌游戏、电子游戏、手游还是桌游，都经过了政府和公共部门的精心策划和设计，是一种综合性强、创制难度较大的创新创意产品，容易脱颖而出。政府可以凭借游戏的流行获得用户宝贵的注意力，且这种传播创新行动很容易被广大用户明确地识别出来，加之以认同和赞许，带给政府

---

① 红色题材+剧本杀+文旅，新配方文化 IP 能火么 [EB/OL]. 搜狐网，2021-07-22.

② 据说红色资源成青年"爆款"？各地真是玩出了花 [EB/OL]. 共青团中央微信公众号，2021-05-16.

③ 郭昊奇. 红色密码系列主题"剧本杀"之百年风华 [EB/OL]. 南方网，2021-10-19.

④ 张成良，刘祥平. 新媒体语境下传统文化的跨媒介叙事与传播 [J]. 理论月刊，2017（8）：75-79.

意想不到的收获。游戏理论还发现，"把不是游戏的东西变成游戏，能够极大地提高用户参与深度和投入的程度"①。这意味着原本不是游戏的政府传播如今以游戏的形态呈现，是一种非常值得瞩目的拓展。这种"游戏"带来了用户更为普遍的参与，作为玩家，进入游戏场景，扮演人物角色，体会人物心情，熟悉游戏事件，在情节发展中发明应对策略、亲历各种选择。这种深度代入感能够让人短暂忘记时空，获得沉浸式体验，进而在游戏中所获得的情感、价值也会进一步沉淀和升华。除此之外，游戏产品的推出是一个较为复杂的社会过程，政府、生产商、专业制作机构、监管部门、媒体、用户都被囊括其中，多个机构和个人将在诸多环节合作、联动，因而有必要期待"游戏"产品产制背后关于理念、合作方面的更多成果。尽管并非所有政府传播议题都适合采用"游戏"形式制作和传播，电子游戏、手游和桌游还存在成本较高的问题，但可以肯定的是，在大部分政务传播和文化传播领域，"游戏"仍然值得尝试。

（四）政务 VR

虚拟现实（Virtual Reality，简称 VR）是以计算机技术为主，利用并综合三维图形技术、多媒体技术、仿真技术、显示技术、伺服技术等多种高科技的最新发展成果，借助计算机等设备产生一个逼真的三维视觉、触觉、嗅觉等多种感官体验的虚拟世界，从而使处于虚拟世界中的人产生一种身临其境的感觉。② 早在 2014 年，美国《得梅因纪事报》（*Des Moines Register*）与甘尼特数字公司（Gannett Digital）运用 VR 技术向观众呈现了美国爱荷华州一个当地农场的视图③，旨在展示美国农业当下所面临的转基因作物、技术变革、农业劳动力现状等问题，开 VR 技术运用于政府传

---

① 蒋颖蓓. 游戏理论视域下故宫博物院数字传播转型探析［J］. 传媒论坛，2023，6（8）：11-14.

② 胡小强. 虚拟现实技术与应用实践［M］. 北京：高等教育出版社，2004：3-5.

③ 除了 NBA 赛场还能亲临艾森豪威尔号航母，VR 新闻带你走遍全美［EB/OL］. VRPinea，2017-05-11.

播之先河。2016 年是国内 VR 元年，其标志是大量媒体开始利用 VR 技术进行新闻报道。① 在 G20 峰会系列报道中，中央电视台使用"OZO"设备（VR 摄影机器）实现新闻直播。② 新华社采用"全景相机"，为观众提供沉浸式的报道体验。《美丽西湖》微纪录片通过 VR 技术将西湖山水景色全方位呈现。③ 观众可以通过终端设备模拟进入真实的西湖，甚至能够感觉到自己在西湖中泛舟、在古城当中寻访，身临其境般感受到西湖的美景和杭州城市风貌。

政府部门也积极利用 VR 技术开展传播实践。《梁家河全景带你走近青年习近平》是团中央"青年大学习"系列活动中推出的一款 VR 产品，具有良好的传播效果。其一，场景逼真。VR 技术使得梁家河全景、知青旧居外景、知青旧居内景、缝纫社、沼气池、铁业社、知青井等 8 个场景展示得更加立体化、细节化、生动而真实。其二，画面精美，从小处着眼，表现细腻，代入感强。在"知青旧居"场景中，当读者站定位置，通过 VR 镜头的全景展示，可以真切地体验到总书记当年睡觉的第二张"床铺"，切身体会到总书记曾经在此经受了"跳蚤关、饮食关、劳动关、思想关"等人生历练，敬意油然而生。其三，配以总书记对青年的寄语，具有感召力和感染力。青年通过 VR 的观看和学习，思想境界有了很大的提高，学习完成后，右下角可以生成明信片，作为青年"激励自身，相互勉励"的电子卡片，从中汲取能量，投入学习和工作中。研究表明，沉浸式图像与静止和运动图像的不同之处在于，可以通过第三空间沉浸来扩展所呈现的信息，也就是说，用户在精神和身体上完全沉浸在 3D 世界中，沉

---

① 殷强．"一带一路"国际合作高峰论坛的新媒体会议报道研究：兼对 VR 视觉传播与新媒体技术、信息服务团队媒介素养的考察 [J]．国际新闻界，2017，39（6）：162-171.

② 李维和．央视携 VR "黑科技"亮相 G20 峰会 [EB/OL]．杭州网，2016-09-03.

③ G20 峰会 VR 大片让您换个方式看杭州 [EB/OL]．电科技网，2023-09-05.

浸感来自观看视角、内容或故事以及所使用的技术之间的相互作用。① 这一 VR 产品正是将领袖风采、对青年一代的嘱托、艰苦岁月、历史沉淀，以及用户观看过程中的思考、感受、决心，还有敬佩、振奋、感动等思想体验紧紧凝聚和交织在一起，产生不一般的"沉浸式"效果，认知和精神都得以升华。

图 3-9　政务 VR：《梁家河全景带你走近青年习近平》

"大美北京" VR 是由北京市人民政府新闻办公室与《光明日报》、光明网合作，推出的"70 年我与新中国同行"系列政府融媒体产品之一，全面展示北京的城市形象和文化风貌。② 这部 VR 作品选取了鸟巢、中关村、长城、天坛、世园会、国家大剧院、中轴线等多个北京代表性场景，让观众总览北京城市的恢宏气势，体验真实北京、多面北京和文化北京。以

---

① SHERMAN W R, CRAIG A B. Understanding virtual reality. Interface, application, and design [M]. San Mateo：Morgan Kaufmann Publishers, 2019：8-13.

② 李若晨."70 年我与新中国同行"政务新媒体作品综述片 [EB/OL]. 千龙网, 2019-09-30.

"天坛"为例，当用户点击进入 VR 时，会通过 360 度球形全景视角切入画面，定格在祈年殿面前。随着用户点击，镜头转动，可以环顾祈年门、东配殿、西配殿全景，如果选择"台阶上"的标签，镜头便将祈年殿推送到面前，用户就能直面祈年殿的庄严宏伟。每个页面都配有解说，用户可以根据需要点击参考。仅仅几分钟时间，用户就可以通过 VR 实现"动动指尖，亲身游历"。鸟巢、国家大剧院、中关村等则代表了中国现代化城市的发展盛景。这一系列 VR 通过航拍、俯拍、延时摄影等多种手法，提供多种多样的景象，系统呈现出东方现代建筑审美以及北京城市建设取得的巨大成就，再加上同期声、音响音效，更给人以震撼和独特的感受。VR 产品也包含着民众的积极参与，民众可以自主切换景观或观看视角，自由选择参观路线，提取想要观看的画面和维度，这无疑突破了地域和时空等因素的限制，增强了临场感，满足了民众的想象。

　　除去正能量传播和形象塑造外，政府还通过 VR 全景实景拍摄技术，打造立体化、沉浸式 VR 全景虚拟政务服务大厅[①]，极大地扩展了 VR 产品的应用范围，用户接触到政务 VR 的可能性也大大提高。VR 虚拟政务大厅通常一比一还原现实场景，包括地理位置、服务窗口、服务设施、出口通道等，还会展示服务窗口的各个细节。VR 产品可以模拟政务服务全流程，具体的办事流程、业务范围、电子系统的使用、服务接口，甚至工作人员都有相应的模拟，用户只要利用相应的设备即可体验。还有政务 VR 已经整合进政务一体化系统中，可以进入如城市道路交通、文化旅游市政服务等系统，进一步扩展应用。[②]

　　由此可见，政务 VR 体现了政府对融媒体产品新形式的认可和积极尝试，公众也表现出极大的兴趣。但是，想要获得 VR 产品的最佳使用效果

---

① 刘梦迪，推出"VR+政务"新举措 助企服务提质增效 ［EB/OL］. 新浪财经网，2024-07-15.

② VR 数字政务 | VR 全景助力建设，沉浸式智慧政务平台 ［EB/OL］. 网易，2022-08-31.

往往需要依赖特定的设备。VR 头盔、眼镜等头戴式设备提高了人们接触和使用 VR 的成本和难度，也增加了政府制作和推广 VR 产品时的成本。所以，政务 VR 往往选择替代方案，在手机终端通过加载 H5 的方式提供 VR，但这也会导致制作简单、创新不足、沉浸式效果不佳的问题。替代方式还有利用裸眼实现 VR 效果的多媒体新技术，如 CAVE（Cave Automatic Virtual Environment，一种基于投影的虚拟现实系统）沉浸式空间。中共北京市委宣传部曾推出一款以"古都新貌——北京文化新篇章"为主题的短片《韵漫京城》，就是在具有裸眼 VR 效果的 CAVE 沉浸式空间展示，观众只在屏幕前，就可身临其境地感受北京的古都新貌，大受观众欢迎。①

　　尽管技术的发展不断为政务 VR 注入新的活力，政府也在持续利用 VR 进行创新，但从内容和功能来讲，目前政务 VR 产制仍然有限，只在大型媒介活动中使用 VR 技术，提供一两种产品辅助新闻发布，增添趣味性和科技感，此外尚未形成成熟可用的模式。在用于文化传播、旅游推广、城市形象建设方面也容易出现主题单一、镜头重复、叙事程式化等问题。政府和专业团队需通力合作，拓展主题，加强 VR 内容的构建和细节展示，提升镜头、解说、音乐的协调程度，实现系统性改善。对于高成本、沉浸式的大型 VR 主题产品，更要精心设计，充分利用 VR 技术优势，构建合适的情节和叙事，让人进入"无意识虚拟旅行"的状态。② 在功能和场景方面，政务 VR 也需进一步拓展，不仅可以模拟静态政务大厅，还可以模拟动态的、真实的社会治理场景和过程，那将会是全新的应用领域。

四、技术应用式：政务机器人

　　政务机器人是在"智能化政务"框架下兴起的政府融媒体产品，主要

---

① 李俐，潘之望 . VR、AR、AI……科技创意多角度展示古都新貌［EB/OL］. 人民网，2021-09-24.
② 方楠 . VR 视频"沉浸式传播"的视觉体验与文化隐喻［J］. 传媒，2016（10）：75-77.

结合 5G、云计算、大数据、可视化、人工智能、图像处理、神经网络等新信息技术，在政府信息传播或提供政务服务等方面形成的创新性解决方案。

第一类为"信息发布机器人"，主要利用人工智能、大数据、搜索技术设计的前端媒体产品，用途是自动发布与民生相关的重要信息。如中国地震局在新浪微博"@中国地震台网速报"账号提供的机器人产品"地震快讯"，它能够以最快速度向全网播报权威的地震信息，首次实现了重大社会突发消息全自动发布。该产品还与今日头条、腾讯新闻、一点资讯、手机百度、阿里 UC 等自动对接，实现了地震信息的"平台性"通报服务。用户还可以下载 APP 应用"地震速报"，地震信息发布时将直接在手机同步悬挂提示。2017 年 8 月 8 日，四川九寨沟发生 7.0 级地震，"@地震快讯"发布的消息 1 分钟内覆盖了 1 亿网友，3 分钟内覆盖了 4.5 亿网友，这和当年汶川地震时的地震信息公共服务能力已经不可同日而语。① 深圳交警支队则利用无人机数据传输和成像技术，开发了"无人机路况矩阵式微博视频直播"产品，实时性传递深圳市交通路况。不仅包含各主要道路的实时路况，还包括交警现场执法、交通事故处置、交通指挥调度等多个场面的智能化信息传输，让城市的交通管理更加立体化。每年"两会"期间的信息发布机器人也很受欢迎。2017 年，"四川发布"打造的最萌记者机器人"小川"，就是利用人工智能与云端搜索实现新闻发布、解读两会工作报告及议案提案。②

第二类为"政务问答机器人"。是政务信息检索系统的一种形式，能用准确、简洁的自然语言回答用户提出的问题，在技术上需要经过自然语

① 侯建民.让地震速报一分钟覆盖一亿网友 [EB/OL].中华网，2017-12-01.
② 全国两会最萌记者亮相! 这货竟然玩直播"小川"说两会 [EB/OL].网易，2017-03-04.

义理解，分对话管理、知识管理、自然语言生成等步骤①，在形式上又分内嵌式机器人和实体性机器人两种。

"内嵌式"机器人产品主要内嵌在政府网站或政务微信、政务 APP 内部，主要在政务性问答、政府回应等方面发挥作用。美国马萨诸塞州政府在其进行的人工智能治理计划中，开发出"MassHealth Helper"聊天机器人，在政府网站随时在线，作为工作人员，向公众随时提供关于医药和儿童健康保险计划方面的政策信息。② 国内政府门户网站中开通问答机器人的已有 400 余家，开通比例为 13.05%。③ 长春市 12345 上线了"长春市社会治理非应急信息服务平台"，内嵌产品"小优同学"，是一款智能回复机器人，主要功能是及时向反映人反馈办理结果。④ 政务微信也尝试内嵌如"您呼我应（在线报事）""有事您@我（在线沟通）"等智能产品。广州市越秀区推出一对一政务私聊机器人"艾小越"，能在"聊天"中实现政策百科问答。在个人事项服务、企业事项服务、企业优惠政策、财税法规等领域，居民只需像和微信好友聊天一般，向"艾小越"发送信息，即可快速获得相应解答。遇到"艾小越"暂时无法回答的问题，则会启动后台智能匹配推送系统，自动流转至"粤政易"各线口工作群集中处置，处理结果将同步反馈到"艾小越"处，促进其自我学习。⑤

实体性机器人产品在具体的社会治理环境中使用，具有一定的具身性。最常见的场景是在政务中心或办事大厅，功能是提供导引、开展咨询

---

① 程序，谭太龙，王苗苗. PKS 体系下基于知识图谱的政务问答机器人研究 [J]. 电子技术应用，2023，49（4）：128-132.

② Northeastern University Student projects improve government with AI [EB/OL]. govtech，2024-07-01.

③ 王友奎，张楠，赵雪娇. 政务服务中的智能问答机器人：现状、机理和关键支撑 [J]. 电子政务，2020（2）：34-45.

④ 李奔. 长春 12345 智能回复机器人"小优同学"上线 [EB/OL]. 国际在线，2019-02-28.

⑤ 柳卓楠，谭铮. 广州越秀推出政务"私聊"机器人，微信聊天间实现"百科问答" [EB/OL]. 羊城派百家号，2022-05-24.

并协助办理公共事务。西安新城区政务中心设置机器人"小新"，承担辅助接待、智能指引、智慧讲解、政民互动、自动巡厅等工作。"小新"可以通过自动语音识别技术，回答群众关于窗口位置、办理流程、资料清单等问题，还可以引导民众抵达办事窗口。在工作过程中，"小新"还会搜集群众的办事心得、意见建议、问题投诉，将沟通记录生成工作报告，在后台反馈。① 北京市各区政务大厅也推出了实体性机器人产品，帮助用户处理基础性的政务问题，节省人力资源，提高行政效率。海淀区政务大厅虚拟人像机器人"小海"上岗当服务员，主要负责咨询解答，明显缓解了现场咨询压力。② 北京丰台区"丰小宣"普法机器人，致力于做"丰台百姓的智能法律专家"。它储备了超过 3 万个日常法律问题、3000 万份法院生效判决、超过 500 万字的法律法规等，可通过语音识别并快速回答用户提出的问题，能够更好地为群众提供法律咨询服务。③ 四川省遂宁市安居区行政审批局推出的机器人"易小政"，实现了智能化"办件出证"，提高了办事效率，还具有告知功能，通知民众补齐材料。④

　　"政务机器人"产品与其他形式的融媒体产品不同。"政务机器人"的主要领域为政务服务而非信息传播和价值塑造，且评价标准并非内容或叙事，而是其是否切实改进政务服务、公共服务，是否真正提高用户的满意度。政府需要仔细梳理自身职能和数字化条件，进行政务机器人的开发和利用。目前主要问题在于以下几方面：其一，政务机器人的"学习训练"尚有不足，系统设置的"知识库"容量有限，智能化水平还有待提高。其

---

① 新城区政府办. 智能机器人现身"新城区政务大厅"，为民服务出新招 [EB/OL].
西安市新城区人民政府官网，2023-07-08.
② 于丽爽. 虚拟人像咨询机器人在海淀政务服务中心上线 [EB/OL]. 北京市人民政府
官网，2019-05-23.
③ 蔡长春. 政法机关迎人工智能：机器人协助克服主观因素误差 [EB/OL]. 人民网，
2017-12-06.
④ 安居区人民政府办公室. 首例! 遂宁市安居区 AI 机器人"易小政"再创政务服务
新气象 [EB/OL]. 遂宁市安居区人民政府官网，2023-04-25.

二，政务机器人的服务质量和回应质量还有待提高。有些机器人只能完成几个简单步骤，无法达到独立完成某项政务服务的能力，且在回应用户诉求的过程中，只能根据模板回复，表面积极回应，实际并未解决问题，无法适应民众诉求日益多元化的需要。其三，不少政府推出机器人产品出于一种"人有我有"的比较心理，匆忙上线、落地，实际上并未真正对政务机器人的功能、服务场景、服务能力、技术短板等进行充分的调研和评估，未明确政府的真正需求，也未抓住公共服务中的真正痛点。其四，建设虽然积极，但后期疏于维护，使得政务机器人处于"点缀"状态，无法发挥应有功能。随着技术不断推进，智能化、数智化是政务服务发展的趋势，政务机器人也会持续开发并推广。政府需要真正审视政务机器人的技术能力，充分利用其与政务服务、治理需求相一致的部分，以"提高政府行政效率、提高用户满意度"为核心设计产品。可加强政务机器人的模型训练，提高匹配准确度，做到真正智能化。还应同步加强政府内部对于服务诉求、治理诉求的接收、筛选与回应，确保"后台"反馈及时、高效，这样才能从根本上保障政务机器人的运行效能。同时要防止"数字形式主义"的出现，使得政务机器人产品悬浮于真正的治理流程之上[1]，成为基层工作人员的新负担。

五、全网互动式：#话题#、快闪、流行语

政府还综合利用各类媒介平台推出"全网互动式"融媒体产品。与前述产品不同的是，"全网互动式"融媒体产品具有较强的参与性，通常需要用户积极和广泛的参与才能完成。常见如#话题#、快闪、流行语、接龙、接力、表情包设计、抽奖、冠名、竞赛、邀请等。

---

[1] 范炜烽，白云腾. 何以破解"数字悬浮"：基层数字治理的执行异化问题分析 [J]. 电子政务，2023（10）：59-70.

（一）政务#话题#

"#话题#"的含义是用户在微博、抖音上兴起并开始讨论一个话题，其他用户通过这个"##"标签找到同样的话题并参与其中。"#话题#"容易成为微博、抖音平台中的热点，受到广泛的关注。如果再成为热搜，就很容易形成社会性的话题事件，引起很高的热度。

政府曾多次运用政务微博兴起"#话题#"，使得政府在网络之中的创新创意传播成为焦点。2018年"六一儿童节"之际，国资委新闻中心曾在抖音和微博平台推出话题"#biu，回到童年！#"，吸引了大量用户参与其中。用户开动脑筋，充分挖掘各类与"童年"这一主题相关的元素，同时利用身体部位的"变身形态"与各类音乐结合，创造出各种版本的"童年回忆"。有网友表示"玩这个太开心了，今天我只有8岁"，还有网友感慨道："这首歌唱的是多少80、90后的童年啊"……整个活动具有很高的趣味性和参与度，在抖音播放量达到29.7亿次。共青团中央联合国资委、工信部、国防科工局等单位曾在微博平台发起"#中国制造日#"话题活动，邀请为"中国制造"做出贡献的企业和个人参与其中，分享经历和故事。"#我为中国制造代言#"更是吸引了广大网民的积极参与，纷纷寻找自己身边的"中国制造"，讲述自己与中国制造有关的故事。这一话题的广泛讨论提振了民众对"中国制造"的信心并进一步激发热爱，到活动结束时，新浪微博上该话题的关注超过5亿。国庆节期间，团中央曾在微博、抖音、快手等平台展开话题活动"#我和国旗合个影#"。通过"随手拍"，邀请民众在祖国各地拍摄自己与国旗的合影，告白祖国。这一线上线下联合的话题受到了用户的积极响应，纷纷举起手机参与其中，创意无限。军队、海防、武警官兵们在训练场上与国旗合影，吹响时代的号角；大学生们则在校园标志性建筑前摆出国旗背景墙，身穿民族服装的青年学生将国旗举向蓝天，还有各行各业的工作者、青少年儿童、海外同胞都用丰富多彩的方式表达了对祖国生日的祝福，微博、抖音平台一片"中国红"。

2020 年该话题的微博阅读量超过 20 亿，抖音平台也有超过 20 亿次的播放。

"#话题#"产品的实质是参与和行动。由政府设置或提供"#话题#"，主题意向明确，具有较高的凝聚力，且能够从点到面，将宏观主题与个人体验相结合，适合在全网开展。"#话题#"主要由用户完成，参与的方式便捷、有趣。参与成本很低，且越自然、越生活化的图片或视频越具有感染力，且能与其他用户形成二次互动或持续互动。此外，"#话题#"能够实现快速传播，在较短的时间内"火爆全网"。这意味着"#话题#"还需要具有共通性和趣味性，选择合适的时间节点，才能调动起用户的参与意愿。对用户来说，参与政府设置的"#话题#"最为看重的是获得乐趣，其次是通过加入"#话题#"参与一次朋友圈或特定群体的交往。

（二）政务"快闪"

"快闪"（flashmob）是自媒体时代所流行的一种行为艺术，即比较多的人聚集在相同一个地方，做统一的舞蹈动作，或其他指定的行为动作，再用拍摄的方式记载下来。① 同时，快闪可以同步上传到社交媒体空间，形成"#话题#"，吸引更多的人参与其中。政府邀请民众参与带有公共性质的"快闪"活动，也是"全网互动式"政府融媒体产品的一种类型。

"快闪"主题鲜明，民众通过一种特定的方式自我表达，富有感染力。这种情绪传染往往能够迅速带动大家的参与热情，"快闪"行动规模不断扩大。近年来最具代表性的政务"快闪"产品是在国庆 70 周年推出的"我和我的祖国"快闪活动。在一首《我和我的祖国》乐曲的号召下，全国各地各行各业的群众摇动五星红旗，跟随旋律一同歌唱，表达对祖国的热爱。一时间各大社交媒体平台都被熟悉的音乐和鲜红的旗帜刷屏，民众的自豪感和荣誉感溢于言表。2024 年 3 月，天津市公安局河西分局团委以

---

① 百度百科. 快闪 [EB/OL]. 百度，2024-09-12.

"警民同心·反诈同行"为主题①，开启"反诈快闪"，邀请民众参与，讲解反诈知识，邀请民众打卡合影。民众在轻松愉悦的互动参与中深入了解了"反诈"知识，进一步提高警惕。文旅部门也经常利用"快闪"邀请民众参与。2024年元宵节，杭州文学艺术联合会等多家单位举办"非遗闹元宵"快闪活动②，将人文景观、宋韵文化、非遗文化等多个元素融合起来，探索即兴式的街头快闪与沉浸式非遗体验的新融合。

与"#话题#"相比，"快闪"更容易调动起民众线下参与的热情，通过"快闪""打卡""在现场"提高参与感和仪式感，获得独特体验。"快闪"也是企业营销的热门策略，新媒体、影视、文化传播行业更倾向于通过"快闪"树立品牌，赢得关键公众的信任和好感。在"快闪"行动中，"用户"至关重要，"用户"不仅是参与者，还是"快闪"内容的主要生产者，在传播链条中与政府处于一个平等合作的位置。"快闪"产品的形态如何、价值如何，最终是由用户参与情况、参与质量决定的。从这种意义上来说，政务"快闪"虽然由政府发起，但用户参与才是关键。政府和公共部门可以在这个基础上继续探索"快闪"产品所适合应用的主题和领域，用来改善政府公共关系。

（三）政务流行语

除此之外，"流行语"形态的政务融媒体产品也属于全网互动式这一类别，即政府提供一个"沟通元"③，通常是网民最感兴趣的内容和最容易引起讨论和关注的话题，激发起网民的讨论和分享，发挥创造力，不断发现、演绎、参与、讨论、再创造，使其具有明确的意义指向并形成共识，在特定的语境中被反复使用并广为流传，具有代表性的如"朝阳群众"和

---

① 3·5学雷锋，公安青年在行动 | 反诈快闪硬核上线！［EB/OL］. 平安河西百家号，2024-03-04.

② 宋韵、非遗、文艺，这场元宵主题快闪活动惊喜十足［EB/OL］. 杭州日报，2024-02-24.

③ 陈刚，沈虹，马澈，等. 创意传播管理［M］. 北京：机械工业出版社，2012：124.

"东风快递"。

　　"朝阳群众"是北京警方打造的一款"流行语"融媒体产品，在微博、微信等社交平台广泛使用。在访谈中，运营人员也认为其是非常成功的融媒体产品之一。① 2013 年，微博红人薛蛮子被警方抓获。"@平安北京"发布消息称："根据群众举报，朝阳警方在安慧北里一小区将进行卖淫嫖娼的薛某、张某查获。"② 这是"朝阳群众"的最初运用。此后，又有数个明星、公众人物被"朝阳群众"举报，后被警方查实查处。由于涉案人员大多影响力较大，"朝阳群众"勇敢又颇具智慧的作为更是获得了公众的广泛关注和称赞。"朝阳群众"也成为流行语，代表一股为警方提供社会治安犯罪线索的"公正、及时又神秘的力量"。经过几轮舆情发酵，北京警方意识到"朝阳群众"中所蕴含的公共关系价值，开始在官方微博、微信和媒体报道中采纳"朝阳群众"的表述，为这一流行语产品赋予新的意涵和功能，主要体现在以下三方面：一是强调"朝阳群众"是首都治安、警务治理的可靠线索来源，是协助警方破案的重要社会力量，是警方优秀的搭档、得力的助手，充分认可了"朝阳群众"的作用。二是从赋予"朝阳群众"治安志愿者的身份，强调朝阳群众的行动力，且通过"登记"的方式使其与警方的合作合法化、正规化。有报道称，目前登记在册的"朝阳群众"达 13 万人，已组建了"治安伞""小桔灯"等志愿队伍，共收到群众举报的各类线索 21 万余条，"朝阳群众"已成为百姓身边的"贴身保镖"③。三是巧用"朝阳群众"的诞生背景和涉及案件的特殊性，赋予"朝阳群众"神秘、幽默的隐喻色彩，通过网络化促进其流行化。每当"朝阳群众"提供线索，网络就会引起一番讨论，很容易形成舆情。网

---

① 该文引自作者在 2019 年 12 月—2020 年 2 月对 16 家政务新媒体运营机构所进行的访谈资料。

② 百度百科. 朝阳群众［EB/OL］. 百度，2024-09-12.

③ 刘旭. 北京"朝阳群众"已达 13 万人 提供线索 21 万条［EB/OL］. 央广网，2015-11-20.

友表达对"朝阳群众"的期待、猜测并加以演绎，使得这一"流行语"获得了更为广泛的流传，其内涵和意义也更加清晰。四是不断强化"朝阳群众"中所蕴含的"民众—警方"之间的合作价值，使其成为北京警方开展群防群治、通力合作，富有正义感和执行力的"新名片"。这款政务流行语产品大获成功。

与此类似的流行语产品还有"东风快递"。网友戏用"东风快递，使命必达"广告词赞美火箭军使用东风系列弹道导弹和巡航导弹执行全球任务。经过网友对这一沟通元的反复创造和传播，火箭军决定使用"东风快递"来命名其官微账号，发布相关资讯，并与网友进行互动。"东风"体现火箭军的硬核形象，而"快递"既与民众日常生活息息相关，充满亲和力，又体现出速度、准确和使命感。在微博开通当天，负责管理快递物流行业的国家邮政局官微以截图并配文的形式欢迎火箭军。网友表示，"管谁叫老弟""感觉你管不了这个快递啊"。这种幽默的说法获得了大家的喜爱，拉近了原本高深莫测的"火箭军"和民众之间的距离①，非常有利于火箭军的形象塑造。

"流行语"产品是政府融媒体产品中一个比较特殊的品类，政府推出一个恰当而受欢迎的"流行语"并不容易，受到许多网络、社会、文化因素的影响。尽管政府策划推出流行语需要谨慎并考虑多方因素，但政府仍然需要充分关注社交媒体，特别是微博和抖音之中流行语的生发和演变。如果有合适的"沟通元"和充分的用户参与基础，也可进行尝试。在尝试中要持续关注"流行语"的变化，特别是经历用户再创造之后的形态与意义。如果经过一段时间的流行，政府与用户的"协同创意"获得成功，那将是一个传播效果非常好的融媒体产品，嵌入政府传播场域中，能够持久发挥积极作用。

---

① 百度百科. 东风快递［EB/OL］. 百度，2024-09-12.

第四章

政府融媒体产品用户研究：
基于 2021 年的全国性问卷调查

　　"以用户为中心"是政府融媒体产品的原则之一，因而对于用户的调查与研究是理解政府融媒体产品产制与传播的基础。明确用户使用偏好、习惯、意愿及期望，能够为政府提高融媒体产品的质量提供依据。尽管对于政务短视频的用户研究已有所开展，但对大多数融媒体产品而言，用户调查仍然十分缺乏。本章将基于 2021 年的一套全国性调查问卷，主要针对政务短视频、政务直播、政务游戏、政务 H5、政务快闪等 5 种品类的政府融媒体产品用户展开研究，描绘用户画像，明确用户使用差异，探寻用户采纳政府融媒体产品的主要影响因素。

第一节　数据来源与样本描述

　　2021 年 9 月，作者自主设计了"政府融媒体产品/政务新媒体用户使用及社会影响"问卷调查，委托国内领先的市场研究咨询机构"益普索"执行调查。益普索公司长期从事基于互联网、社交媒体的各类公共调查和商业调查，具有庞大的网络固定样本库及丰富的调查经验。调查采用电子问卷的形式发放，受访者会收到问卷链接，然后点击进入，在规定时间内进行填答后提交。受访者被要求独立、完整地填答所有问题，系统会自动剔除填答时间过短的问卷。问卷中设置了测试题目，确保用户能够在集中注意力的情况下答题。待所有问卷收集完毕后，进行数据清洗，获得最终样本1150个。由于经济越发达的地区政府往往越开放、开明，政务新媒体、政府融媒体产品的建设和推广也较为积极，用户数量也相对偏多，故而在调查时对样本所在的地域进行了人工配比，来自北京、上海、广东、浙江四个经济较为发达的直辖市及省份的样本占比为55%，来自全国其他地区的样本占比为45%，共覆盖全国28个省市区的144个地级市。

1150个样本的基本情况如下：保持男女性别均等化，比例各为50%。年龄范围在18~65岁之间，平均年龄为35.77岁，其中30~39岁人群比例最高，占35%。样本学历水平整体较高，拥有大学本科及以上学历的占55%，大专比例为20%，高中及以下学历的占25%。样本以城市居民为主。居住在省会城市、计划单列市和直辖市的占73%，居住在地级市的比例为17%，另有6.3%的样本居住于县城，居住在农村和乡镇的比例较低(3.7%)。月收入在10001~20000元之间的人群比例最高，占比为36.5%；其次是4001~10000元的区间，占30.9%；有2.3%的样本月收入在2000元以下；4.9%的样本月收入超过30001元。可见，样本收入总体呈正态分布，中间收入人群比较集中。样本用户的职业分布最为集中的是外企/私营企业职员，占比27.4%，国有集体企业技术人员为10.3%，一般办事人员和工作人员为10%，三类作为职员群体的总比例达到47.7%。而外企/私营企业负责人(6.3%)、国有集体企业负责人(4.5%)、国家机关/党群组织/企事业单位负责人(1.4%)三者所构成的"管理层群体"总占比为12.2%。此外，大学生群体的比例为4.2%，退休群体为0.9%。

第二节　政府融媒体产品用户使用的基本情况

图4-1展示了5种常见的政府融媒体产品的用户使用情况。用户使用最

多的融媒体产品是政务短视频，使用比例高达50.7%，在"两微一端一视频"的使用数据中仅次于政务微信（52.7%），远高于政务微博（42.4%）和政务APP（37.6%）。可见，近年来政务短视频异军突起，成为最受关注、增长最好的政务新媒体/政府融媒体产品。其次是政务直播（25.2%），包括政务/法制直播、官员带货、AI直播等形式。可见，这一常见于微博、抖音平台的融媒体产品也具有一定的普及比率。受益于用户对"抖音带货直播"的喜爱，政务直播也颇受用户欢迎，有5.9%的用户表示自己较为频繁地观看官员带货直播，可见用户对新的传播形态普遍具有尝试意愿，愿意为其花费时间和注意力。有24.4%的用户表示自己会使用或体验政务游戏，包括程序内嵌小游戏、电子游戏、手游或桌游，主要出于尝鲜、感兴趣或猎奇等多种目的。曾参加政府快闪等线下活动的比例占22.3%，可见政府组织动员的"全网互动式"产品也深受用户欢迎。使用政务H5的比例为20.6%，可见虽然政府已在很多方面积极使用H5技术发布新闻和信息，但在本套数据中使用比例仍然偏低，亦可能与H5这一说法对于普通用户而言相对陌生有关。

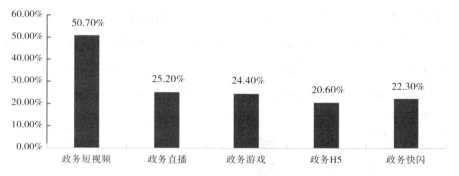

图4-1　政府融媒体产品的使用情况

　　问卷中还特别测量了用户对政务短视频产品的内容使用偏好，结果如图4-2所示。用户最经常使用短视频的内容类型为应急发布，占比59.4%。由于数据采集年份正值新冠疫情期间，出于信息公开的原则，政府利用各类政务新媒体进行了疫情信息、防疫信息的通报，短视频无疑是一种非常有效的方式。在传统政务微博、微信平台之外，首先，用户已经习惯通过短视频这一视觉化媒介来获知和了解关于突发性公共卫生危机、社会公共事件、舆情危机的信息通报。其次，用户对政务短视频中的时政新闻也有较高的使用频率，原因可能是短视频中的时政新闻篇幅较短，且通常主旨单一、直奔主题，适合用户在零碎时间观看，且算法原则容易捕捉到这一用户惯习，加大推送频率。再次，用户对于政务短视频中政务信息的使用比例也较高（41.4%）。"视觉化政务发布"是政务短视频制作和推出的主要内容，具有一定的发布密度和稳定的发布频次，因此成为用户偏爱的内容类型。参与互动和休闲娱乐是两项产品化程度更高的内容类型，都具有较高的使用比例（41.3%／40.7%），说明用户非常欢迎在政务短视频中嵌入具有休闲娱乐属性的内容，如游戏、VR、动画，或开展如快闪、#话题#等参与性较高的活动。最后，用户普遍有着较强的试新意愿，且容易反复使用并向他人推荐、扩散。用户对知识资源（36.2%）这一内容类型的使用比例低于其他。知识传播、政府政策本文资源的视觉化是近年来政务短视频内容建设的新热点方向，可见若想进一步赢得用户，还需以吸引用户，让公众觉得有趣、有所收获为目标，提高知识传播短视频的数量和质量。在所有内容类型中，"诉求监督"使用比例最低（22.9%），这可能是由于其他政务新媒体工具（如政务微信、政务 APP）具有较强的替代性。

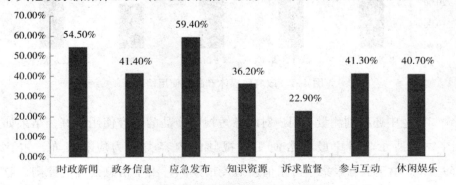

图4-2　政务短视频的用户使用偏好

第三节　政府融媒体产品用户使用的影响因素

一、基于 TAM 模型的文献讨论

明确影响用户使用政府融媒体产品的主要因素，有利于政府内容生产者深入了解用户，从而有针对性地调整策略，真正提高政府融媒体产品的质量。技术接受模型（Technology Acceptance Model，TAM）是探究用户采纳新技术、新媒介最常见的理论框架，由 Davis 于 1989 年提出。在早期模型中，Davis 将"感知有用性"与"感知易用性"视作影响个人采纳某种新信息技术工具的关键因素。[1] 1992 年，Davis 增加了对用户采纳过程中愉悦程度的分析，发现"感知有趣性"变量[2]，以回应信息环境中娱乐性信息倍增和用户对技术的需求正在发生改变的局面。此后，经典 TAM 模型经历了多次演变，主要有两种路径。一是加入其他变量检验模型的适用性，既包括年龄、职业、采纳经验等人口统计变量[3]，也包括社会性变量如主观规范、认知结构等[4]；二是与创新扩散、使用与满足等理论融合，发现社会行为、使用动机、使用预期、满意度等因素对 TAM 的直接影响、调节或中介作用[5]，丰富模型的解释力度。

---

① 吴茹双. 微信用户使用态度影响因素研究［D］. 上海：上海交通大学，2013：24-25.

② 颜端武，刘国晓. 近年来国外技术接受模型研究综述［J］. 现代情报，2012，32（2）：167-177.

③ WEDDERBURN K C. The role of age，gender and self-efficacy in technology acceptance in a test of cultural robustness（Jamaica）［D］. Florida：Nova Southeastern University，2005.

④ VENKATESH V，DAVIS F D. A theoretical extension of the technology acceptance model：four longitudinal field studies［J］. Management Science，2000，46（2）：186-204.

⑤ 边鹏. 技术接受模型研究综述［J］. 图书馆学研究，2012（1）：2-10.

113

在对政务新媒体采纳的研究中，已有学者发现感知有用性、感知易用性同样能够正向影响用户对政务微信的采纳。① 如果从获取基本政务信息、获取突发事件信息、与政务部门对话交流、解决实际问题等四个角度定义感知有用性，那么对政务微信和政务微博的采纳都存在积极的影响。② 已有文献较少覆盖政务新媒体的最新形式，但政府融媒体产品主要在政务新媒体账号中发布、传播，对于政务新媒体的结论可以适度推论于政府融媒体产品。本研究中主要考察"易用性"变量。未将"有用性"变量纳入讨论，原因是重点讨论的部分融媒体产品（如游戏、H5、快闪等）在"提供服务、与部门对话"等有用性方面有所欠缺，故而统一不做讨论。"感知有趣性"已被验证会促进用户对一般性新媒体的采纳③，可据此推断政府融媒体产品也因在形式、风格、内容等层面更加迎合公众趣味，力求增加有趣性而受其影响较显著。互动性、参与感、效能感通常被认为是公众采用互联网技术的有效预测因素④，故而此结论可能同样适用于政府融媒体产品。满意度亦是 TAM 模型中常见的变量。满意是一种心理状态，是在比较期望与感知现实状况后对某一产品或服务形成的高兴或失望的感觉状态；满意度则是指在接受产品或服务后期望值与实际感受值比较的实际程度。⑤ 使用与满足理论认为用户使用某一媒介，是因某一媒介或其提供的

① 夏保国，常亚平．政务微信的沟通机制研究：基于技术接受模型的视角［J］．国家行政学院学报，2014（3）：102-106.
② 陈然．"双微联动"模式下政务新媒体公众采纳的实证研究［J］．电子政务，2015（9）：46-51.
③ 郭羽，伊藤直哉．基于使用与满足理论的微信使用行为与效果研究［J］．新闻界，2016（8）：54-57.
④ 韦路，张明新．网络知识对网络使用意向的影响：以大学生为例［J］，新闻与传播研究，2008（1）：71-81.
⑤ 杨秀丹，刘立静，王勃侠．基于公众满意度的电子政务信息服务研究［J］．情报科学，2008（9）：1396-1401.

内容能够满足其某种需求。① 如果满意于某种需求提供的质量，那么用户就有可能增加对这种媒介的使用。去政治化水平通常被视作削弱公民政治接触的因素②，政府融媒体产品中含有娱乐性和趣味性的元素较多，因此反而可能提高用户对此类产品的使用兴趣，也作为变量进行讨论。此外，对于政务新媒体的研究表明，用户媒介使用习惯与其他类型政务新媒体使用习惯能够显著影响用户采纳行为③，本研究也将这两类变量纳入讨论。

二、变量与测量

研究使用的变量及测量方法：

政务短视频使用。通过问卷询问受访者，"在过去的一年中，您接触及采纳政务短视频的频繁程度如何？"利用"几乎不""很少""一般""比较多""很频繁"五级李克特量表进行测量。选项为 1 到 5 打分，"1"为"几乎不"，"5"为"很频繁"。

其他政府融媒体产品使用。问卷询问受访者，"过去一年中，您关注、使用或参加过政务新媒体（包括政务微博、政务微信、政务短视频等各种类型）发布、组织的政务直播、官员带货、游戏、H5、快闪等产品或活动的频繁程度为？"利用"几乎不""很少""一般""比较多""很频繁"五级李克特量表进行测量。选项为 1 到 5 打分，"1"为"几乎不"，"5"为"很频繁"。在分析中将政务直播与官员带货的结果合并为"直播"，进入模型分析。

---

① 高存玲. 移动端短视频 APP "使用与满足" 研究：以快手 APP 为例 [J]. 新闻知识，2016（12）：3-6.

② 孟天广，宁晶. 互联网"去政治化"的政治后果：基于广义倾向值匹配的实证研究 [J]. 探索，2018（3）：63-76.

③ JIA Z, LIU M, SHAO G. Linking government social media usage to public perceptions of government performance：an empirical study from China [J]. Chinese Journal of Communication, 2019, 12（1）：84-101.

易用性（便利性）。主要考察用户采纳政务新媒体/政务融媒体产品的难易感受，操作化为"便利性"。测量问题为"关于使用政务新媒体/政务融媒体产品过程中的体验，您在多大程度上赞同如下说法："我能够找到自己所需的所有类型的信息与服务"；"我能非常快速地找到需要的信息与服务"；"我感觉到与政府的互动便利了许多"。利用"非常不赞同""不太赞同""一般""比较赞同""非常赞同"五级李克特量表进行测量。选项为 1 到 5 打分，"1"为"非常不赞同"，"5"为"非常赞同"。

有趣性。测量用户采纳政务新媒体/政务融媒体产品时感觉到轻松有趣的程度，测量问题为"您认为政务新媒体/政务融媒体产品在提高信息趣味性方面做得如何"，利用"非常不好""不太好""一般""比较好""非常好"五级李克特量表进行测量。选项为 1 到 5 打分，"1"为"非常不好"，"5"为"非常好"。

满意度。测量用户对自己使用或体验过的政务新媒体/政务融媒体的满意程度评价如何。测量问题"用户您在使用政务新媒体/政务融媒体产品的过程中，对其整体评价如何?"利用"非常不好""不太好""一般""比较好""非常好"五级李克特量表进行测量。选项为 1 到 5 打分，"1"为"非常不好"，"5"为"非常好"。

互动性。测量在过去的一年里，您在使用政务新媒体/政务融媒体产品的过程中，做如下事情的频繁程度"与他人分享、讨论消息和观点"；"对发布的内容点赞，或转发到个人的朋友圈、微博、抖音账号中"。利用"几乎不""较少""一般""较多""很频繁"五级李克特量表进行测量。选项为 1 到 5 打分，"1"为"几乎不"，"5"为"很频繁"，在分析中使用两者相加的数值代表互动性。

一般性媒介使用。问卷中询问受访者，"在过去的一年中，您接触及采纳下列社交媒体（微博、微信、短视频）的频繁程度如何"，利用"几乎不""较少""一般""较多""很频繁"五级李克特量表进行测量。选项为 1 到 5 打分，"1"为"几乎不"，"5"为"很频繁"。

社会性变量包括效能感和去政治化水平。效能感使用单一问题测量，"我认为我有能力通过互联网等新技术参与并影响政府决策或公共决策"，利用"非常不赞同""不太赞同""一般""比较赞同""非常赞同"五级李克特量表进行测量。选项为 1 到 5 打分，"1"为"非常不赞同"，"5"为"非常赞同"。本研究以"用户对影视节目、网络游戏、网络小说等应用使用的频繁程度"来测量网民的去政治化水平，将 5 级李克特量表中选择"较为频繁"的用户定义为"去政治化水平较高"。

此外，研究还使用男性、年龄、教育程度、收入、职业（主要考察一般职员、管理层、学生、退休人员四种）、上网经验等人口社会经济变量为控制变量。其中，上网经验的测量问题为"用户每日使用台式计算机、笔记本、平板电脑、手机等设备上网的时长"，由用户直接填答时长。研究主要采用 OLS 多元线性回归模型展开分析。

三、回归模型建构与结果

以下内容将讨论政务短视频、政务直播、政务游戏、政务 H5、政务快闪 5 种政府融媒体产品用户使用的主要影响因素。研究将人口社会经济变量、社会性变量、一般性媒介使用变量、其他融媒体产品使用及技术采纳模型（TAM）变量逐一纳入 OLS 多元线性回归模型进行探讨，方法为逐步回归。表 4-1 显示了最终的回归结果模型。

表 4-1　主要政务融媒体产品用户使用影响因素回归分析

变量	政务短视频	政务直播	政务游戏	政务 H5	政务快闪
	模型 1	模型 2	模型 3	模型 4	模型 5
人口统计变量					
性别，男性＝1	-0.010	-0.090[*]	-0.124[*]	-0.029	-0.016
年龄	-0.003	0.014[***]	-0.012[***]	8.669E-5	-0.004

续表

变量	政务短视频	政务直播	政务游戏	政务 H5	政务快闪
	模型 1	模型 2	模型 3	模型 4	模型 5
教育程度	-0.065^{**}	0.019	-0.024	-0.026	0.060^{*}
收入	0.043^{**}	0.020	0.009	0.027^{+}	0.003
上网经验	-0.014	-0.014	-0.002	-0.010	-0.007
一般职员	-0.029	-0.083	-0.118^{+}	0.052	0.096^{+}
管理层	0.045	0.133	-0.107	-0.061	0.089^{+}
学生	0.074	-0.044	0.384^{*}	-0.310^{*}	-0.055
退休	0.505^{+}	-0.530^{+}	-0.047	-0.084	0.156
社会性变量					
效能感	-0.022	0.034	0.056^{+}	-0.012	0.082^{**}
去政治化水平	-0.071^{+}	-0.017	0.253^{***}	-0.094^{*}	0.056
一般性媒介使用					
微博	0.008	0.119^{***}	-0.031	-0.003	0.011
微信	0.003	-105^{*}	-0.043	0.031	-0.075^{+}
短视频	0.343^{***}	-0.023	0.045	-0.070^{*}	0.025
其他政府融媒体产品使用					
政务短视频	——	0.157^{***}	0.042	0.027	0.146^{***}
政务直播	0.138^{***}.	——	0.056^{*}	0.204^{***}	0.141^{***}
政务游戏	0.032	0.048^{*}	——	0.375^{***}	0.151^{***}
政务 H5	0.027	0.232^{***}	0.493^{***}	——	0.341^{***}
政务快闪	0.142^{***}	0.157^{***}	0.195^{***}	0.335^{***}	——
TAM 模型变量					
便利性	0.051^{*}	-0.044^{+}	0.006	-0.007	-0.003
趣味性	0.035^{*}	0.080^{***}	0.016	-0.020	0.043^{*}
满意度	0.129^{***}	0.169^{**}	-0.087^{+}	0.001	0.009
互动性	0.038	-0.007	-0.029	0.077^{*}	0.064^{+}
F	32.524	44.126	51.768	74.489	61.641

续表

变量	政务短视频	政务直播	政务游戏	政务 H5	政务快闪
	模型 1	模型 2	模型 3	模型 4	模型 5
R-squared	0.388	0.463	0.503	0.593	0.546
调整 R 方	0.376	0.452	0.493	0.585	0.537

注：$^{+}P<0.1$，$^{*}p < 0.05$，$^{**}p < 0.01$，$^{***}p < 0.001$。

（一）政务短视频使用的影响因素

政务短视频产品使用的影响因素模型中（表 4-1 模型 1），便利性、趣味性、满意度三个变量都呈现正向的显著性，回归系数分别是 0.051、0.035、0.129，说明这三种因素均可增加用户对政务短视频的使用。便利性意味着用户能够方便而快捷地接触和利用政务短视频，且在使用过程中没有任何难度和障碍。算法推荐机制有助于增强这种便利性，用户在平台"刷短视频"的过程中就能够显著增加接触。趣味性则是政务短视频的主要特征之一，有趣、幽默、轻松的体验感觉能够显著增加用户的使用频率，这说明政务短视频追求新奇、流行、趣味化的策略较为有效。满意度的回归系数最高（0.129），对用户采纳政务短视频的预测性最强。这说明如果用户对政务短视频的整体满意度较高，那么使用也会相应增多，如果满意度评价不足，用户可能"弃用"政务短视频，转而使用其他媒介形式。模型 1 中"互动性"的系数不显著，说明目前用户与政府基于政务短视频的互动对其使用情况无影响，或与目前政务短视频所带来的互动体验不足有关。

人口社会经济变量中教育程度（-0.065）和收入（0.043）的显著性较强，但方向不一。收入正向影响政务短视频使用，说明收入越高，用户对政务短视频的采纳会越频繁，也容易产生更多的采纳意愿。教育程度则呈现负向影响，受教育程度高的群体，使用政务短视频的频率要小于受教育程度较低的群体，而受教育程度相对偏低的群体，对政务短视频使用往往更为积极。此外，在职业变量中，退休人群呈现较为微弱的正向显著性（0.505），亦可见退休人员比在职工作的其他人群以及学生接触和使用政务短视频更多。在社会性变量中，效能感变量不显著，但去政治化水平出现微弱的负向影响（-0.071），可见去政治化水平较高的人群使用政务短视频的时间要低于去政治化水平较低的群体。可能的原因是，去政治化水平较高的人群将更多时间投入一般性短视频使用，或沉浸于游戏、长视频、网络小说、影视剧、网络购物等"娱乐性"更强的领域，对政务短视频的接触则变少。而平时去政治化水平较低的用户，反而有可能被政务短视频中蕴含的"轻松、流行元素"所吸引，从而增加使用时间。

一般性媒介使用变量中，微博、微信使用不显著，短视频使用显著正向影响政务短视频的使用（0.343），即观看短视频越多的人，越容易接触到政务短视频，自然能够提高对政务短视频的关注和利用。其他政务融媒体产品使用变量中，政务直播（0.138）和政务快闪（0.142）具有正向显著性。这可能是由于，一些政务直播通过政务短视频来进行，而政务快闪需要经过政务短视频打卡，再传播和扩散出去，因此存在正向影响。这符合政务新媒体用户采纳"关联促进"的规律。政务游戏和政务 H5 则与政务短视频的使用无显著相关。

（二）政务直播使用的影响因素

回归结果显示（模型 2），便利性对政务直播具有微弱的负向影响（-0.044）。可能的解释是，便利性主要是接触和使用这一媒介所感受到的快捷和效率，而使用政务直播产品本身耗时较长，其目标用户对这一特点有所预期，因此只要用户存在观看政务直播的意愿，则不会介意其是否容易使用、是否操作简单，反而会选择最合适、效果最好的媒介进行观看。如果只是增加了观看直播的便利性，而未改变其他观看要素，用户则不会增加直播的使用。趣味性（0.080）和满意度（0.169）对用户使用政务直播都有积极的影响，满意度的预测性仍然较强。说明用户对政务直播评价好坏及整体是否满意，包括政务直播的及时性、信息完整性、权威性、卷入度、亲民性、播出效果等方面，最容易影响到用户是否持续增加使用政务直播。

人口统计变量和社会性变量中，只有性别（-0.090）和年龄（0.014）显著。可见，与女性用户相比，男性用户使用政务直播较少，且年长的用户使用政务直播的频率要高于年轻用户。在职业变量中，"退休"呈现负向显著（-0.530），说明已退休的人员使用政务直播要少于未退休人员。综合样本数据中的年龄因素可知，年长且未退休的女性观看政务直播要显著高于其他人群。其余变量均不显著，说明职业、网龄多少、效能感高低以及去政治化水平如何，均不能影响用户对政务直播的使用。

表 4-1 模型 2 还显示，媒介使用和其他融媒体产品使用模块整体具有较高的预测性。微博（0.119）使用能够积极促进，而微信（-0.105）使用则会削弱政务直播的使用，短视频使用则对政务直播无影响。在实践中，微博、微信、短视频都可以作为政务直播的平台，但其预测方向存在不同，原因可能是媒介时间使用本身存在"相互替代性"。如果用户的媒介使用时间固定。微博内容简约，用户阅读微博的时间碎片化，总体花费不长，就更有可能用较多时间观看政务直播。而微信则以深度阅读为主，容易花费较长时间，且微信需要借助"视频号"直播，用户需要退出公众号重新进入视频号，这一"转换"容易造成一部分用户流失。短视频的使用虽无影响，但政务短视频（0.157）使用存在积极作用。可见，如果用户已养成使用政务短视频的习惯，则使用政务直播的频率就会显著提高。模型 2 还显示，政务游戏的回归系数为 0.048、政务 H5 为 0.232、政务快闪为 0.157，可见任一政府融媒体产品使用的增加，均可带来政务直播的增加，具有显著的促进效应。

（三）政务游戏使用的影响因素

模型 3 显示，在技术采纳因素模块，只有满意度存在显著性，且方向为负（-0.087），即用户对于政务游戏的满意度越低，越容易增加使用。这一结论初看异于常理，但结合政务游戏的发展现状便不难理解。目前，虽然政务游戏仍在不断推出，但游戏设计、制作质量、故事结构、玩家评价与市场上流行、用户基数庞大的小程序游戏、电子游戏、手游还有一定差距，用户通过对比即可明确。但对政府而言，能够采用"政务游戏"传播信息与价值，迎合用户并借此拓宽公共关系，是一种值得肯定的尝试和开拓。用户出于对这种理念和行动的支持，纷纷"尝鲜""试玩"，甚至追踪、主动推广。虽然质量和有趣程度还不能与其他游戏相比，满意度评价不高，但用户的包容理解、支持度、好奇心，甚至"试错""调侃""猎奇"的心理，仍然能够保持其对政务游戏的使用。从侧面亦可推断用户对于"政务游戏"这一融媒体产品较为肯定，并对新款上线的各类政务游戏有所期待。除此之外，便利性、有趣性、互动性三个变量都未对政务游戏使用产生显著影响。

在人口统计变量中，性别变量对政务游戏有负向预测作用（-0.124），女性相比男性而言更容易增加对政务游戏的使用；年龄变量则同样对政务游戏有负向预测作用（-0.012），年轻群体相比年长群体更容易使用政务游戏，这与"游戏"的用户年龄规律保持一致。职业变量也有较为明显的作用。一般职员变量呈显著负向影响（-0.118），而学生呈现正向影响（0.384）。原因是职员群体在日常在职状态中工作较为繁忙，减少了使用政务游戏时间，而学生时间相对自由，使用政务游戏的可能性自然有所增加。一般而言，政务游戏并非如电子游戏一样需要整块时间"沉浸式介入"，政务小程序游戏、H5游戏则可以利用上班之余的碎片化时间完成，在职与否应不作为显著影响的变量。但本模型却得出了"负向影响"的结论，可见用户对于政务游戏的认知与理解仍然以电子游戏、桌面游戏为主，从侧面反映出目前简短、有趣的内嵌式小程序游戏、H5游戏供给不足。学生群体历来都是各类游戏的"主力军"，他们时间充裕，对于各类游戏和新鲜事物均有较强的试新意愿，且游戏经验充足。故而学生也是政务游戏的主要辐射用户。其他职业类型、上网时间对政务游戏均无预测作用。

两项社会性变量则对政务游戏有着显著的正向影响。效能感越高的用户，对政务游戏的使用越多，而去政治化水平则具有高的回归系数（0.253）。用户的去政治化水平越高，则对政务游戏使用越多。通常而言，电子游戏用户被认为是去政治化水平较高的群体，对他们而言，一般会存在对于公共事务漠不关心、对政治信息和政治参与不感兴趣的现象，但他们仍然可以接受使用政务游戏，通过玩政务游戏的方式加强自身与政府、政治和公共事务的联络。这说明通过"政务游戏"，政治传播可以抵达非政治积极者。

在媒介使用经验和融媒体产品使用模块，一般性的媒介使用（包括微博、微信、短视频）对政务游戏的使用均无影响，可见无论用户是否使用社交媒体，都不会影响其使用政务游戏，亦体现出游戏使用与社交媒体使用之间无相关。但是，除政务短视频外，政务直播（0.056）、政务 H5（0.493）、政务快闪（0.195）均对政务游戏有着积极的预测作用，总体上仍然可说明一种政务融媒体产品的使用能够促进其他融媒体产品的使用。政务 H5 的预测水平最高，原因可能是政务 H5 产品中能够内嵌政务游戏，那么政务 H5 的使用自然而然提高了对政务游戏的接触和使用。政务快闪以线下活动为主，但存在线上接龙、打卡等环节，从某种意义上来说与游戏较为接近，用户也愿意将"快闪"看作一次游戏而参与，也可能提高对政务游戏的使用频率。

（四）政务 H5 使用的影响因素

模型 4 中，技术采纳模块中便利性、有趣性、满意度三个维度的变量回归结果均不显著，意味着无论用户感觉到政务 H5 是否便利快捷、是否有趣、是否对政务 H5 这种传播方式满意，均不能对政务 H5 的使用产生积极的作用和影响。仅有互动性变量（0.077）能够有效促进政务 H5 的使用。说明只有用户在使用 H5 了解政务信息时，感受到他与政府之间的互动增多，互动效果变好，或者与政府之间的距离更为接近的情况下，才会主动增加对政务 H5 的使用。这提示政府在推出 H5 产品时可以通过增加互动渠道、提高互动质量、改善互动感受的方式维系并发展用户，并非只着力于改善政务 H5 的技术手段及刻意增加娱乐性。

人口统计变量中，收入对政务 H5 的使用存在较为微弱的正向影响（0.027），高收入群体比低收入群体具有较多地使用政务 H5 的倾向。学生变量对政务 H5 使用有较强的负向预测作用（-0.310），即非学生群体存在增加使用政务 H5 的可能。除此之外，教育程度、性别、其他职业和上网经验等变量均不显著，说明在现实中，收入较高的工作人群较为喜爱通过 H5 这种模式来接触政务信息。在社会性变量中，去政治化水平负向影响政务 H5 的使用，即去政治化水平越高的人，使用政务 H5 越少，去政治化水平低的人，使用政务 H5 越多。可见，关心政府与政治、有兴趣了解政治知识和公共事务的群体，会更倾向于使用政务 H5 这种新兴媒介形式，也更偏好通过 H5 来展示较为复杂、生涩的政策文本和时政信息。效能感变量对政务 H5 的使用无显著影响。

一般性媒介使用变量中，微博、微信对政务 H5 的使用无显著影响，短视频则对政务 H5 起到负向的影响作用（-0.070）。原因是目前短视频平台对 H5 技术兼容有限，H5 主要在微博、微信公众号、小程序中内嵌。在媒介使用时间既定的前提下，短视频使用增多，意味着用户将较少接触到 H5 技术，会显著削减对政务 H5 的使用。除政务短视频外，其他政府融媒体产品都能够增进政务 H5 的使用。政务直播的回归系数为 0.204、政务游戏为 0.375、政务快闪为 0.335，均具有较强的预测性。

（五）政务快闪使用的影响因素

模型 5 显示，趣味性（0.043）和互动性（0.064）变量对政务快闪的使用具有积极影响。如果用户认为政务快闪活动好玩、有趣，就会主动地增加参加此类活动的频率。可见提高政务快闪活动的趣味性，让用户获得轻松愉快的体验，应是政府组织政务快闪等活动的重要目标。此外，互动性越强，用户越能与政府接近，就会越积极参加政务快闪活动。可见"与政府深入交流和互动"，是用户参加政务快闪的主要动机之一。政府组织快闪活动时也应牢牢把握用户的这一核心需求，设计相关的环节，增加互动，邀请民众与有关部门的工作人员、官员一同参与快闪，或通过 @ 政府部门的方式线上获得回应，等等。

在人口统计变量中，教育程度能够正向影响政务快闪的使用（0.060），即教育程度较高的群体参加政务快闪活动的意愿和频率要高于教育程度低的群体。职业变量中，一般职员（0.096）与管理层（0.089）两个变量均出现微弱的正向显著，可说明"上班族"是参与政务快闪行动的主要群体。从目前"政务快闪行动"的实践来看，各地政府机关、国有大中型企业、事业单位、相关公司和机构的号召和组织能够有效促进其管理层和员工参与"快闪"行动。这既是对政府创新传播的支持，也是其需要完成的"工作量"，其余人口变量均对政务快闪的使用无显著影响。在社会性变量中，效能感水平较高的群体使用政务快闪更多，说明在公共事务中拥有更多参与经历、感受体验较好的用户，更乐于参加政务快闪等政府组织的活动。去政治化水平对政务快闪无显著影响。

在一般性媒介使用经验模块，仅有微信使用呈现负向的影响关系（-0.075），说明微信使用容易减少政务快闪参与。通常而言，快闪的打卡、上传等活动主要基于微博、抖音等公共性、开放性平台，容易开展大规模的动员，而微信属于以熟人为基础的"圈层化"媒介，有可能削弱用户参加快闪的意愿。其他政府融媒体产品的使用均能够积极促进用户参加政务快闪。其中，政务短视频的回归系数为 0.146、政务直播为 0.141、政务游戏为 0.151、政务 H5 为 0.341。可以说明，用户如果已经形成接触政府融媒体产品的习惯，或政府已经在线上通过政务短视频、直播、游戏或者 H5 积累起了一定数量的用户基础，那么这些用户也更有意愿积极参加政府组织的线下快闪或线上线下融合性活动。

四、结论与讨论

基于描述性统计和回归分析结果，可知在时下中国，用户对政府开发和产制的各类融媒体产品已有一定的接受度，无论是"试新尝鲜"，还是长期"稳定追踪"，用户已然对政府融媒体产品的采纳和使用持普遍积极的态度。政务短视频是用户使用最多的政府融媒体产品，引领视觉化传播趋势。尤其值得注意的是，政务短视频已然成为用户获取重要时政新闻、获知社会重大突发性事件最为重要的媒介之一，未来仍将获得长足发展。政务直播也是用户使用非常频繁的政府融媒体产品。无论是新闻发布会、政务直播间开展的直播，还是政府执法、审判的现场直播，以及曾经风靡一时的"官员直播带货"，都已形成了较好的用户基础，这得益于政务直播已基本形成模式化的传播方式，能够持续吸引用户。政务快闪有着较高的使用比例，足见用户对"接近政府、与政府互动"始终抱有积极性，因而热衷于参加政府组织的线上线下联动活动。政务游戏属于政务融媒体产品中的成本较高、开发难度较大的形式，但数据显示其颇受用户欢迎，能够窥见用户对政府推出新型融媒体产品的认可与期待，希望能在这种原本政府不会碰触的领域"与政府相遇"。数据显示，政务 H5 的使用比例较低，可见这一新型的政务传播形式还需进一步调整策略。

综合考察回归结果可知，"其他政府融媒体产品使用"是最为有效的预测变量。除政务短视频使用与政务游戏、政务 H5 之间无预测关系外，其他各类政府融媒体产品的使用都可以显著增加其他类别政务融媒体产品的使用。这与不同类型的政务新媒体使用存在"关联促进"效应的结论一致，① 即在大多数情形下，培养任意一种接触政府融媒体产品的兴趣和习惯，都可带来其他类别使用频率的上升。这提示政府，可以聚焦于自身所擅长的一种"融媒体产品"，形成用户规模并凝聚一定数量的忠实用户，再扩展至其他类型的融媒体产品生产，可获得事半功倍的效果。从设计和产制融媒体产品的难易程度来看，政务短视频和政务 H5 是较好的选择。值得注意的是，"政务短视频"容易促进与其相似，或需要依赖其平台进行的融媒体产品发展，而不容易促进与之性质相异、不依赖其平台的产品。这意味着，增加优秀政务短视频的供给可以增加用户观看政务直播、参加政务快闪等线下活动的可能。政务 H5 的成本较低，目前还有较大的改进空间，可认真探索在传播政务信息、传递价值时的具体建构形式，提高政务 H5 的吸引力，再推动其他品类融媒体产品的发展。在有条件的基础上，政府同样可以通过开展有特色、有人气的政务直播，或组织高质量的政务快闪来聚集人气，提高口碑，或致力于政务游戏的开发与营销，积累用户规模，进而实现其他政府融媒体产品的共同进步。

在一般性媒介使用的角度，短视频可以促进政务短视频的使用，微博可以促进政务直播的使用，而微信则会减少政务直播、政务快闪的使用。这一结论可以侧面佐证短视频和微博平台更适合政府融媒体产品的投放和推广。微信圈层化的特点使其逐渐与公共性社交平台有所区分，且伴随不少用户"逃离朋友圈"，其所具备的互动、扩散功能也有所弱化。这提示政府投放政府融媒体产品的重点主要应在微博和各大短视频平台。尽管政务游戏会因短视频使用的增加而减少，但政务游戏出品频度较低，可认为其不构成主要影响，只在游戏推广的周期和频度二者间形成互斥。

---

① 　JIA Z, LIU M, SHAO G. Linking government social media usage to public perceptions of government performance：An empirical study from China ［J］. Chinese Journal of Communication，2019，12（1）：84-101.

人口统计变量的回归结果展示了政府融媒体产品的用户画像，有助于政府找到不同融媒体产品的目标受众。总体而言，有如下结论值得关注。其一是中老年人的使用行为。已退休的高收入中老年人更加热衷于观看政务短视频，这与目前老年人观看短视频媒整体比例上升的现状保持一致。且老年人媒介使用行为较为稳定，一旦被平台捕捉到高收入中老年人在某一政务短视频停留时间较多，算法机制就会不断推送，增加其接触可能性。且老年人通常疏于"取关"，也客观上造成了老年人群体使用的增加。同时他们也是观看政务直播的重要人群。又可按需求不同分为两类：一是时间充裕的中老年人，在刷短视频的过程中，遇到感兴趣或质量高的直播会驻足观看；二是尚未退休，仍在工作岗位的年长者，可能与其工作内容、工作性质以及媒介习惯有关，更倾向于关注政务直播。

其二是年轻群体。政府推广和建设政府融媒体产品，其天然初衷之一是吸引年轻用户，包括上班族和青年学生。综合回归结果来看，年轻用户最容易增加的是对政务游戏的使用，尤其是青年学生。而对上班族而言，"在职"这一状态很容易减少其对政务游戏的使用，却能够增加参加"快闪"活动。如前所述，"快闪"存在一定程度的组织性，上班族的"参加"往往有可能是出于回应单位的要求而非自愿。这一现象值得产制部门深思。如果仅靠"要求式""强制性"的方式增加青年的使用频次，自主性接触和使用难以提升，那么显而易见，时下政务融媒体产品对青年的吸引力仍需加强，在年轻用户中的有效辐射还有待提升。

"去政治化水平"变量的预测作用也值得关注。去政治化水平高的群体能够主动增加对政务游戏的使用，而减少对政务短视频和政务 H5 的使用。可推测对于本身就对公共事务相对淡漠的群体，即使关注政府与政治，也希望能够通过"去政治化"的方式。而对去政治化水平较低的人群来说，由于本身对于政治和公共事务具有一定兴趣，则会主动关注政府为发布政治信息、时政要闻所探索出的新形式，增加对如政务短视频和政务

H5 的使用。这提示政府，对关心政府的群体来说，不断翻新传播方式十分重要，可以通过不断改善政务短视频、政务 H5 质量的方法来持续吸引他们的兴趣，提高对政府的认同。对于去政治化水平较高群体，如果想对其形成影响，则单从改变信息发布形式、追求流行话语等方面做出改变效果并不大，而是需要尊重其"去政治化"的趋势，使用游戏、娱乐的方式将主流价值观、政治意识形态渗透其中。

在 TAM 模型框架下，便利性主要影响用户对政务短视频的使用。有趣性则影响政务短视频、直播、快闪，而对政务游戏、H5 无影响。可见，在政府融媒体产品中使用流行元素、增添趣味性的偏向可在多数政府融媒体产品中发挥积极作用。对政务 H5、快闪而言，主要的预测变量是"互动性"，而非娱乐性、便利性。这一结论也值得深思。增强用户的"参与感"、提高互动质量，是改善政府传播非常重要的维度，也是构建线上、线下政府—公众公共关系的有效方法，仅在"技术"和"形式"方面着力效果不佳。此外，研究发现，政务游戏的趣味性、满意度均不是影响用户使用行为的关键，甚至满意度评价较差，也不会降低用户对政务游戏的采纳。可见，用户最为看重的是"政务游戏"这一特殊形式的"突破性"意味，而并非游戏质量真正如何。政府通过"游戏"这一产品再次印证了政府的开放与亲民，这一举动本身就被用户所认可，很容易获得良好的评价和更多的信任。这提示政府可以在客观条件允许的情况下，实时开发政务游戏，向民众进行推广。可在小程序游戏和电子游戏、桌游等方面分别发力。小程序游戏可以紧跟热点，配合国庆节、建军节、劳动节、春节、两会、国际赛事等推出，调动用户参与的积极性；大型游戏则应与第三方开展合作，在文化旅游、形象塑造、社会治理等领域积极策划，不断尝试推出新的游戏产品，让政务游戏始终在场，吸纳民众使用与关注。

最后，本研究提出促进政府融媒体用户使用的几项建议和对策。其一，政府可均衡布局各类融媒体产品，继续利用"关联促进"规律，维系已有用户，扩大新的用户规模。政务短视频是使用最为普遍的一种产品，可进一步加强政务短视频的建设，发挥其对其他融媒体产品的带动效用。其二，精准划分用户群体，老年人和年轻人为重点用户，需尊重其媒介使用习惯，提供适宜的融媒体产品。如在老年人使用短视频较多的时间段，提供政务直播产品；以推出政务游戏的方式吸引青年，或积极组织有价值的线上线下"快闪"活动，分别动员上班族和青年等广大年轻群体参与。其三，不怕"出错"，积极试新。政府融媒体产品即使还有不成熟的地方，也应积极推出新款产品，保持一定的关注度和热度。还应重视政务游戏的创新意义，尽力扩大合作范围，在更多适合时机和恰当的领域推出游戏产品，进一步塑造政府亲民、活跃、友善、开放的形象，增加民众对政府的好感。其四，重视低成本政务 H5 产品的进一步改进和升级，在提升政务信息传播水平、塑造城市文化形象等总体目标下增加互动性和参与性，提高民众的体验感和效能感，有望取得事半功倍的效果。其五，根据每种政府融媒体产品不同的优势和特点，拓宽应用领域，开拓思路，积极创意，打磨细节，不断提升质量。如政务短视频可加强应急传播及知识传播等功能属性建设，直播应持续增加趣味性并提高整体水平，快闪亦需通过与政府真正的互动提高用户热情。

第五章

政府与公共部门融媒体产品
的内容建构与叙事研究

如前分析可知，政府融媒体产品品类繁多，在目前的发展阶段呈现出不同的特点。无论哪种政府融媒体产品，其所使用的内容建构和叙事方式都尤为重要，不仅体现了政府的传播目的和意图，决定了用户将在融媒体产品中看到怎样的主题和符号，体验到怎样的传播风格，还因此形成了政府在视觉化时代的传播策略和视听审美品位。本章将以政府在"应急普法传播、公共博物馆文化传播、公共政策传播"三种不同情境中产制的融媒体产品为个案，进行内容建构和叙事方式的解读。

第一节　应急管理部门"应急普法融媒体产品"的内容建构

一、应急普法融媒体产品概述及样本情况

面对"危机"这一现代社会的普遍存在，应急管理部门主要采用两种传播策略：一是在危机突发时，媒体同步运转，向公众报告危机的真实情况以及政府应对危机的措施和进展；二是在日常状态下，针对各类危机（如火灾、地震、传染病、安全生产事故等）向公众进行知识科普和法制教育，提供科学的应急知识，提高民众的危机意识，普及应急法律法规。

视觉化传播时代，地震局最早利用短视频进行"应急科普"，由地震专家出镜，讲解地震原理、危害和避震常识，发布灾情速报或现场救援，等等。① 应急管理部也在短视频平台发力，致力于优质应急知识和法规的传播。如推出"#防灾减灾dou行动"，共发布短视频作品4.6万个。动画视频《那些年，学过的逃生法则居然是错的！》、2020年"全国防灾减灾日"推出的20余场科普普法直播②，以及"2024年防灾减灾日"呈现的4D减灾动感电影③等都从多种维度开展应急普法宣传。

自2020年起，应急管理部办公厅、司法部办公厅联合开展"全国应急管理普法融媒体作品征集展播"活动，现已举办4届。目的是充分利用融媒体赋能应急法治知识宣传，让"小制作"演绎"大普法"，切实加大应急管理领域全民普法的工作力度。④ 为深入探索应急管理部门利用融媒体产品开展普法教育、知识传播的方式与策略，本研究收集了第3届（2022）、第4届（2023）征集展播活动的220个获奖作品展开分析。这些获奖作品由全国各地应急管理局、消防支队或司法厅选送，主要在应急管理部网站、微信公众号发布，在《应急管理报》新媒体账号、哔哩哔哩、好看视频、腾讯视频、西瓜视频等平台有着广泛的传播，代表了应急管理部门产制融媒体产品的较高水平。官方评价这些作品起到了"以案说法、

---

① 陈耕耘，张新玲，李兰，等．短视频时代突发地震应急科普宣传实践与思考：以云南漾濞6.4级地震中抖音宣传为例［J］．四川地震，2021（3）：17-21.

② 应急体系官微集体线上科普 微博公开课直播观看量超2000万［EB/OL］．新浪科技网，2020-05-14.

③ 中华人民共和国中央人民政府．防灾减灾公众开放日活动在国家地震紧急救援训练基地举办［EB/OL］．中国政府网，2024-05-13.

④ 中华人民共和国应急管理部．应急管理部办公厅，司法部办公厅关于开展第五届应急管理普法作品征集展播活动的通知：应急厅函〔2024〕117号［A/OL］．中国应急管理部官网，2024-04-07.

以案释法、以案普法"的重要作用。① 研究建立了编码表，类目包括品类、音乐、呈现、叙事、人物、场景、细节、功能和价值等。编码员需要观看全本融媒体产品，首先记录融媒体产品的品类、单位和时长，进而对该融媒体产品是否使用各项类目中的内容建构指标进行独立判断，完成编码，再将编码结果进行统计分析。研究还对 7 部评价较好的融媒体产品进行了个案分析，包括 3 部微电影、2 部 MG 动画以及 2 部短视频作品（见表 5-1）。

表 5-1　应急管理普法融媒体产品案例

	名称	品类	单位	时长
1	《血蝴蝶》	微电影	江苏省昆山市应急管理局	18′49″
2	《暴雨将至》	微电影	广东省广州市应急管理局	15′51″
3	《小马别马虎》	微电影	贵州省毕节市应急管理局	7′0″
4	《依法治安之安责险，救人于危难》	MG 动画	河北省石家庄市应急管理局	2′53″
5	《护林防火，防患于未"燃"》	MG 动画	广东省广州市应急管理局	3′14″
6	《生命通道不容"添堵"》	短视频	江西省赣州市消防救援支队	1′34″
7	《八大特殊作业安全规范》	短视频	上海市浦东新区应急管理局	1′46″

二、应急普法融媒体产品的品类与呈现

（一）基本品类

图 5-1 展示了"应急普法融媒体产品"的基本品类。在 220 个样本中，最主要的形式是短视频，共 120 个，占比 54.50%，可见应急普法所重点使用的媒介与时下最受欢迎的媒介形态保持一致。其次为微电影，共 38

———————

① 中华人民共和国应急管理部．应急管理部办公厅，司法部办公厅关于公布第三届应急管理普法作品征集展播活动获奖名单的通知：应急厅函〔2023〕40 号［A/OL］. 中国应急管理部官网，2023-02-22.

个，占比 17.30%，以及微纪录片，共 30 个，占比 13.60%。这两种融媒体产品能够较为充分地传递普法内容与应急知识，又能充分加入影视化元素，增加艺术效果，使原本枯燥的应急法律知识传播具有表现力和感染力。这三种作品占总体的比例为 85.40%，可见"视听式"融媒体产品在政府应急普法传播中运用广泛，具有前景。此外还有 14.6% 的作品（共 25 部）采用其他品类形式，包括公益广告（2.70%）、Vlog（1.40%）、动画（0.50%）以及如海报、卡通画、综艺、曲艺等形式（6.80%），可知政府正在使用非常多元的融媒体产品向公众进行应急普法和知识的展示与传播。

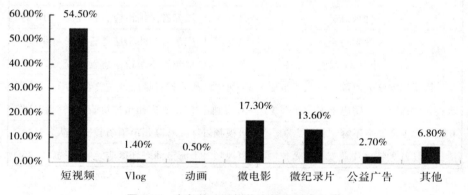

图 5-1　应急普法融媒体产品的基本品类

（二）所涉及的法条类别

样本中的应急普法融媒体产品以"普法""科普""知识传播""安全教育"为传播目标，共有 119 个融媒体产品明确出现所宣传的法律法规名称。其中，有 67 个（56%）融媒体产品主要针对《中华人民共和国安全生产法》及其主要条款进行解读。《中华人民共和国道路安全交通法》《中华人民共和国消防法》《危险化学品安全管理条例》《森林防火条例》的宣传科普也较多。与职工权益保护和民众生活息息相关的各项应急管理规定，如《安全生产责任保险实施办法》《大型商业综合体消防安全管理规定》《高层民用建筑消防安全管理规定》，以及涉及特殊行业安全生产问题的《工贸企业粉尘防爆安全规定》《八大特殊行业作业安全规范》均是各地应急管理部门的普法重点。可见，应急普法融媒体产品旨在形成以"重点法条为基础、特殊行业为主导，职工权益保护、公民应急安全传播并重"的普法与应急知识传播格局，且重视地方性，北京、上海、山东、江苏等地都以本地化应急普法需求为主设定融媒体产品内容。同时，应急管理部门也注重对新增法条进行解读。如湖北应急厅制作的《信用为本，共创繁荣》就是以解读"黄名单"为主要内容的融媒体产品。"黄名单"意味着企业存在重大事故隐患，设立"黄名单"的目的是督促企业整改。

（三）内容呈现

在呈现方式上（见图5-2），样本中融媒体产品使用最多的方式为展示，占比为40.50%。"展示"适用于各类应急普法题材，如地震、暴雨、车祸救援、森林火灾等，特别是配合短视频或动画，能够带来直观、铺陈式效果，让观众快速地身临其境，把握到融媒体产品的主旨和传播目的。其次是剧情演绎，占比为33.20%。"剧情化"手法使得普法微电影、短视频、短剧、动画等具有完整的剧情结构，观看性强。用精心设计的方式开始引入主题，通过人物和角色之间的表演推进情节进展，将"违法与执法""危险与应急""无知与行动力"等冲突完整地表现出来，最后以圆满的结局来强化"应急普法"的价值和意义。微电影《小马别马虎》就是以两名燃气安全检查员的一系列检查活动为"情节推进器"，每个场景都设计了"忽视危机—危机发生—解除危机"的剧情变化，流畅而生动。剧情演绎还能以一种喜闻乐见的方式传播普法知识。MG动画《依法治安之安责险，救人于危难》通过讲述卡通人物对于"安责险"的理赔故事，将"安责险"详细地讲述给公众，普及了《中华人民共和国安全生产法》当中高危行业从业人员投保的相关知识，保障范围、保障行业、赔付方式、与工伤保险的区别等，一目了然，还通过"萌化"的造型和语调吸引观众。此外，采用客观陈述方式融媒体产品比例为 9.50%，多为微纪录片和短视频。采用客观陈述呈现的通常直陈主题，语调舒缓，层层推进，具有一定的叙事节奏，能够帮助观众构建起观看逻辑，跟随陈述逐步深入。此外，还有部分短视频、Vlog 采用个人独白（2.30%）、设问（0.90%）及其他方式，可见呈现方式之多元。

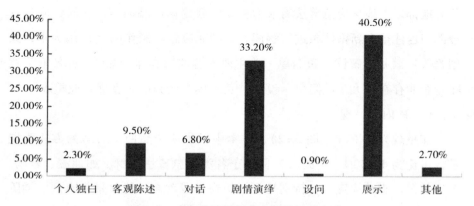

图 5-2　应急普法融媒体产品的呈现方式

三、应急普法融媒体产品的视听符号使用

（一）音乐符号

音乐是短视频的重要组成，听觉符号能够有效地调动起受众的状态，渲染情绪。在样本中，如图 5-3 显示，有高达 82.30% 的作品使用了音乐作为背景，远高于未使用音乐的作品（17.7%）。其中使用"普通音乐"的比例最高，占 72.70%，主要作用是为画面内容配以合适的背景音乐，产生相应的听觉效果。如微电影《血蝴蝶》选用具有玄妙作用的音乐开篇，唤醒观众的警觉，让人感到"一场安全事故"即将来临。进而微电影更换了"警示"音效，跌宕起伏的故事开始，推动剧情由"安全隐患"向着"事故"步步推演，紧扣心弦。此外，世界名曲、轻音乐、背景音、环

境同期声等也经常作为背景音乐出现在融媒体产品中，衬托内容主题，增加作品的表现力。环境同期声最大限度地还原了现实世界中的声音，提供给观众充分的真实感。如在拍摄"排除消防隐患"这一主题的短视频中，着火的声音、警报、消防员赶到的声音、灭火器工作发出的声音、灭火的声音都直接作为音效音乐出现，极富表现力和冲击力。亦有作品选择当下在抖音、哔哩哔哩平台广泛传播的"神曲"和"流行音乐"作为背景音乐，但占比偏低，分别为 4.50% 和 1.40%，可见官方制作融媒体产品有着自己的坚持，并未时时处处追求流行。

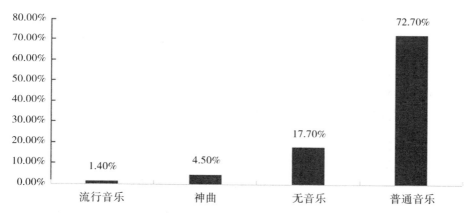

图 5-3　应急普法融媒体产品中的背景音乐

（二）人物符号

图 5-4 显示，应急普法融媒体产品中，最经常出现的人物是警官/消防员/救灾者，占比为 16.40%，其次是罪魁祸首/责任人，占比 15.90%。两者出现比例较为接近，即"施救者"和"责任人"同时出现。一方面说明应急普法融媒体产品主要针对"人为事故危机"进行普法，另一方面也说明通过"施救者"与"责任人"角色之间的对立与冲突表现主题，构成"产生冲突、化解冲突"的叙事主线是一种颇受欢迎的内容建构方式。进一步分析作品文本可知，根据普法内容的不同，"施救者"主要包括警官、

消防员、应急管理部门工作人员，他们被赋予机智、勇敢、精专、敏锐的特点，掌握着故事发展的主要线索，并作为权威适时开展法规知识的传播，同步塑造了应急管理部门的整体形象。"责任人"通常为反面人物设定，或不小心、盲目、失误、忽略关键步骤，或主动违法等酿成危机和灾害，造成巨大损失。"责任人"与"施救者"往往有着充分的对话和行为互动，形成角色反差，形象对比，完成作品建构。

涉事民众也有较高的出现比例（10.90%）。民众涵盖各式各样的身份与形象，有办公室工作人员、卡车司机、景区游客、行人，也有学校教师与学生、企业老板、从事特殊行业工作的员工等。这些民众有些是危机事故的角色之一，也有民众以志愿者、听众、旁观者的方式出现，还有民众只作为背景，并未参与互动。总体而言，民众的出现主要用以表现"人人都应有危机意识""危机无处不在，警惕不能松懈""应对危机人人有责"等主题。不少短视频作品中注意突出民众在危机应对过程中的主动性，如强调民众自救，从而进一步倡导"减灾救灾"并非事不关己，"应急自救"是现代公民的必备技能。整体而言，民众以互助、合作的形象出现不多。可见从政府角度出发，民众并非已然成为政府应急救助的合作伙伴，而是"对象"，主要的期待是民众在经历各种普法、知识教育之后，出现危机意识提高、知识增长、增加觉悟、改变行动等方面的变化。

在分析中还发现，应急普法融媒体产品中"专家/律师/技术人员/安全员"等人物出现不多，占比 3.20%。专业人员应是主要的知识供给群体，整体缺位的主要原因是在政府融媒体产品中，政府应急部门的相关人员是知识传播的主角，并未与第三方开展积极合作。这提示政府可以在这方面做出改进，在官方开展知识传播时加入新的视角，将第三方专业人士囊括其中，提高知识传播纯度、密度和信度，增强普法传播的权威性。领导和官员的出镜比例为 2.30%，出场画面多为应急事故得到妥善处理之后接受群众感谢、危机"防患于未然"成功预警之后的表彰慰问等。此外，研究还在样本视频中发现，儿童和女性也会出现在应急普法融媒体产品中，尽管比例不高，但可窥见政府的传播意图："儿童"人物的选用一是用来强化安全事故的后果，提高警示程度；二是强调安全意识要"从娃娃抓起"，为法规、知识教育增添合法性和必然性。女性人物则用于表达女性员工在安全生产中同样富有责任和使命，且女性在家庭中的母性角色和温馨形象能够和安全生产事故的严重后果形成强烈反差，从而加强安全教育的力度。

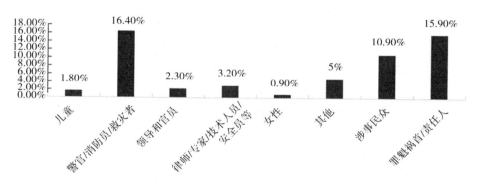

图 5-4　应急普法融媒体产品的主要人物

（三）场景符号

从图 5-5 可知，应急普法融媒体产品中的场景符号主要来自"工厂"（42.30%）与建筑工地（23.60%），这与安全生产主题密切相关。最常见的是生产车间、流水线以及正在建设中搭满脚手架的工地，还有如操作面板、控制台、机床、操作间、工棚、指挥处等场景。这些场景能够让受众更加切近地进入易发生危险的领域，明确在日常工作的环境中危机潜伏的主要场所。目的是带来警示效应，唤起人们心中的警觉。也有部分融媒体产品中出现自然场景（9.10%）。在针对地震、山火、洪水等灾害中的应急法规和知识开展传播时，需要通过自然实景来强化视觉效果。此外，村镇、社区（5.90%）、办公室（5.50%）、家庭（5.50%）也很常见，可见政府普法传播和知识传播已然渗透到社会生活的各领域。城市风貌、标志性建筑等象征性场景的采用比例为4.10%，用以隐喻在现代城市生活中处处存在潜在的"危机"。

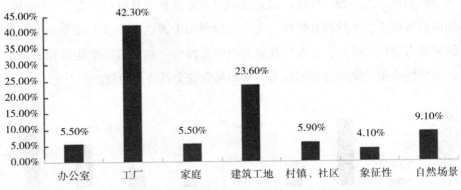

图5-5　应急普法融媒体产品的主要场景

（四）细节描述

在文学研究领域，关于危机的叙事代表了我们应对危机的主要经验。[①]作家在文本创作中有意识地对危机主体、危机事件、危机行为进行深描与记叙，对未来情境中预期风险、创伤、损失研判与警示，对管控和处理危机中经验、教训归纳与反思。[②] 因此，政府创作融媒体产品对细节进行深描，能够充分体现政府对危机应对、对应急普法的理解、侧重与反思。图5-6显示，应急普法融媒体产品描述最多的细节有人物心理（22.70%）和灾害细节（22.30%）。人物心理往往贯穿微电影、短剧等融媒体产品的全过程，有危机尚未发生时的"掉以轻心"，有危机初露苗头时的紧张与胆怯，还有危机发生时的恐慌或冷静，应对危机时需要对策略进行选择时的心理纠结、业已战胜危机或将危机成功抑制在"苗头"时的欣喜。这些心

---

① SEEGER M W, SELLNOW T L. Narratives of crisis: Telling stories of ruin and renewal [M]. Stanford: Stanford University Press, 2016: 7.

② 王娟. 警示·反思·吁求：后人类语境下《克拉拉与太阳》中的危机叙事 [J]. 重庆交通大学学报（社会科学版），2023，23（4）：69-76.

理细节的叙述是融媒体产品所特有的影视化的处理，在传统政府传播框架中较少采用①，却有着更为生动、细致化的表现力。对于灾害细节的描述也是融媒体产品镜头擅长的。微电影《血蝴蝶》想要表现工厂生产中存在漏水漏电的安全风险，对水渐渐弥漫工厂地板的场景细节进行了近景特写，意味着危机必然到来，和员工对危机的"忽视大意"形成鲜明对比。融媒体产品还重视情绪细节的勾勒，以传达紧张紧迫的情绪最多（14.50%），传递"悬念""好奇""紧张"，容易吸引观众的注意力，快速调动情绪，增强代入感。这与传统的科普、知识传播所倡导的客观化、理性化叙事风格有很大的不同，有可能弱化知识的深度与广度，但也能更有助于观众持续看完一整部完整的作品，沉浸其中细细体味。行政命令（10%）和感恩感谢（5%）也会出现在细节叙述中，二者往往相辅相成，行政命令展示在危机中政府或领导人实施的危机应对行动，具有权威性，给人以信心和力量，符合大多数观众对于危机事件应对的基本期待。在结尾处配合民众对于政府、救援者的感恩和感谢，塑造一个完整的"危机经验"闭环。情感表达（6.80%）细节也有一定的使用，在表达普法和应急知识传播的过程中突出情感建构，以打动人心的方式强化意识和效果。

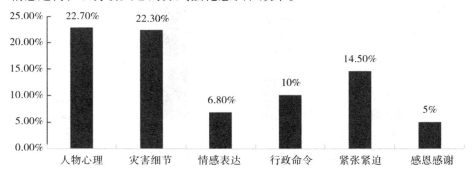

图5-6 应急普法融媒体产品的细节叙述

①　贾哲敏．网络政治传播中的议题建构与互动：基于4个时政型事件的框架分析［J］．北京理工大学学报（社会科学版），2014，16（6）：136-142.

四、应急普法融媒体产品的叙事与价值取向

（一）叙事方式

有学者认为政府传播的主要叙事方式包括"政论、故事、信息、情感"四种。① 图 5-7 显示，在应急普法这一主题下，政论叙事方式所占比例偏低（5%），更为常见的叙事方式是信息叙事（47.30%）和故事叙事（42.70%）。信息叙事对应"展示式"的内容呈现，多在短视频中使用，主要通过简洁、准确的方式传递信息，力求快速在观众脑海中留下鲜明的印象。故事化叙事则在各类政府融媒体产品中都很常见，积极设定与危机相关的矛盾冲突，将知识内核、故事线索、人物事件重新组合，构建巧妙的情节转化，赋予常规陈述式知识传播以新的活力。如《暴雨将至》微电影，讲述了建筑工地为了赶工期而不顾暴雨将至的消息，其间安全生产的隐患频频发生，展现了工人、企业主、安全员的角色对于"暴雨停工"的不同反应和行动。"忽视安全，继续生产"的决定隐含着严重后果，最终带来了不可挽回的损失。整个故事流畅清晰，将"警惕安全生产红线，防

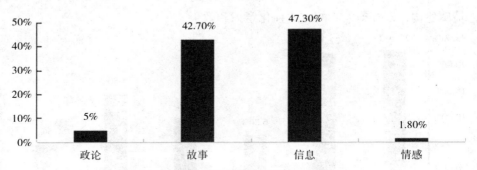

图 5-7 应急普法融媒体产品的叙事方式

---

① 张志安，章震. 政务机构媒体的兴起动因与社会功能 [J]. 新闻与写作，2018（7）：64-69.

止悲剧再次发生"主题烘托得十分深刻。"情感"叙事比例偏低（1.80%），可能的原因是"普法和知识传播"主题具有一定的客观性，过于重视情感动员容易冲淡叙事结构和知识密度，因此使用不多。

（二）价值取向

如图 5-8 所示，应急普法融媒体产品的价值取向以"信息与知识传递"比例最高（55%），可见无论融媒体产品品类、呈现方式还是叙事形式，主要价值内涵是将安全生产法条、应急安全、灾害防御的信息和知识精准、有效地传达出去，更好地履行普法、科普、公共教育职能。"态度传递"和"行动号召"是最为重要的价值取向（16.4%/17.3%），可见应急普法融媒体产品充分重视建构"态度"和"行动"。"态度"主要传递安全生产的重要性、提高安全意识的必要性、坚持安全生产的坚定性。"行动"则侧重塑造应急管理部门重视安全生产工作、号召民众做好应急准备、承担安全生产责任、实施安全救援义不容辞，在行动中具有充分的执行力和责任感。也会重点塑造员工、民众因"普法学习"和"应急知识技能提升"所产生的行动方面的改变，如牢记教训、认真学习法规、向他人宣教、时刻警惕等，以体现普法的效果所在。"树立榜样"亦是部分融媒体产品所要传达的价值取向（5%），希望通过"榜样的力量"将普法学习、安全生产进一步典型化，鼓励民众以此来衡量和约束自己的行为，提高自我要求并取得进步。也有部分融媒体产品着力塑造政府的专业主义精神（2.30%），突出政府在宣传、救援、拓展、提供法律帮助等方面的履职情况，强化政府责任、高效、服务于民的理念与价值选择。

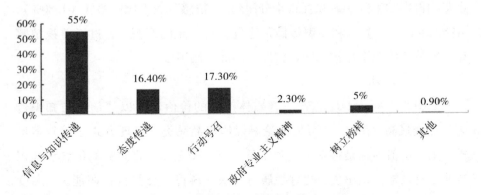

图 5-8　应急普法融媒体产品的价值取向

五、促进应急普法融媒体产品质量提升的内容策略

　　综上分析，我国应急管理部门本着"开放思路、积极创意"的理念推出各类应急普法融媒体产品，有效拓展了应急普法的传播方式与路径，丰富了应急普法的内容版图，使得应急普法这项长期而艰巨的工作焕发新生，充满活力。不少融媒体产品成为各平台的热点，传播广泛，获得了用户的喜爱，受到好评。

　　总结目前应急普法融媒体产品的策略特点，主要包括：其一，总体呈现多元发展趋势，以视听类产品为主，短视频数量最多，微电影是近年来颇受关注，也是较为特别、容易出彩的方式，受到各地应急管理部门的偏爱，不乏通过更为流行性的如动画、短剧形式加以展示的产品，寓教于乐的属性增强。其二，重视全国性法律以及与民众息息相关的安全生产、职工保护等法律法规介绍，并重视对日常生活中存在的自然危机和社会危机的应急知识进行科普。每当有重要的法律修订或颁布，或地方性法规、制度的出台，推出融媒体产品推进普法宣传已成各地政府的选择。其三，"展示"与"剧情"是最为重要的内容呈现方式，匹配不同的法律法规和知识类型，两者各有优势。"展示"的设计、创意和制作成本较低，"剧情"往往配合微电影或短视频，需要精心设计，注重故事结构、逻辑关系和人物设计。"展示"的优势在于传递的普法知识密度相对较高，有利于用户在短时间内快速识别法条重点，掌握关键知识。"剧情"则擅长观念、情感、价值的传递，让观众尽快融入氛围，在潜移默化中改变态度和行动，但普法的知识容量相对较少，观众的注意力往往在剧情发展，而非知识吸收。其四，重视视听符号的挖掘与使用，使之与内容呈现方式、主题、风格保持协调，场景变化自然流畅，注重人物心理和危机细节的描述，使得展示内容或剧情建构生动、饱满，给人一定的视觉享受。通过配合音乐调动情绪，增强作品的表现力和感染力，目的是更好地实现传播目标。其五，尽管融媒体产品在媒介形态、符号选用等方面受到平台流行风格的影响，且比较突出"故事化"叙事方式，作品难免充满悬疑、猎奇、反转、幽默色彩。但在价值取向方面，这些融媒体产品仍然坚持了政府应急普法的基本理念，以"知识和普法传递"为首要价值，致力于提高全民应急观念和意识，同时着力塑造出政府、工作人员和从业者富有责任心、智慧勇敢、勇于奉献的精神和履职理念。

在未来，融媒体产品仍然将是"应急普法"的一种重要方式，可在如下层面进一步积极调整和改进，也为其他政府部门开展"普法、科普"传播提供借鉴。其一，可进一步扩展融媒体产品形式，以短视频和微电影为基础，根据具体需求开发游戏、VR 融媒体产品，以及全网互动式之"#话题#""快闪"，实现多元融媒体产品创新发展。其二，"故事"和"信息""剧情演绎"与"展示"两种主要内容建构策略共同运用，且积极改进。鼓励"故事化"叙事、剧情演绎式的融媒体产品，逐步提高融媒体产品的"故事化能力"，力求剧情合理、逻辑清晰、节奏紧凑、引人入胜。同时应探索进一步增加普法知识密度，提高知识传递效率的方法，强化价值内涵的生成与渗透。注重"信息化"叙事和"展示"方式的融合和匹配，通过MG 动画、H5、VR 等方式表现信息与知识，加强提炼，在较短时间内传递更多有效信息。其三，丰富符号的利用，根据不同"普法"工作要求，挖掘准确、有表现力的符号，如通过人物之间的互动、场景变化和细节调整，表现在应急行动中的"民众互动与合作"以及"多元协同治理"。在技术上亦可提高符号的视觉化效果，力求画面精美、观看舒适。其四，可适当增加"应急普法"融媒体产品推出的数量，周期性提供"爆款"产品，在主要媒介平台上进行发布和传播，并尽可能使其保持一定热度，增加用户辐射范围。"爆款"可以带动用户形成观看和使用融媒体产品的习惯，普法宣传也能获得更好的效果。

第二节　公共博物馆融媒体产品叙事：
以故宫博物院官方短视频为例

一、故宫官方短视频概述

故宫作为中华文明的瑰宝，在传播场域之中备受关注。从传统媒体时代的纪录片、影视剧，到包括故宫博物院微博、"微故宫"、"今日故宫"APP 在内的官方新媒体矩阵，再到《故宫100》《数字故宫》VR、《故宫：口袋宫匠》游戏等领衔融媒体传播风潮，"故宫"始终作为一种现象级的跨媒体传播实践引得瞩目。短视频飞速发展以来，故宫也从未缺席，在抖音平台开设官方账号"故宫博物院"，立足"足不出户、云游故宫"，已坐拥171万粉丝，发布720条短视频[①]，是国内公共博物馆影响力最大、最受欢迎的短视频账号之一。故宫博物馆官方抖音账号短视频内容共分8个系列（见表5-2），包括传统栏目"建筑与文物""故宫美景""故宫展览""文物与自然系列"，配合新上展览"吉光片羽——故宫博物院藏清代

---

① 该数据来自故宫博物院官方短视频，截至 2024 年 3 月 20 日。

宫廷雕版文物"而推出的专题短视频、受到普遍关注的融媒体产品"抖来云逛馆"、以青少年为主要受众的"济公爷爷游故宫",以及以故宫宣教为主题的"精彩直播回放"等,获赞765.1万次。

表5-2　故宫博物院官方抖音账号短视频内容列表

系列名称	播放量	视频数	主要内容
建筑与文物	1032.8万	54	宣教部工作人员带领观众寻找故宫建筑和文物故事,近景讲解
故宫美景	3969.9万	38	配合多元BGM、动图展示故宫不同季节、不同角度的样貌和景致
故宫展览	759.1万	51	故宫专家介绍近期展览的展品、历史背景和布展价值
文物与自然	593.6万	39	故宫专家介绍馆藏文物的历史、来源、背景知识及价值
吉光片羽	441.9万	14	由播音员带领公众参观,配合故宫研究人员讲解展示
抖来云逛馆	1.3亿	200	故宫专家带领观众一同了解内部展品或不为人知的建筑知识
济公爷爷游故宫	864.7万	12	由扮演济公的演员游本昌本人出镜,面向青少年讲解故宫
精彩直播回放	39.2万	38	播放故宫举办的知识课堂、讲座,供观众学习观看

这些短视频深度挖掘故宫藏品及中华优秀传统文化,采用独到的内容建构和叙事策略,形成鲜明的风格,不仅延续了故宫新媒体、全媒体体系运营的成功[1],还进一步推动了"数字故宫"社区整体框架的建设[2],拓宽了文化传播的形态与边界,收到了良好的传播效果。本节将以故宫官方

---

[1]　单霁翔.单霁翔:促进博物馆实施"互联网+中华文明"[C]//中国博物馆通讯.全国政协,故宫博物院,2017:3.

[2]　冯乃恩.博物馆数字化建设理念与实践综述:以数字故宫社区为例[J].故宫博物院院刊,2017(1):108-123,162.

短视频为案例，考察这一融媒体产品实践中业已形成的叙事策略，为国内各类博物馆、公共部门及政府文旅管理部门发展短视频产品提供值得借鉴的思路和做法。为分析便利，选取故宫官方短视频每个系列中获赞量最高的前 10 个短视频为样本，共 70 个短视频产品进行文本分析。

二、内容多维度与日常性叙事

故宫短视频总体上立足丰富的文保资源展开创制。围绕"故宫馆藏历代精品文物、古建筑、明清宫廷、传统文化"等方面进行内容建构，风格庄重、精致、大气，在内容多维度呈现的同时追求专业化、意趣化，兼顾不同年龄层次、不同教育背景观众的需求。"建筑与文物""故宫展览""文物与自然"三个板块以专业人员讲解故宫知识为主线，每集 2~5 分钟，主要面向对故宫感兴趣，具有一定知识基础的观众。"抖来云逛馆"是故宫抖音中最受欢迎的系列，针对较为年轻的观众进行馆内文物藏品介绍，通过活泼、生动的导语引入，拉近观众与藏品的距离，激发观众对中华优秀传统文化的热爱。[①]"济公爷爷游故宫"则针对青少年群体展开，将故宫知识拆解为青少年喜闻乐见的故事，再将知识内容嵌入其中，帮助小观众了解故宫，寓教于乐。"故宫美景"则将镜头对准标志性宫殿建筑，展示其雄伟壮丽，满足观众欣赏故宫建筑不同季节景色的需要。此外，短视频还特别安排了新展的内容讲解和专题介绍，带领观众"云端看展"。"精彩直播回放"为故宫暑期知识课堂和系列讲座，时间普遍在 60 分钟以上，供感兴趣的观众观看学习。

"日常性"是短视频媒介实践中最为重要的品质[②]，也是故宫短视频叙事一个显著特点。在场景和视角层面，"日常性"要求短视频的镜头对准

---

① 姜倩倩. 博物馆短视频创作中的阐释理念与实践：以故宫博物院"抖来云逛馆"项目为例 [J]. 博物院，2023（6）：122-130.
② 范英杰，李艳红. 草根全球化、技术赋权与中国农村青年的非洲叙事：对快手平台上三个视频主播的分析 [J]. 国际新闻界，2020，42（11）：76-98.

真实、多元与独特的故宫场景，提供像样的"所见所闻"，不间断地输出作品。故宫官方短视频具有得天独厚的拍摄优势。他们被允许进入故宫的各个区域，包括非开放区，这使得官方镜头能够打破空间"区隔"，随时随地在故宫各处拍摄、取景，表现在日常时间和空间中的故宫景致，这是故宫短视频保持稳定更新频率和上新密度的关键。最受欢迎的"抖来云逛馆"系列，拍摄场景并非都选在人们所熟知的殿宇，而是经常来自普通的红墙院落（部分为办公区域）。解说也似乎并非提前设定，而是故宫工作人员将日常工作中的灵感与发现同观众即兴分享，内含着真实而朴素的兴奋与愉悦。这种平易近人、包含内在情感、细微之处见渊博的问答或讲述，拓宽了正统而繁复的职业叙事[1]，构成故宫短视频叙事中一种新的"日常性"。

在主题层面，因现代人的关注和兴趣而拓宽文物和历史的边界，重构故宫与现代个体生活体验、生活形态之间的关联，是故宫短视频日常叙事中一种更为有效的"发现"。年夜饭、废物回收、中秋攻略、光盘行动、门钉、地暖，这些在现代人看来寻常的生活构成，内里却隐含着不为人知的古代日常生活细节。短视频主题还非常关注与"故宫热"有关的社会热点，形成历史与现代的交融。如热门影视剧《甄嬛传》里曾经出镜的"红珊瑚"直接"带火"清宫旧藏之珊瑚盒、珊瑚盆景。作为旅游设施的"冰窖餐厅"的开放，使得故宫冰窖藏冰的方法和与之有关的故事广为流传。因大雨而经常爆红网络的太和殿"千龙吐水"，使得故宫台基"排水"充满智慧而合理的设计获得广泛关注。

日常化叙事还表现在对古今生活场景的还原与重塑，以及对细微生活琐事的塑造和把握层面。2024年春节期间，故宫官方账号推出的短视频"清宫里的家族宴会有多宏大"。该视频以一问一答的形式展开。主持人

---

① 蒋宗金. 电影版《我在故宫修文物》的叙事策略分析 [J]. 艺术教育，2023（7）：153-156.

问："快过年了，一场热闹的家庭聚会是少不了的，在清宫过年的时候是不是也有这样的家庭聚会呢?"随后，故宫专家以乾隆四十八年的一次宗族宴会为例，结合史料档案记载进行回答。先以《万树园赐宴图》《紫光阁赐宴图》开始，观众通过绘画展示的场景和人物建立起清宫筵宴的直观感受，镜头再切换到举行宴会的乾清宫，画面更加立体、真切。随后，专家开始讲解这次约 1060 人次的皇家春节宴会如何就座，并对观众最感兴趣的菜肴和餐具进行解说。在此，清宫文物成为主角，"赤金簪花餐具""康熙款青花八卦云鹤纹碗""锡火锅""银火锅"依次亮相，造型考究，引人入胜。解说完毕之后，主持人将话题重新带回"重要的时刻还是要和家人在一起"，镜头中融合了场景、故事、画卷、史料、人物、器物、音乐，观众则跟随短视频经历了一次完美的宫宴遐想。这种叙事并不带有神秘色彩，不需要建构"奇闻轶事"与"八卦秘闻"来吸引观众。正是明清之际生活在紫禁城中的皇族及其他群体所亲历、所创造出的真实做法和日常体验，因而能够直抵人心，找到跨越时空的关联，帮助现代人形成丰富而鲜活的历史想象。

三、符号选用与奇观化叙事

阿尔君·阿帕杜莱（Arjun Appadurai）曾经提出"媒介景观"（mediascape）概念，指代大众媒介以及由这些媒介所创造的包括纪实性的和娱乐性的全球形象。① 短视频作为重要的当代媒体，为原本掌握话语权力的官方媒介提供了更新世界形象建构的崭新空间。故宫媒介景观的建构由来已久，"故宫形象学"即为梳理故宫这一空间形象的再现方式应运而生。② 传统媒体时代，电视纪录片《故宫》使用高清数码技术，具有强烈表现力

---

① 张丽莹. 阿帕杜莱文化全球化理论浅析 [J]. 学理论，2015（18）：79-80.
② 白惠元. 向心地理：大国时代的"故宫形象学"[J]. 中国现代文学研究丛刊，2023（8）：1-27.

的镜头，清晰而深刻的逻辑主线，创造出关于故宫的"迷人的奇观"，给人以震惊性的观看效果。① 正如居伊·德波（Guy Debord）所言，"整个生活都表现为一种巨大的奇观积聚（spectacle）"。②

奇观化对于故宫叙事尤为重要。这座已逾 600 年的宫殿所包含的各类视觉符号反复经历着调用与重组，那些具有标志性意味的特征被不断强化，午门、三大殿等宏大巍峨的殿宇有着无穷的延展魔力，取之不尽，用之不竭。"直观而震惊"成为专属于故宫的审美体验。短视频的繁荣无疑促进了故宫奇观的跨媒介生产。詹金斯认为，"一个媒体故事横跨多种媒体平台展现出来，每一个新文本都对整个故事做出独特而有价值的贡献"③。研究发现，"奇观化"仍是故宫官方短视频所采用的重要叙事方式④，但在策略和技巧方面也已改变。表现在以下几方面：其一，官方短视频仍然重点突出太和殿、金水桥、乾清宫、午门、神武门、储秀宫等著名宫殿建筑作为故宫的形象代表，用以贴合观众对于故宫淳朴而完整的记忆与想象。观众因此而获得"进入故宫"的感觉，是故宫符号利用中最具有特色，独一无二的存在。其二，强化对于黄琉璃瓦、重檐庑殿顶、脊兽、宫门、匾额等微观场景和细微符号的利用，使得这座伟大宫殿的诸多精彩细节获得重生。这些符号与观众所熟悉的故宫世界相比具有"陌生化"效应，因而愿意跟随镜头的延伸深入了解。其三，强化对宫殿内部原状陈列中内景符号——如博古架、炕罩、屏风、织物、贴落、盆景、香炉的还原与展示，重构观众头脑中的皇家生活样貌，是近年来深受观众喜爱的符号类别。其四，文物藏品也是短视频展示的重点，选择具有热度和知

---

① 张斌. 后纪录时代的纪录片：观大型纪录片《故宫》有感 [J]. 声屏世界，2006，4：41-42.

② 德波. 景观社会 [M]. 张新木，译. 南京：南京大学出版社，2017：3.

③ 詹金斯. 融合文化：新媒体和旧媒体的冲突地带 [M]. 杜永明，译. 北京：商务印书馆，2012：157.

④ 吴靖，沈述宜. 中国公共博物馆的"再媒介化"实践以三大博物馆抖音官方账号为例 [J]. 北京航空航天大学学报社会科学版，2024，37（2）：128-135.

名度的文物，如"康熙万寿瓶""鹿角椅""大禹治水图玉山"等，通过镜头、光线、视角的调用全面勾勒文物的精美样态，配合与文物相关的人物和故事，以小见大，形成独特的符号群和意象群，勾连起历史长河的过往。

在凯尔纳看来，媒介奇观还建构着人们的基本价值观，使人们有意识地聚拢在这种现代高度娱乐性的生活方式之中。[①] 对故宫短视频而言，一个有效的方式是迎合大众的偏好与审美，将故宫奇观转换为一种既可复制又能直抵人心的媒体文化现象，以解决故宫景观建构过程中可能存在的冲突。例如，"故宫的雪"渐渐成为一种独特的隐喻。《雪后的故宫，太美了》《#故宫变身#紫禁城》是"故宫美景"系列获赞量最高的短视频。前者配以悠扬的音乐，展示空无一人的雪后故宫，白雪红墙，神秘庄严，美轮美奂。后者则以《步步惊心》主题曲为背景音乐，飘飘洒洒的雪花浸润古老宫城，与影视剧中的片段关联在一起，使得观众的内心快速产生情感共鸣[②]。这不仅使得故宫官方账号掌握了与雪相关的冬日流量密码，更是激发了用户在短视频平台的创作灵感与热情，将"故宫的雪"这一奇观大量复制，广泛传播。雨中故宫、千龙吐水、角楼晚照、祥云掩拥、宫墙银杏、春日宫花等都具有同样的奇观化效果，在短视频平台源源不断地生产出来。仅仅凭借对于风雨阴晴之中故宫符号和奇观图像的剪切、重组，几乎不添加任何文字说明，就能提供数以百计极受欢迎的短视频产品。

在故宫短视频中融入平台"流行"元素，也是"奇观化叙事"获得新意的关键。在 2023 年结束的"茶世界"展览中，一组清代宫廷用于喝奶茶的"铜胎掐丝珐琅勾莲纹多穆壶"和"银竹编纹碗"成功出圈。"奶茶"这一巧妙的关联直击每日以"奶茶续命"的年轻人之心，大家纷纷围

---

① 胡翼青，吴欣慰．"奇观"之于"景观"：论凯尔纳对德波的跨文化解读 [J]．新闻与传播研究，2013（11）：56-67．

② 周欣琪，郝小斐．故宫的雪：官方微博传播路径与旅游吸引物建构研究 [J]．旅游学刊．2018，33（10）：51-62．

观"皇宫里喝的奶茶什么样",感受清朝这个马背上的民族悠久的习俗和文化。当得知精美而实用的多穆壶中所装盛的奶茶配方也与今日"神似",亲切、传承、兴奋的感觉油然而生,在网络之上蔓延、传递。《清宫里的多巴胺服饰》这期短视频使用了"多巴胺"这一网络流行语。原意是能够使人快乐的东西,在短视频中用来说明清代道光时期收藏的后妃吉服袍所使用的颜色属于"多巴胺配色",配合"缂丝"工艺,以及花卉团纹、蝙蝠纹、万字纹、海水江崖纹等衣袍纹样,俨然是清代"多巴胺穿搭",回应了当下的时尚潮流。"多巴胺配色"也为故宫短视频的封面设计带来极高的辨识度。封面主要从色彩和文化符号两个层面进行提炼,从故宫藏品中寻找灵感,提取其中饱和度较高且具有"国风"特征的多巴胺色彩作为底色,形成一幅幅舒适、美观、协调,又极具视觉效果的封面。可见,故宫奇观化叙事既在网络空间之中延续、塑造、聚积,提供宏大而迷人的故宫形象,同时也在广泛吸收来自网络平台中的流行趣味,积极融合、再创造,赋予故宫奇观新的样态。

四、知识化与故事化叙事

(一)不同媒介环境下的故宫叙事

2005 年央视推出的 12 集大型纪录片《故宫》,是传统历史文化纪录片的经典之作。该记录片主要采用宏大叙事的格调,一是站在历史的高度,以国家中心北移为线索讲述紫禁城的建造历史和设计理念;二从皇权秩序和礼仪规范的角度介绍紫禁城的功能;三是从文明成果互鉴和差异的角度讲述紫禁城中的国宝;四是从国际化视野出发,展现故宫博物院建院以来的历史。[①] 这种宏大叙事的节奏相对缓慢,采用电影手法,构筑视觉奇观,使用深沉的独白式解说,突出历史的厚重与深邃的思考。

---

① 张欣. 从"故宫"题材作品看纪录片叙事的空间转型 [J]. 中国电视,2018 (2):79-82.

新媒体时代，故宫官方叙事也随之发生转变。具有代表性的是《故宫100》微纪录片，于2012年上线，每集只有5~6分钟，共100集，适应新媒体文化的需要。《故宫100》的开篇是一户普通胡同人家的生活画面，从窗口窥探故宫角楼。这意味着《故宫100》将使用平民化的叙事视角，走入"曾经只有皇帝记忆"的紫禁城。"记忆散落的碎片"正是值得镜头发掘的地方，宏大而统一的故宫将在《故宫100》中"化整为零"。片头同样具有这种隐喻，数百个宫殿的名称宛若雪片翻飞，落到原来的位置，又向天空飞起，最后组成一面能够窥探故宫的镜子。尽管在叙事主线上仍然有着传统纪录片"立意高远"的取向——"以故宫景物讲中华传统礼仪习俗和儒释道文化、以故宫宫殿讲中国传统建筑文化、以故宫与其他地方的交汇讲中华民族融合的历史文化、以故宫庞大空间与民不聊生的现实之间的反差讲对封建中央集权制度的批判"①，但《故宫100》的时空线索和内容叙事已出现新的特征。每一集都可看作一个独立的单元，力求"以小见大"，内容极为丰富。旁白式讲述、第一人称独白、故事化叙事交替出现，自然朴实之中弥漫着深沉情感的多元变化。在具有电影视听一般"大手笔"制作之外，使用大量动画形式插入其中，微纪录片的风格焕然一新。

可见，随着媒介环境发生变化，故宫官方叙事视角逐渐从宏观到微观、从整体到局部、从家国到平民，而在叙事方式层面则从"事实"转向"故事"，从"独白"向着"对话"调整改变。② 在视觉传播时代，短视频也在积极参与着故宫叙事，探索形成其独特的叙事结构和风格。总体而言，短视频追求的是比《故宫100》更加"微观化"的叙事，其主旨并非重构纪录片或微纪录片的叙事脉络，而是希望从故宫的百万件藏品、600年岁月以及史海沉浮中找到更为细致、意趣化、独到、生动的视角，向观

① 高一然. 微纪录片《故宫100》的叙事话语与传播渠道［J］. 当代电视，2016（12）：32-35.

② 王润泽，王汉威. 战略导向与国家治理：党的二十大指引下新闻传播学研究十大重点［J］. 编辑之友，2024（1）：12-20.

众娓娓道来。在叙事方式和话语策略上也更加重视根据短视频平台的传播特征和用户需求调整自身。既要与短视频场域相融合，又要保持"官方账号"开展故宫叙事应有的专业水准、历史深度和文化品位，"知识化"与"故事化"叙事的运用与相互嵌套是其核心策略。

（二）知识化与故事化叙事

以短视频为纽带进行的知识分享和连接，其本质是"知识的普惠"①。尽管有学者提出，短视频所提供的只是一种宽泛意义上的知识②，但其有效促进了知识传播权力下移，也培养起一种用户接触和获得知识的全新方式。故宫官方短视频希望向公众传递更多准确、精简的故宫知识和文化信息，故而"知识化叙事"的核心是迅速抓住公众注意力，形成某项知识在公众头脑中的投射，提高认知效能。因此，官方短视频减少了纪录片式的繁复铺陈，直奔主题，采用"问题引入—核心知识—详情展开"的模式，结合优质精美的画面，讲述某一文物的来源、历史、功用，或是某一皇家习俗礼仪的缘起与影响。通过建构一套"宫殿外景—专家出镜—器物呈现—档案标记—画卷定位"的视听符号组合策略，提供一连串彼此相关的"文化丛"，让公众形成完整而详细的认知，进一步加强印象。官方短视频选择直接使用专业性较强的术语解读和解释，提高用语密度，体现知识传播的严肃、正当与权威。例如，短视频以淑芳斋"楠木落地罩"为例对故宫宫殿"内檐"装修进行讲解，在短短几分钟内，公众就经历了如"横披心、隔心、灯笼框、卡子花雕刻、夹纱、绦环板和裙板、花牙子"等一系列古建专业名词的洗礼，完成一次难忘的学习和知识积累过程。强化历史文献的引证并倡导讨论与反思，也是官方短视频知识传播的主要倾向。

官方短视频知识叙事的另一主要策略是将知识"故事化"。通常以一

① 清华大学新闻与传播学院，中国科学报社，字节跳动平台责任研究中心．知识的普惠：短视频与知识传播研究报告［EB/OL］．百度，2024-05-21．

② 王家东．短视频知识传播的兴起：制度化历程与正当性建构［J］．中国电视，2023（10）：87-94．

问一答的方式开启，通过知识内核、故事线索、人物事件的重新组合，构建巧妙的情节转化，赋予常规的知识陈述以新的活力。如《清宫里的灯节》短视频在 2024 年元宵节推出，先由宣教部工作人员提出"清宫是否也过元宵节"的问题，再由宫廷部老师开始讲述。知识的重心在于清宫节庆的传统习俗，故事却以史料记载乾隆年间正月十五为款待少数民族首领和大臣们所设的"灯宴"开场。当观众还在设想"灯宴"上的菜单、器物和觥筹交错的场景时，故事叙述开始转向一个较为陌生的知识领域。原来"灯宴"并非如我们想象，由平日里负责宫廷膳食的御茶膳房和光禄寺负责，还要借助社会力量，从民间征集著名酒楼的厨师。盛世之时，民间酒楼都愿意进宫比拼厨艺，但到晚清之时，国力衰微，民间自顾不暇，宫廷自然也无从征调。故事至此结束，观众意犹未尽。在了解了清宫习俗的同时，也会为故事所蕴含的社会意义而感到唏嘘。可见，"故事化"的知识叙事不仅具有良好的传播效果，还能够有效激活故宫知识与社会、文化、历史、政治之间的关联，对公众具有启蒙和启迪的作用。①

　　"独特性"一直是故宫知识化和故事化叙事的法宝。三大殿、午门、灵沼轩、倦勤斋……还有皇室独一无二的诸种收藏，如青铜器、钟表、鹿角椅、天文仪器、清明上河图，以及皇权政治的运行体制、服务皇室各种机构的运行规则，如建筑木材的采集、清宫御医，还有奇妙的传说如正大光明匾上的"日照金龙"……这是历史赋予故宫独一无二的资源宝藏，也是短视频故事产生和建构的取材之所。在"真相了！这件乾隆朝文物比菊花还轻 10 克"这则短视频中，主角是一枚乾隆时期的碗，由故宫专业人员比较文物与菊花的重量，当称量结果出现的时候，文物确实要比一朵菊花还要轻 10 克的时候，古代工匠高超的工艺令人叹为观止，而该文物藏品的独特性也令人印象深刻。"奢中最美，美中最精"的倦勤斋，是乾隆晚

---

① 陈刚. 作为竞争与疗法的叙事：疫情传播中个体叙事的生命书写、情感外化与叙事建构 [J]. 南京社会科学，2020（7）：97-106.

年的私密空间。短视频的知识化叙事落脚在于讲述金丝楠木和竹子如何在工匠手中幻化成倦勤斋的精美陈设，而故事化叙事的重点则是倦勤斋的主题"倦勤归政"，是乾隆皇帝一生中从未到达的"彼岸"，发人深省。

尽管故宫官方短视频在进行知识叙事和传播之时也追求流行性与亲民性，也使用娱乐元素增加意趣，但整体上并没有改变官方媒介所持有的稳重、谨慎的叙事风格。这是由于故宫官方短视频的根本目的并非"吸睛引流"，而是通过知识叙事方式的调整与转变，最大程度的打破知识的专业壁垒，消除理解或接受的种种屏障，引起公众兴趣，提高故宫文化的公共价值，为故宫传播赋予新的色彩。但是，这种知识叙事仍是碎片化的，满足的是公众对于故宫的"快速需要"。对官方短视频而言，不同于传统纪录片的宏大、冗长，也不同于《故宫100》等微纪录片重构故宫的雄心壮志，更像是一部轻便的视觉化知识手册，人们可以快速从中找到感兴趣的部分，准确开启一座知识的大门。四季、年节、现代化的工具、器物，都会让我们联想起过去的历史岁月中是否有着相似的过往或者痕迹。当我们在文献中查找，或是在网络中钩沉之时，就会发现故宫官方短视频是一部极有帮助的视觉索引，启迪兴趣，纠正谬误，打开现代生活与历史的关联。这正是故宫博物院传承历史或文化"统一性"的使命所在，也是短视频时代官方账号建设和发展的基点。

五、故宫官方短视频叙事的价值与优化

综上，故宫官方短视频已然形成了以"日常性、奇观化、知识化和故事化"为主的叙事结构，且不断丰富内容，提高质量，融入故宫新媒体传播矩阵，相互促进，在故宫跨媒介叙事体系中做出应有的贡献。主要价值在于以下几方面：其一，故宫官方短视频向观众充分传递了故宫这座民族瑰宝的精神内涵和文化价值，引导观众思考历史，热爱传统文化，提升民族自豪感，树立文化自信。其二，将精挑细选的"故宫符号"通过精良的

制作推送到公众面前，使其获得了当代的表达方式，助力"国潮"的又一次繁荣①。短视频符号调用和奇观化叙事融入故宫媒介景观的建构，拓展着新奇观，为观众提供了又一种视觉时代专属于故宫的审美体验。其三，短视频的知识化叙事意在建构视觉化"故宫知识体系"，用公众喜闻乐见的方式传递传播，具有极高的专业水准和公共价值，也进一步盘活了宫殿建筑、史料、档案、器物等文物、历史资源之间的关联，使之成为短视频持续产出的"源头活水"。其四，故宫短视频的日常性、故事化叙事为观众提供了广阔的空间，激发公众对于历史、时间、空间、人文、精神、价值等方面的思考，促进公众对于民族历史和国家命运的感悟与反思。故事化叙事往往能够动员观众情感，产生心理置换效应，这使得故宫叙事与现代个体生活体验紧密相连，又进一步与当代精神价值和社会发展联系起来。其五，故宫短视频激发起公众来到故宫、传播故宫、参与故宫文化发展的激情。公众一方面追寻官方故宫叙事的表达和设定，沉淀对于故宫的情感；另一方面为其注入个性化的体验和当代价值，在短视频平台积极构建属于"他们的故宫"，使得故宫叙事重新焕发活力，故宫文化亦为民众所共享，实现共同传承。

对故宫博物院官方账号来说，在未来发展中，还应进一步明确短视频在其新媒体跨媒介叙事体系中的功能和定位，坚持以用户为中心，从专题策划、内容编创和形式表达等方面做好阐释。② 例如，可加强以馆藏文物为主题的短视频知识传播，充分发挥故宫在文物、古建、宫廷史方面的优势，增强专业性，不断拓展知识叙事的深度和厚度，从知识的"泛传播"，向"专业传播、精深传播"转变。还可进一步增强官方账号与短视频平台流行风格的融合与互动，将"古今生活关联的交融"作为重点拓宽主题，

---

① 陈淼．"国潮"何以"出圈"：基于博物馆文创短视频的内容考察［J］．中国电视，2023（5）：107-112.

② 姜倩倩．博物馆短视频创作中的阐释理念与实践：以故宫博物院"抖来云逛馆"项目为例［J］．博物院，2023（6）：122-130.

持续为公众创造兴趣点，增加故宫魅力，吸引公众。适度与公众合作，从公众提供的故宫叙事中寻找创意灵感，弥补官方传播可能存在的僵化和不足。在奇观化叙事方面，除维系故宫原有的奇观之外，还可有选择的向"民间故宫博主"借鉴，创造或共塑"浪漫化""新奇化"的新奇观，融入故宫景观版图，产生新的影响力。最后，故宫短视频亦可加强跨媒介叙事，与微信、微博、游戏、APP、VR 等官方平台及融媒体产品构成呼应，共同为阐释故宫、传播故宫、弘扬故宫文化做出贡献。故宫的短视频传播策略亦可为国内从事文化传播的博物馆、文献档案馆、科教文化部门借鉴，共同促进视觉时代的文化繁荣。

第三节　政府融媒体产品政策传播中的 叙事：以"上海垃圾分类政策"为例

一、政策传播中的叙事策略

政策传播是指政策信息在组织之间及组织与个人之间的传递过程。① 有效的政策传播能够增强公众对政策的理解、认可与支持，减少政策执行中的阻力。② 政府历来重视利用各类媒介渠道开展政策传播，进行政策信息的传达与阐释，从而掀起有针对性的宣传运动，有效地将政策含义传递给多个受众。③ 研究发现，依靠正式发行和书面传达，并不保证该政策被采纳或遵循，微观层面个体间话语的沟通及宏观层面的社会文化结构有着重要的影响。因此，政府需要在开展政策传播时运用有效的叙事策略

① 段林毅.关涉政策传播的几个问题 [J].求索，2004 (4)：73-74.

② 莫寰.政策传播如何影响政策的效果 [J].理论探讨，2003 (5)：94-97.

③ YANOW D. The communication of policy meanings：implementation as interpretation and text [J]. Policy Sciences，1993，26 (1)：41-61.

（policy natrrative），以提高政策信息的传播效果，弥合政策意图与实际执行之间的差距。

其一，政府选用多种媒介而不是单一媒介进行传播，从而提升政策的跨媒介叙事能力，从微观层面丰富政策解释，通过减少负面的话语与冲突，创造政策接纳的积极氛围。① 其二，传达复杂公共政策的关键问题，可利用"信息图形"，将定量图表与解释性文本相结合，目的在于提升政策信息可理解性。② 其三，利用"政策框架"（policy frame）。政策传播者可根据政策目标与受众的关注重点调整政策信息，尽可能地使用能够"强调该政策可能取得的积极结果"的框架或叙事，使得政策信息更有说服力也更容易调动起公民的执行、参与的积极性。③ 近年来，"政策故事"（policy storytelling）成为新的策略选择。政府与媒介致力于讲述可以给政策过程带来主要影响的"故事"④，这种有选择的内容工具，正在通过一种"个性化"的方式帮助政府实现政策目标⑤。其四，基层政府和官员从事政策传播，经过"自身的专业判断、信念和价值观"重构政策叙事，使之与政策目标群体之间形成一种"文化交流"。因此，具有"共识性"的叙事策略、与政策接受者的信任关系的培育以及相关知识的提供等是提升政策

---

① KIRBY E, KRONE K. "The policy exists but you can't really use it"：Communication and the structuration of work-family policies［J］. Journal of Applied Communication Research, 2002, 30（1）：50-77.

② OTTEN J J, CHENG K, DREWNOWSKI A. Infographics and public policy：Using data visualization to convey complex information［J］. Health Affairs, 2015, 34（11）：1901-1907.

③ BERTOLOTTI M, CATELLANI P. Effects of message framing in policy communication on climate change［J］. European Journal of Social Psychology, 2014, 44（5）：474-486.

④ WOLFSFELD G. Making sense of media and politics：five principles in political communication［M］. New York：Routledge, 2022：45-71.

⑤ SCHUBERT C. Narrative sequences in political discourse［M］. Amsterdam：John Benjamins Publishing Company, 2010：143-162.

传播和公众接纳的关键因素。①

　　政务新媒体融合了各种媒介形态，是政策信息跨媒介传播的主要载体，能够促进政府与公民就公共政策问题展开各种各样的交流②，已然承担了促进政策传播有效开展的使命。与此同时，政府开发创制各类融媒体产品如 H5、VR 等辅助政策传播，通过视觉化的方式呈现政策信息，提高公共政策的可理解性和可接受度。研究表明，政务短视频等融媒体产品也在进行着政策叙事的探索与改善，采用影视化、故事化的表现方式，丰富政策传播的视觉形态。目标框架、集体主义框架、受损框架③，以及政策事实框架、对策建议、日常生活、网红趣味等框架④都被积极利用，针对不同群体展开传播。总体而言，政务新媒体和政府融媒体产品在政策传播中的运用，使得政府工作更加透明、开放，政策、法律、法规及制度得以更加"新颖地"传播开去，促进了政策的渗透与扩散，有利于政策执行。政府融媒体产品还体现了政府政策传播的个性化理念，对公共政策文化建构起着重要影响。⑤ 本研究将以"上海垃圾分类政策"的融媒体产品传播为例展开讨论。

①　JUNTTI M, POTTER C. Interpreting and reinterpreting agri‐environmental policy：communication, trust and knowledge in the implementation process ［J］. Sociologia Ruralis, 2002, 42（3）：215-232.

②　ANDERSEN K N, MEDAGLIA R, HENRIKSEN H Z. Social media in public health care：Impact domain propositions ［J］. Government Information Quarterly, 2012, 29（4）：462-469.

③　陈璟浩，聂卉梓. 短视频平台公共政策传播的信息框架效应：基于"双减"政策的视频内容分析与实验 ［J］. 图书情报知识，2024, 41（1）：35-45.

④　贾哲敏，傅柳莺. 政务新媒体政策传播的现状、特征及发展趋势：以"上海垃圾分类政策"为例 ［J］. 北京航空航天大学学报（社会科学版），2020, 33（3）：72-78.

⑤　PICAZO-VELA S, GUTIÉRREZ-MARTÍNEZI I, LUNA-REYES L F. Understanding Risks, Benefits and Strategic Alternatives of Social Media Applications in the Public Sector ［J］. Government Information Quarterly, 2012, 29（4）：504-511.

二、上海"垃圾分类"政策传播概况

根据 2017 年国家发展和改革委员会、住房和城乡建设部发布的《生活垃圾分类制度实施方案》，要求到 2020 年年底，"基本建立垃圾分类相关法律法规和标准体系"，这意味着国内早在 20 世纪 90 年代就提出的"垃圾分类"政策将真正落地。2019 年 2 月 20 日，《上海市生活垃圾管理条例》（以下简称《条例》）全文正式公布，并定于自 2019 年 7 月 1 日起正式实施。上海成为中国大陆首个施行强制性垃圾分类的城市。此前，上海垃圾分类标准有过多次变化，此次《条例》明确提出"四分法"，包括可回收物、有害垃圾、湿垃圾和干垃圾 4 种。由于政策内容中的分类标准和名称存在争议，且该政策涉及强制性罚款和"定时定点"的管理方法，大量网民"围观"并参与垃圾分类政策讨论，成为同期最受关注的舆论事件。

2019 年 6 月 12 日，上海市绿化市容局（全称上海市绿化和市容管理局）发布《上海市生活垃圾分类投放指南》，上海市市政府又在 6 月 28 日召开新闻发布会，详细介绍本市生活垃圾全程分类体系建设、《上海市生活垃圾管理条例》实施准备情况以及下一步工作安排。① 市城管执法局、市绿化市容局、司法局的相关负责人回应了媒体提出的一些关于垃圾分类实施的具体问题。各级政府通过官方网站、官方微博账号、官方微信公众号等政务新媒体平台发布了大量"垃圾分类政策"有关的内容，试图对这一与民生关系密切的政策进行深入解读。7 月 1 日，《上海市生活垃圾管理条例》正式实施，政策传播活动十分密集。其中，"#快被垃圾分类逼疯的上海居民#""#热传垃圾分类图有误#""#上海生活垃圾分类投放指南#""#喝不完的奶茶属于什么垃圾""#小龙虾是干垃圾还是湿垃圾#"等话题

---

① 近日，上海市政府生活垃圾分类新闻发布会，回应这些热点……［EB/OL］. 搜狐网，2019-06-30.

登上微博热搜。各级政府部门精心创制的融媒体产品也随即推出,用新颖、生动、实用的方式进行政策解读,将"垃圾分类"的观念和做法深入阐释。7月4日,"@上海发布"推出"猪真的被请来做垃圾分类测试了"科普实验短视频,以诙谐的形式引用民间热议的"猪分类法"进行了政策解读。7月10日又发起话题"#垃圾分类挑战#",鼓励公众晒图打卡。#垃圾分类挑战赛#话题共有@共青团中央、@上海发布等500多家政务蓝 V、284个城市参与,话题阅读达到21.8亿,讨论188.5万。还通过大赛、排名、问答、贴纸等形式,有效普及了垃圾分类知识,推动了政策主旨在更大范围内的传播与渗透。表5-3整理了上海各区/县推出的部分较为受欢迎的融媒体产品,包括各类短视频产品、MV、H5和动漫,这些融媒体产品各具特色,意味着政府在传播"垃圾分类"政策的过程中正在积极探索和尝试,体现了当代中国政策宣传方式和观念的深层次变化。[①]

表5-3 上海"垃圾分类"政策传播中的融媒体产品

	产品名称	类型	发布单位	日期	时长
1	猪真的被请来做垃圾分类测试了	短视频	上海发布	2019-07-04	2′51″
2	崇明话和你聊聊垃圾分类新时尚!	短视频	上海崇明	2019-08-20	8′07″
3	方言版垃圾分类小课堂	短视频	上海奉贤	2019-09-11	5′13″
4	垃圾分类版《卡路里》	短视频	上海发布	2019-12-23	0′13″
5	小区里的小包垃圾怎么处理	短视频	浦东发布	2020-01-16	2′24″
6	过期的药要连瓶一起扔	动画	上海长宁科委	2020-01-21	1′35″
7	《晚安的歌》垃圾分类公益电影《重生》主题曲	抒情 MV	宝山发布	2019-07-05	4′05″
8	沪语垃圾分类歌谣	沪语 MV	浦东发布	2019-10-01	3′23″

[①] 刘小燕,李泓江.中国生育政策传播模式演变考察 [J].北京大学学报(哲学社会科学版),2019(5):14-23.

	产品名称	类型	发布单位	日期	时长
9	敲黑板划重点！丢小龙虾壳真的很简单哦~	漫画 H5	绿色上海（上海市绿化和市容管理局）	2019-6-14	—
10	"二次元的朋友圈，碰到垃圾分类会是这个样子吗"	漫画 H5	绿色上海（上海市绿化和市容管理局）	2019-07-17	—

三、上海"垃圾分类政策"融媒体产品的叙事分析

传统媒体环境下政策传播使用的主要策略如突出其"显著性"，通过在各级电视头条、报纸头版进行多轮次全文发布①；或重视政策过程进展，分阶段设定传播重点，如舆论铺垫、观点引导、情绪疏解、重点报道政策执行或政策效果②；或利用组织传播网络层层下达政策文件，再通过通知通告、宣传栏或人际传播的方式到达受众③。上述策略在新媒体时代依然具有意义，但仍需进行创新调整，尤其是在政策叙事的建构层面。

（一）融媒体产品政策传播的跨媒介叙事

跨媒介叙事（transmedia storytelling）即"一个媒体故事横跨多种媒体平台展现出来，其中每一个新文本都对整个故事做出独特而有价值的贡献"④。而跨媒介叙事的理想形式，就是每一种媒体能够发挥各自的优势，

① 冉华，王凤仙．三大党报的"丝绸之路经济带"政策报道框架：基于《人民日报》《光明日报》《经济日报》的内容分析 [J]．北京理工大学学报（社会科学版），2016，18（2）：159-168.

② 曾润喜，刘琼．政策传播与政策变迁的关系：基于"农民工"公共议题的实证考察 [J]．北京理工大学学报（社会科学版），2017，19（2）：163-168.

③ 于晶，杨晨．政策解读的传播模式与传播效果评估研究 [J]．天津社会科学，2015（5）：71-75.

④ 詹金斯．融合文化：新媒体和旧媒体的冲突地带 [M]．杜永明，译．北京：商务印书馆，2012：157.

各司其职。在政策传播中,融媒体产品实现了各类媒介的协调互动,调动起文字、图片、视频、影视、动图、大数据、虚拟现实、游戏、超链接等多个媒介形式和符号形式,实现政策信息的多元传播。[①] 不同类型政府融媒体产品则发挥其优势,用以展示"公共政策"全貌或一个具体的侧面,为实现政策意图提供不同的阐释维度。

热门科普短视频"猪真的被请来做垃圾分类测试了"中,测试员用各种容易混淆的垃圾品类,以"猪是否食用这种垃圾"为标准进行干湿垃圾区分,在充满诙谐的一轮又一轮测试和演绎之后,给出答案"是否易于腐烂"才是重要的判断标准。故事分为前后两个序列,衔接流畅,整体上以具象化的视觉形式将"干湿垃圾究竟如何分类"这一核心信息传递给观众。同样主题的短视频"垃圾分类版《卡路里》"采用热门电影《西虹市首富》中的插曲做背景音乐,画面与真人交替出现。画面中包含了向不同类型垃圾纸盒中投掷的动作,真人则通过简单的舞蹈带动观众情绪和注意力。整个视频只有短短 13 秒,叙事简单明了,且具有极快的节奏。20种日常生活中常见的垃圾依次出现,被正确分类至干垃圾、湿垃圾、可回收垃圾中。最后,短视频展示了没有进行正确垃圾分类的后果,进一步回应了主题。沪语版本的《垃圾分类歌谣》则用 Rap 将容易混淆的垃圾种类"说唱"出来,带有明显的地方特色。本地观众感到非常亲切,在跟随Rap 的节奏"哼唱"过程中,也能不断加深对于重要的政策信息的记忆。这些不同的融媒体产品相互补充,形成一份别样的垃圾分类指南。

如前所述,由于垃圾分类标准存在争议,到底哪些生活垃圾对应四种分类是民众最为关心的话题,也是本次政策传播中的重点和难点。融媒体产品的立足点是从微观层面提供丰富而形象的解释,通过不同的举例和说明不断强化既有的垃圾分类标准。创意的关键,一是源于日常生活,二是

---

① 张迪. 传统媒体的融媒体发展策略:以光明日报、光明网的实践为例 [J]. 青年记者, 2015 (8): 58-59.

从网络流行文化之中调用相关元素，且在阐释过程中注重遣词造句的简洁、清晰、有力。且只采用"单面说服"的方法，突出重点，且"不断重复"，让公众快速抓住重点，不断加深记忆。这种方式有效地缩小了"垃圾分类标准"的争议空间，减少了负面的话语与冲突，也在轻松娱乐的观感中减少了质疑和抵制，创造了政策接纳的积极氛围。

（二）融媒体产品政策传播的叙事框架

一项关乎公众利益的政策在执行时，政府需要将政策信息尽可能多地传达给公众，而具体传达何种类型的信息、如何呈现某种具体信息，是政府在政策传播过程中使用各类框架"表征"问题与事件的结果。① 研究发现，政务新媒体（微博、微信）在垃圾分类政策传播中经常使用"政策事实认定"这一框架。② 政府融媒体产品中，通过"展示""说明"等形态呈现的产品，同样也会突出"政策事实认定"框架。如果从呈现形态上使用"剧本演绎""MV"等方式，那么其建构框架的重点则并非政策事实的传递或阐释，而是在"政策后果"层面。主要突出三个维度：一是突出垃圾分类政策实施之后的宏观积极后果，如促进废物利用、节约资源、有利于环境保护、对社区生活条件有所改善、人与社会的可持续发展等。二是个人层面的积极后果，突出用户在接触政策传播的种种方式之后，针对垃圾分类，在态度和行为方面所做出的"与政策要求一致"的改变。如《过期的药要连瓶一起扔》动画一方面反复提示个人扔垃圾时已然受到来自政策的正面影响，另一方面"赞扬"遵循垃圾分类政策益处多多。三是从反面建构"警示效果"，凸显不按照要求进行垃圾分类将受到来自行政和道德方面的处罚或批评，以及从长远来看将会给个人、社会、经济和环境带来的负面影响。《小区里的小包垃圾怎么处理》短视频采用侦察式剧情，

---

① GAMSON W A, MODIGLIANI A. Media discourse and public opinion on nuclear power：A constructionist approach ［J］. American journal of sociology, 1989, 95（1）：1-37.

② 贾哲敏，傅柳莺. 政务新媒体政策传播的现状、特征及发展趋势：以"上海垃圾分类政策"为例［J］. 北京航空航天大学学报（社会科学版），2020, 33（3）：72-78

探寻不按要求分类的垃圾从何处而来。解密之后，再对"责任人"友善地提示、耐心地讲解，或进行严肃的警示和批评。

此外，"行动号召"是也是融媒体产品政策传播最为常见的框架之一，号召民众从现在起牢牢树立垃圾分类的意识；从小事做起，在日常生活中遵守垃圾分类的要求；逐渐培养起垃圾分类的习惯，并以此来教育子女、影响他人、力所能及地监督他人等。表现"行动号召"往往使用多种内容建构方式：有直接、明确的"口号式"呼吁，《沪语垃圾分类歌谣》用Rap 的方式倡导民众尽快遵循政策实施垃圾分类。有通过剧情构建行动号召的基本场景，《小区里的小包垃圾怎么处理》也表现了社区工作者与居民分享垃圾分类知识，鼓励号召小区居民积极参与到垃圾分类行动中来的场景。还有通过"教育"的方式进行号召。如《方言版垃圾分类小课堂》从儿童视角进入，儿童在接受垃圾分类教育之后，开展家庭小课堂，将理念和行动的要求告知家长，号召家长一同加入行动。此外，通过"共情"的方式建构行动号召框架也很常见。《晚安的歌》MV 配合垃圾分类公益电影《重生》而创作，同时通过人生的隐喻，鼓励人们重新开始走上奋斗之路，基于"共情"实现政策号召。用上海方言制作的融媒体产品同样具有共情效果，实现本地政策、本地传播、本地化特色的融合。仿佛垃圾分类的政策宣传员就在自己身边，场景真实，用语亲切，态度诚恳，受众容易接受。

（三）话语表达与个性化叙事

政治话语是社会政治生活的语言表述，它作为政治信息的符号载体，深刻地制约和影响着政治交流及其他政治活动。① 政府融媒体产品在发挥政策传播功能之时，不再使用严肃、正式、单调的话语风格，而是遵循短视频、社交媒体的整体风格，选用轻松活泼、平易近人的日常话语，或采

---

① 张诗蒂. 政治话语变迁：兼论当今传播领域里的"大政治与小话语"［J］. 云南行政学院学报，2010，12（2）：149-152.

用影视化的话语表达，使之更加符合视听产品的观感要求。

在这个过程中，新生的视觉符号和话语形态为政策文本增加活力，为之赋能，使其具有更加流畅、明确和生动的形态。如 H5 产品"二次元的朋友圈，碰到垃圾分类会是这个样子吗"，借助动画片小猪佩奇、哆啦 A 梦，想象主角们怎么通过朋友圈互动来讲述垃圾分类。其灵活的叙事，活泼俏皮的用语获得网友追捧，纷纷表示"太可爱了""就这么教小朋友垃圾分类"。政策意图往往通过"萌化"和"拟人"的策略进行渗透，潜移默化地影响了公众对政策的理解和接受，也最大程度消除了政策发布者和政策受众之间的距离感。公众在享受政府政策创新的同时，也能够感受到政府所开展的个性化传播的风格与气质，增加对政府的认可与欣赏。"个性化"不仅为公共政策的表现和阐释打开新的窗口，还能够进一步强化民间与政府的互动与合作。融媒体产品积极将民间流行语引入官方的政策叙事，如"你是什么垃圾""猪分类法"的流行就是民间话语与官方话语共同推动的结果。此类流行语在网络舆论场中经过充分的演绎与流传，内化了广泛的政策情绪与态度，有力地消弭了冲突与争议，有利于政策意图正面、积极、友善的传播。《敲黑板划重点！丢小龙虾壳真的很简单哦~》对于民众讨论热烈的小龙虾怎么分类进行了十分详细的"科学"解答。这种互动有助于政府理解民间对垃圾分类政策的自主"编码"和意义生产，然后将民间话语引入主流，从而拓宽政策阐释的意义空间。在政策传播中注重上海本地特色，开发"方言版"融媒体产品，也体现出当地政府在政策传播过程中与民众开展"文化交流"的意愿，最大程度地开发"共有文化"，在共同的认知基础和文化价值观念之下，共同践行公共政策，久而久之，形成具有地方特色的"政策文化"。

四、利用融媒体产品开展政策传播的问题及优化策略

国务院办公厅《关于全面推进政务公开工作的意见》中提出要注重政

策公开，强化政府政策解读，《关于推进政务新媒体健康有序发展的意见》要求各级政府建设具有传播力、引导力、影响力、公信力的政务新媒体，强化政策传播功能是题中之义。"上海垃圾分类"是近年来与民生直接相关的、影响较大的公共政策，通过对这一政策传播过程中融媒体产品的内容建构和叙事分析，可知在视觉化时代，融媒体产品作为一种新的传播方式，在适当的政策议题、环境和条件之下，值得鼓励。但整体而言，政府融媒体产品政策传播尚处于探索阶段，且存在不足之处。其一，虽然融媒体传播形式繁多，但真正用于开展政策传播的仅有短视频、H5较为常见，其他形式的融媒体产品运用尚少。其二，目前融媒体产品只作为辅助政策传播的一种方式，作为"尝鲜"或"点缀式"的存在，其真正的政策传播功能尚未得到充分挖掘。其三，在政策叙事方面，比较偏重于政策后果框架的建构，同时调动"号召、共情"策略。虽然符合视听类融媒体产品的优势，但政策信息密度往往较低，且容易将重点放在政策后果严肃性的表现上，而忽略对"政策后果是如何发生的""政策过程中的哪些因素会带来政策后果""政策执行的后果类型"等更为重要的政策层面的情节建构。其四，融媒体产品的优势之一在于政策价值的阐释和渗透，但目前运用不多。原因一方面在于产品数量不足，难以形成规模化供给；另一方面在于产品设计和内容建构的质量仍然有待提升。其五，政府融媒体产品的发布时间较为随意，并未跟随政策发布的关键节点形成有效投放，可见政府融媒体产品成为公共政策新媒体宣传整体规划中的重要组成仍需进一步改进。

在未来，政府融媒体产品仍然可以作为政策传播的一种有益方式而存在，在具体策略方面，可从以下几点加以调整。

其一，政府应进一步明确政府融媒体产品在政策传播体系中的地位和作用，理解政府融媒体产品的产制规律，特别是短视频、动画、微纪录片的传播特征和规律。在事关民生的公共政策执行传播、扩散时考虑使用融媒体产品，配合传统政策传播、大众媒体政策传播、组织政策传播、政务新媒体政策传播，突出各自优势，并行发挥作用，提高政策传播效果。

其二，使用产品化思路，重视政策受众的需求。以"政策目标对象为中心"，分析他们的政策需求、政策接受偏好，提供有差异性的政策传播产品。产品化强调对政策传播的内容、视角、维度进行前期的包装与策划，以运营媒介产品的思路运营一项"公共政策传播"。找准政策传播产品的"创意元"或沟通元，找到政策受众的痛点，以政策受众也就是政策融媒体产品消费者的具体体验为基准，改善政策传播内容策划和设计，提升传播效果。

其三，丰富适宜开展政策传播的融媒体产品品类。以短视频、长视频、短剧、直播、微电影等视听形式为基础，强化内容策划、剧本建构、表演拍摄、影像剪辑等，提高制作水平和整体质量。同时还应该进一步探索多种融媒体产品形态，如使用微纪录片、Vlog 拍摄政策执行的积极性和行动力，增强政策扩散中的"学习效应"。游戏、VR 等可以模拟政策过程或政策实施的具体场景，进一步增强公众对政策的接受度和理解程度。进一步优化 H5 产品，使得政策传播的多媒体文本更具有可读性，以求清晰、简约、条理、明确的效果。

其四，优化政府融媒体产品的叙事和框架选用。发挥融媒体产品的叙事优势，在"事实认定""政策后果""行动号召"三个层面进一步优化框架设定。在"政策认定"框架层面，立足政府制定和发布政策的专业性与合理性，通报和阐释并重，尝试利用"故事化、剧本化"的方式展开政策叙事。"政策后果""行动号召"两个框架应注重人情味和本地文化属性的融入，达到建立共识、调动共情的效果。同时，也提倡新媒体话语、娱乐性元素在融媒体产品政策叙事中的使用，但应平衡政策的严肃性和娱乐性，防止政策传播过度娱乐化。

其五，注重增强政策传播中的互动性，包括基于政府融媒体产品的议题互动、话语互动、行动互动等。政府应在公共政策提出、制定、公布、执行、反馈各阶段深化与公众的互动，增进理解，强化政策传播效能。政府融媒体产品与公众同在政策传播场域中，应尝试与公众合作，对公众政策讨论及时回应，共同进行政策传播和解释并赋予意义，不断形成公共政策传播的再传播，形成良好的政策接受氛围。

第六章

政府融媒体产品的效果与影响：
以短视频产品为例①

近年来，用户观看与接触政府融媒体产品已成常态。本章主要关注的是作为一种新型时政媒介的政府融媒体产品（主要是政务短视频），用户接触和使用之后在微观层面（主要是媒介可信度、持续使用意愿及线上政治参与）对其态度和行为所产生的效果与影响。通过回归模型和中介模型的建构，讨论这种效果或影响生成的直接机制和间接机制。结论为媒介效果理论提供了新的适用场景和解释，也有助于政府明确政务短视频推广对用户所产生的实际意义和潜在效果，进一步调整策略。

第一节　对媒介可信度及用户持续使用意愿的影响

本节首先讨论政务短视频使用对媒介可信度和用户持续意愿的影响。在学术视野中，从媒介使用到效果产生是一个较为复杂的过程。认知心理学视域下的传播效果中介模型（S-O-R）是一个影响深远的理论框架。研究将基于此模型展开讨论，首先讨论用户在频率和属性两个维度对政务短视频的使用，进而引入政治知识和绩效感知两个中介变量，通过结构方程

① 感谢北京航空航天大学公共管理学院硕士生李宗宁在数据处理、模型建构方面所做的工作。

模型，讨论其是否在相应的媒介可信度、持续使用意愿媒介效果生发机制中发挥中介作用。

一、文献探讨

（一）政务短视频媒介使用：频率、属性及效果生发的争议性

媒介使用通常指用户在日常生活中接触及使用某一媒介的具体情况，包括对该媒介使用的频率、类型、关注度等。① 调查显示，我国短视频的用户使用率已高达 94.8%，人均单日使用时长已超 2 小时②，可见这一媒介类型已被用户普遍使用，而政务短视频作为短视频平台一种重要垂类，能知其亦具有较高的使用频率。研究还表明，在四类常见的政务新媒体类型中，用户对政务短视频的使用频率已经仅次于政务微信。③

研究者还经常根据用户接触媒介信息属性的不同将"媒介使用"这一概念加以细化，分为信息性使用（information use）和娱乐性使用（entertainment use）。信息性使用意在描述用户在获知信息的动机驱动下使用媒介，或更倾向于通过某一媒介接触探寻与环境、社会或世界相关的信息④，如公共性、政治性、知识性的消息或新闻。具体到政务短视频产品，信息性使用多指用户通过观看政务短视频获得有关国内外时事政治、公共政策、政务法规等方面的信息。有调查显示，用户已然习惯于通过政务短视

① RIMMER T, WEAVER D. Different questions, different answers? Media use and media credibility [J]. Journalism quarterly, 1987, 64 (1)：28-44.
② 中国互联网信息中心. 第 51 次《中国互联网络发展状况统计报告》[R/OL]. 中国互联网信息中心，2023-03-02.
③ JIA Z, ZHENG Q. Diversified utilization and side-moderators：Differential adoption of new government social media and its impact on government satisfaction [C]. ICA conference, 2023.
④ MCQUAIL D. Mass Communication Theory：An Introduction [M]. London：Sage, 1983：82-83.

频关注重大突发性事件、社会危机和公共卫生问题，亦属于信息性使用的范畴。① 与之相对应的是娱乐性使用，被定义为"以收获快乐和愉悦为目的使用媒介的行动"②。从某种意义上讲，作为政府主办的官方短视频账号，提供娱乐性内容，一定程度上意味着对严肃政治和"硬新闻"的消解。③ 但为了获得用户，无论是推送新闻还是融媒体产品，政务短视频都会根据需要添加必要的娱乐元素，④ 使用娱乐性表达方式来增加流量，如反讽、搞笑、玩"梗"，使用吸引眼球的标题或流行语等，这往往被认为"有亲和力、趣味化、接地气"⑤。所以对用户而言，对政务短视频进行娱乐性使用已十分普遍。⑥

媒介使用是否能够直接带来用户态度和行为的改变在学界一直具有争议，既取决于用户在怎样的程度上使用媒介，也取决于具体的环境与条件。在以往研究中，一般性媒介使用如提高使用频率、增加使用时长等的确能够产生直接而积极的效果⑦，但近年来，越来越多的研究希望更进一步深入效果生发机制的内部，寻求更多中介变量，验证间接效果。例如，

---

① 张敏，沈嘉裕．突发公共卫生事件中政务短视频主题与用户行为的关联演化研究 [J]．情报杂志，2023（3）：181-189.

② ZILLMANN D, BRYANT J. Entertainment as media effect Media [M] //BRYANT J, ZILLMANN O. Media effects：Advances in theory and research. New Jersey：Lawrence Erlbaum Associates. 1994：437-461.

③ DELLI C M X, WILLIAM B A. Let us Infotain You：Politics in the New Media age [M] //BENNET W L. Mediated Politics：Communication in the Future of Democracy. Cambridge, UK；New York：Cambridge University Press, 2001：160-181.

④ 沈雨筱，纪雪梅，王芳．政务短视频内容娱乐化对用户信息采纳效果的影响研究 [J]．现代情报，2023（7）：85-95.

⑤ 陈世华，刘静．政务短视频的价值与践行：基于行政合理性原则 [J]．浙江学刊，2019（6）：69-75.

⑥ 全媒派．如何做好政务短视频？主流媒体"严肃卖萌"[EB/OL]．虎嗅 APP，2019-9-16.

⑦ JOHNSON T J, KAYE B K. In blog we trust? Deciphering credibility of components of the internet among politically interested internet users [J]. Computers in Human Behavior, 2009, 25（1）：175-182.

一项对政务新媒体的研究表明，一般性使用并不能直接带来政府满意度的提升，而需要依靠"功能性使用"的中介作用来发挥积极效应。[①] 在科学传播领域，科技类新媒体的使用也被认为不能直接带来用户科学观念的转变，只能产生间接影响。[②] 在媒介使用属性层面，信息性使用普遍被认为能够带来积极的效果，有利于公众改变态度[③]，但仍有知识[④]、效能感[⑤]、需求结构[⑥]等中介变量已经得到检验。尽管信息娱乐化的趋势容易产生消极影响[⑦]，但亦有学者发现，观看讽刺性节目或政治脱口秀[⑧]，或在Tiktok平台观看具有娱乐元素的政治辩论短视频，都将通过不同的作用方式带来用户政治态度或行为的积极改变[⑨]。

　　基于此，本节提出第一个研究问题：现阶段，用户是如何并在何种程

---

① JIA Z, LIU M, SHAO G. Linking government social media usage to public perceptions of government performance: an empirical study from China [J]. Chinese Journal of Communication, 2019, 12 (1): 84-101.

② 游淳惠, 金兼斌, 徐雅兰. 公众如何看待科学家参与政策制定：从科学素养、社会网络和信任的角度 [J]. 新闻大学, 2016 (6): 77-86, 149-150.

③ SHAH D V, CHO J, EVELAND W P, et al. Information and expression in a digital age: Modeling Internet effects on civic participation [J]. Communication research, 2005, 32 (5): 531-565.

④ 游淳惠, 金兼斌. 新媒体环境下科学知识对争议性科技态度的影响：以转基因为例 [J]. 国际新闻界, 2020, 42 (5): 81-98.

⑤ ROJAS H, PUIG-I-ABRIL E. Mobilizers mobilized: Information, expression, mobilization and participation in the digital age [J]. Journal of Computer-Mediated Communication, 2009, 14 (4): 902-927.

⑥ 贾哲敏, 孟天广. 信息为轴：新冠病毒疫情期间的媒介使用、信息需求及媒介信任度 [J]. 电子政务, 2020 (5): 14-27.

⑦ PUTNAM R D. Bowling alone: America's declining social capital [M] //The city reader. London, New York: Routledge, 2015: 188-196.

⑧ KIM Y, CHEN H T, DE ZÚÑiga H G. Stumbling upon news on the Internet: Effects of incidental news exposure and relative entertainment use on political engagement [J]. Computers in human behavior, 2013, 29 (6): 2607-2614.

⑨ MEDINA S J C, PAPAKYRIAKOPOULO O, HEGELICH S. Dancing to the partisan beat: A first analysis of political communication on TikTok [C] //12th ACM conference on web science, 2020: 257-266.

度上（包括频率和属性）使用政务短视频的？这将对政务短视频媒介使用效果产生直接还是间接的影响？

（二）政务短视频媒介使用的效果及中介效应：基于S-O-R模型

既然媒介使用对用户态度或行为的效果具有争议性，那么在直接影响之外，对于政务短视频这一新兴媒介使用效果的考察应考虑其中介效应。传播中介模型S-O-R（Stimulus-Organism-Response）提供了有效的理论框架。① 该模型源于现代认知心理学中的刺激—反应S-R模型（Stimulus-Response），后在线性直接路径中加入变量O，以强调个体内心状态变化的多维度感知对原有路径的中介效果②。变量S、O、R之间主要以S→O、O→R的形式存在，但在研究中也经常检验到S直接影响R的情形。

一般而言，"S"通常表示媒介使用或信息接触，作为效果发生的刺激性来源。本研究中的S为政务短视频媒介使用，包括频率和属性（信息性使用和娱乐性使用）两个维度，前文已有讨论。中介变量O主要涉及用户在使用媒介和接触信息之后所发生的心理变化和感知。③ 借鉴先前研究并结合政务短视频的内容特点，本节将政治知识作为一项中介变量。政治知识（political knowledge）是"储存在个体长期记忆中的关于政治的事实性信息"，关乎政治运作的规则、政体、政党与公众，以及当前重要的公共事务。④ 有研究表明，政治知识受到媒介使用的正向影响，因为公众普遍

---

① MCLEOD J M, SCHEUFELE, D A, MOY P. Community, Communication, and Participation：The Role of Mass Media and Interpersonal Discussion in Local Political Participation [J]. Political Communication, 1999（3）：315-336.

② MCLEOD J M, SCHEUFELE, D A, MOY P. Community, Communication, and Participation：The Role of Mass Media and Interpersonal Discussion in Local Political Participation [J]. Political Communication, 1999（3）：315-336.

③ SHAH D V, CHO J, NAH S. Campaign ads, online messaging, and participation：Extending the communication mediation model [J]. Journal of communication, 2007, 57（4）：676-703.

④ CARPINI M X D, KEETER S. What Americans know about politics and why it matters [M]. London：Yale University Press, 1996：10-16.

通过接触媒介来获得政治知识。① 政务新媒体集中提供大量时政信息，且已成为公众获取政治信息较多的媒介②，可预测这种"有意识地接触"将会对政治知识产生积极影响③。尽管娱乐性使用容易带来去政治化的效果且存在消极影响④，但仍有学者发现，即使接触"软新闻"也会增进政治知识⑤，并且娱乐性内容虽然并不直接产生政治信息，但通常也会以各种方式隐含其中，用户还是会在不经意间积累政治知识⑥。政务短视频内容的信息性与娱乐往往相伴而生，其效果更应进一步加以检验。

政府建设政务短视频等政务新媒体同时具有提高治理绩效和政治绩效的目的⑦，因此，亦将用户基于此而产生的绩效感知（perception of government performance）作为中介变量加以讨论。绩效感知是公众对政府绩效表现的感受与评价⑧，包括对政府开放性、回应性、责任性以及公共服务质

① JUNG N, KIM Y, DE ZÚÑIGA H G. The Mediating Role of Knowledge and Efficacy in the Effects of Communication on Political Participation [J]. Mass Communication and Society, 2011（4）：407-430.

② 孟天广，郑思尧. 信息、传播与影响：网络治理中的政府新媒体：结合大数据与小数据分析的探索 [J]. 公共行政评论, 2017, 10（1）：29-52, 205-206.

③ KIM Y, CHEN H T, DE Zúñiga H G. Stumbling upon news on the Internet：Effects of incidental news exposure and relative entertainment use on political engagement [J]. Computers in human behavior, 2013, 29（6）：2607-2614.

④ PUTNAM R D. Bowling alone：America's declining social capital [M] //The city reader. London：Routledge, 2015：188-196.

⑤ BAUM M A. Soft news and political knowledge：Evidence of absence or absence of evidence? [J]. Political communication, 2003, 20（2）：173-190.

⑥ KIM Y, CHEN H T, DE ZÚÑIGA H G. Stumbling upon news on the Internet：Effects of incidental news exposure and relative entertainment use on political engagement [J]. Computers in human behavior, 2013, 29（6）：2607-2614.

⑦ 赵金旭，傅承哲，孟天广. 突发公共危机治理中的数字政府应用、信息获取与政府信任 [J]. 西安交通大学学报（社会科学版）, 2020, 40（4）：12-22.

⑧ 盛明科，刘贵忠. 政府服务的公众满意度测评模型与方法研究 [J]. 湖南社会科学, 2006（6）：36-40.

量的感知。过往研究证实，电子政务的使用能够促进公民的绩效感知①，而社交媒体和政务新媒体的使用也在信息开放性、公共服务等层面提高了用户的绩效感知水平②。政务短视频尚不具备完善的公共服务、诉求回应等功能，故而用户对其绩效感知主要源于信息绩效层面。政府通过政务短视频发布信息，坦诚并可靠的讨论时政要闻与公共决策，对用户的绩效感知产生的影响值得关注。

因此，本节提出研究问题之二：政务短视频媒介使用如何影响用户的政治知识和绩效感知水平？信息性使用与娱乐性使用是否分别对其具有积极作用？

在 S-O-R 模型中，R 即传播效果，泛指用户态度或行为的改变，本研究主要讨论政务短视频媒介可信度及持续使用意愿两个层面。媒介可信度是公众对媒体作为传播者可信度的标准或判断。③ 早期研究中媒介可信度被认为由媒介自身所具备的特点决定，如果用户增加某种媒介的使用，就会直接带来其媒介可信度的上升，这在报纸、电视、广播的研究中均有发现。④ 后来，受众及其认知结构被认为是影响媒介可信度的关键⑤，知识变量的中介作用也逐渐受到关注。根据知识类别的不同，其作用方向也存在差异。对于受众感到相对陌生或专业性较强的知识领域，如医学知识、流行病学知识，知识变量会负向调节媒介使用对媒介可信度的影响。⑥ 对于科普知识而言，知识变量则对媒介可信度多存在正向中介效果。即通过

① MAGRO M J. A review of social media uses in e-government [J]. Administrative Sciences, 2012, 2 (2): 148-161.

② 孟天广, 郑思尧. 信息、传播与影响: 网络治理中的政府新媒体: 结合大数据与小数据分析的探索 [J]. 公共行政评论, 2017, 10 (1): 29-52, 205-206.

③ O'KEEFE D J. Persuasion: theory and research [M]. Newbury Park: Sage Publication, 1990: 130-131.

④ 兰敏. 媒体信任度影响因素分析 [J]. 科技传播, 2012 (15): 36.

⑤ 李晓静. 西方"媒介可信度"研究述评 (上) [J]. 新闻大学, 2006 (3): 39-48.

⑥ 贾哲敏, 孟天广. 信息为轴: 新冠病毒疫情期间的媒介使用、信息需求及媒介信任度 [J]. 电子政务, 2020 (5): 14-27.

科学媒介获得科学知识能够积极影响其对科学事物的评判。[1] 时政类媒介能够帮助用户获得并积累政治知识，帮助用户理解政治并掌握参与政治所需要的知识与技能，那么可推断其对于媒介可信度的积极中介效果或许存在。还有研究发现，绩效感知是影响提高政务新媒体使用对政府评价影响机制的关键中介变量[2]，且提高绩效感知能够同步提升公众的政治信任水平[3]，可推测其在本研究中具有类似的影响。

所以，本节提出第三个研究问题：政务短视频媒介使用（包含频率与属性）在媒介可信度层面的效果如何？是否能够直接积极作用于媒介可信度？政治知识和绩效感知又发挥怎样的影响？若作为中介变量，是否对这一效果机制存在中介效应，方向是否为正向？

持续使用意愿被定义为用户个体意愿去持续完成特定行为的可测量程度。[4] 通常而言，无论新技术还是新媒介，用户接触之初的使用经验和技术、时长、体验评价[5]都会对其持续使用意愿产生显著影响。对新媒体、政务新媒体而言，对其信息资源的使用[6]，以及因此带来的对于个人信息需求的满足是决定用户是否持续使用并愿意向他人推荐的重要影响因素[7]。此外，用户对媒介的娱乐性使用以及其感知娱乐性、感知有趣性的水平也

① 游淳惠，金兼斌．新媒体环境下科学知识对争议性科技态度的影响：以转基因为例［J］．国际新闻界，2020，42（5）：81-98．

② JIA Z，ZHENG Q．Diversified utilization and side-moderators：Differential adoption of new government social media and its impact on government satisfaction［C］．ICA conference，2023．

③ BERTOT J C，JAEGER P T，HANSEN D．The impact of polices on government social media usage：Issues，challenges，and recommendations［J］．Government information quarterly，2012，29（1）：30-40．

④ 边鹏．技术接受模型研究综述［J］．图书馆学研究，2012（1）：2-10．

⑤ 罗长利，朱小栋．基于TAM/TPB和感知风险的余额宝使用意愿影响因素实证研究［J］．现代情报，2015，35（2）：143-149．

⑥ 唐晓波，文鹏，蔡瑞．社会化媒体用户使用行为影响因素实证分析［J］．同济大学学报（自然科学版），2015，43（3）：475-482．

⑦ 朱红灿，李建，胡新，等．感知整合和感知过载对公众政务新媒体持续使用意愿的影响研究［J］．现代情报，2019，39（11）：137-145．

对用户持续使用意愿有着积极影响。① 研究者亦讨论了媒介使用对持续使用意愿影响过程的中介因素，如"相对优势变量"②，即该媒介相较于其他媒介的优势之处，在本研究中表现为政务短视频在提供政治知识和政府绩效感知时所具有的独特性。而通过媒介获得新知识对于提高持续使用意愿有显著正向影响③，而绩效期望亦被看作在用户提高政务短视频采纳意愿的过程中最为重要的因素④。

基于此，本节提出第四个研究问题：政务短视频媒介使用（包含频率与属性）在提高持续使用意愿方面的效果如何？是否具有直接的积极效应？政治知识和绩效感知又发挥怎样的影响？若作为中介变量，是否对这一效果机制存在中介效应，方向是否为正？

为了回答上述研究问题，综合文献讨论的结果，基于 S-O-R 模型提出政务短视频媒介使用效果研究的理论框架，如图 6-1 所示。

二、数据、变量与测量

本研究继续使用"政府融媒体产品/政务新媒体用户使用及社会影响"问卷调查所获得的数据展开统计分析。所涉及的变量包括政务短视频接触频率、信息性使用、娱乐性使用、政治知识、绩效感知、媒介可信度及持续使用意愿等。问题测量选项均采用李克特五级量表，具体方法如下：

（1）政务短视频接触频率。通过问卷询问受访者，"在过去的一年中，您接触及采纳政务短视频的频繁程度如何"（1 = 几乎不；2 = 比较少；3 =

① 陈渝，王馨笛. 新媒体时代微博用户沉浸体验下持续使用行为研究：潜在示能性的调节效应 [J]. 图书馆，2020（1）：63-71.
② 杨水清，鲁耀斌，曹玉枝. 移动支付服务初始采纳模型及其实证研究 [J]. 管理学报，2012，9（9）：1365-1372.
③ 戴德宝，刘西洋，范体军. "互联网+"时代网络个性化推荐采纳意愿影响因素研究 [J]. 中国软科学，2015（8）：163-172.
④ 汤志伟，赵迪，罗伊晗. 公共危机事件中政务短视频公众使用的实证研究：基于新冠肺炎疫情 [J]. 电子政务，2020（8）：2-14.

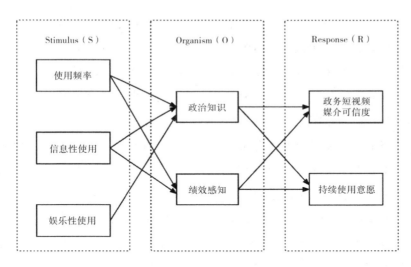

图6-1　基于S-O-R模型的研究框架

一般；4＝比较频繁；5＝很频繁），该选项的均值为3.45（SD＝1.027），选择很频繁、比较频繁地接触并使用政务短视频的用户比例为50.6%。[①]

（2）信息性使用。用于测量受访者对政务短视频中新闻性、时政性、公共性较强的信息或内容的接触和使用，问题为，"您使用政务短视频关注如下类型信息的程度如何？"（1＝几乎不；2＝比较少；3＝一般；4＝比较频繁；5＝很频繁）关注并了解国家时政大事、大政方针政策（M＝3.48；SD＝1.045）；关注并了解当地政府的政务信息、通知通告、工作动态及工作人员情况（M＝3.13；SD＝1.178）；获知突发事件、重大事件、公共卫生事件的情况通报和最近进展（M＝3.62；SD＝1.074）。

（3）娱乐性使用。用于测量受访者对政务短视频中娱乐性较强的内容或产品的接触和使用，问题为，"您使用政务短视频关注如下内容或产品的程度如何？"（1＝几乎不；2＝比较少；3＝一般；4＝比较频繁；5＝很频繁）观看或接触政府或主流媒体制作和发布的宣传片、影片、真人秀、短

①　注：M为均值（Mean），SD为标准差（Standard Deviation），下同。

剧（M＝3.27；SD＝1.157）；观看政府主办的各类政务直播（M＝3.07；SD＝1.156）；观看短视频平台中的官员带货（M＝2.53；SD＝1.219）。

（4）政治知识。主要考察受访者对自身政治知识丰富程度和水平高低的评价，测量问题为，"您认为下列说法与您自身的情况符合程度为?"（1＝完全不符合；2＝不太符合；3＝一般；4＝比较符合；5＝完全符合）我能够及时从网络上获得关于公共事务的信息（M＝3.96；SD＝1.974）；我能从网络上获得更加丰富翔实的公共信息（M＝4.03；SD＝0.801）；我十分关注我国和世界上其他国家发生的时政大事（M＝4.01；SD＝0.900）。

（5）绩效感知。主要用于测量受访者对当地政府工作绩效的判断与感知，测量问题为，"您认为当地政府在如下绩效方面做得如何?"（1＝很不好；2＝比较不好；3＝一般；4＝比较好；5＝非常好）绩效整体评价（M＝4.02；SD＝0.784）；信息公开（M＝3.89；SD＝0.960）；公共服务（M＝4.05；SD＝0.900）；回应公众需求（M＝3.71；SD＝1.060）。

（6）政务短视频媒介可信度。考量用户认为政务短视频在信源、内容及声望等方面所具有的可信度，测量问题为，"您认为政务短视频在如下媒介可信度层面做得如何?"（1＝很不好；2＝比较不好；3＝一般；4＝比较好；5＝非常好）信息准确可靠（M＝4.03；SD＝0.791）；权威、公正（M＝4.00；SD＝0.894）；即时发布、及时更新（M＝4.12；SD＝0.850）；（4）有深度、见解独到（M＝3.78；SD＝0.951）。

（7）持续使用意愿。主要考察用户是否会持续并强化对政务短视频的媒介使用。测量问题为，"对关注或使用短视频等政务新媒体而言，您对下列说法的赞同程度如何?"（1＝完全不赞同；2＝不太赞同；3＝一般；4＝比较赞同；5＝完全赞同）已成为我的习惯（M＝3.79；SD＝0.878）；我会很乐于向他人推荐使用（M＝3.75；SD＝0.979）；我未来还会继续使用（M＝4.20；SD＝0.818）。

三、模型建构与研究发现

本研究主要采用结构方程模型（SEM）探查政务短视频媒介使用的效果，及影响媒介可信度和持续使用意愿的主要因素。结构方程模型由测量模型和结构模型两部分组成，测量模型即验证性因子分析（CFA），主要描述观测变量与潜变量之间的维度关系，结构模型则用于衡量观测变量与潜变量之间的路径指标。研究首先确认观测变量与潜变量之间的关系，以开始模型建构。采用固定载荷法，在删除不显著的变量和路径、调整修正指数（MI）后，模型拟合结果达到理想水平（p-value = 0.000，degree of freedom = 174，X2/df = 7.459，GFI = 0.894，AGFI = 0.859，RMSEA = 0.075），见图 6-2。

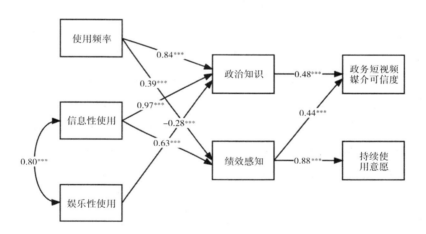

图 6-2　最终修正模型

注：* p < 0.05，** p < 0.01，*** p < 0.001。

结构方程模型结果（见图 6-2）显示了各项变量因素对政务短视频媒介可信度和持续使用意愿的主要影响过程，可以分为直接效应与间接效应。进一步分析可知（见表 6-1），"使用频率""信息性使用"对于"政务短视频媒介可信度"存在正向间接效应，系数分别为0.807、0.743，而无直接效应。"娱乐性使用"对于"政务短视频媒介可信度"存在负向间接效应，系数为-0.136，亦无直接效应。"政治知识"和"绩效感知"对"政务短视频媒介可信度"存在直接效应，系数分别为0.481和0.443。可见用户政治知识的多少和绩效感知的高低，对其政务短视频媒介可信度具有显著的正向影响，即用户的政治知识越丰富，对政府绩效感知评价越高，越容易对政务短视频产生较高的信任度。

在"持续使用意愿"的影响路径中，"使用频率""信息性使用"对"持续使用意愿"存在间接效应，系数分别为0.367和0.550。"娱乐性使用"对"持续使用意愿"无显著影响，说明无论用户使用政务短视频时在多大程度上偏好娱乐性内容，都不能有效提高其使用意愿。"绩效感知"对"持续使用意愿"具有直接正向效应，系数为0.878，可见用户通过使用政务短视频所增加的对政府在政务公开、信息透明、效率责任、开放参与等层面所形成的绩效感知与评价，更容易促进其持续使用意愿的提高。而政治知识对"持续使用意愿"无显著影响，可知无论用户本身的政治知识水平如何，抑或是否通过使用政务短视频提高了政治知识水平，都不能对其持续使用意愿构成影响。此外，"持续使用意愿"和"政务短视频媒介可信度"在两个方向上均未检测出显著效应，相互无作用效果。

此外，模型还显示，在S-O路径上，用户的"使用频率"和"信息性使用"分别对"政治知识""绩效感知"产生正向直接效应，系数分别为0.839/0.393、0.967/0.626。而"娱乐性使用"对"政治知识"的影响效应为负向，系数为-0.284，可见娱乐性使用不利于用户提高政治知识水平，且娱乐性使用也对"绩效感知"无显著影响。"信息性使用"和"娱乐性使用"存在显著正向相关性，说明如果用户偏好于使用一类信息，也会积极带动其对另一类信息的使用。

表6-1 政务短视频媒介使用对其可信度/持续使用意愿效果值摘要表

影响路径	直接效应	间接效应	总效应
使用频率→政治知识	0.839	0.000	0.839
使用频率→绩效感知	0.393	0.000	0.393
使用频率→政务短视频媒介可信度	0.000	0.807	0.807
使用频率→持续使用意愿	0.000	0.367	0.367
信息性使用→绩效感知	0.626	0.000	0.626
信息性使用→政治知识	0.967	0.000	0.967
信息性使用→持续使用意愿	0.000	0.550	0.550
信息性使用→政务短视频媒介可信度	0.000	0.743	0.743
娱乐性使用→政治知识	−0.284	0.000	−0.248
娱乐性使用→政务短视频媒介可信度	0.000	−0.136	−0.136
政治知识→政务短视频媒介可信度	0.481	0.000	0.481
绩效感知→政务短视频媒介可信度	0.443	0.000	0.443
绩效感知→持续使用意愿	0.878	0.000	0.878

由于两条效果路径均存在间接影响，可知该模型存在中介路径，由政治知识和绩效感知变量实现。为进一步展现中介路径并计算其效应估计值，研究将路径分析图和影响路径系数值结合起来，将每条路径分段的标准化回归系数值相乘，得到每条路径总的影响系数值，即求得每条路径的中介效应估计值。中介路径的显著性水平取每条分段路径中的最低显著性水平，结果如表6-2所示。

表6-2 中介效应估计值

中介路径	中介效应
使用频率—政治知识—政务短视频媒介可信度	0.40 ***
信息性使用—政治知识—政务短视频媒介可信度	0.47 ***
娱乐性使用—政治知识—政务短视频媒介可信度	−0.13 ***

中介路径	中介效应
使用频率—绩效感知—持续使用意愿	0.80***
信息性使用—绩效感知—持续使用意愿	0.55***

　　分析可知，政治知识主要在用户使用对政务短视频媒介可信度的影响过程中发挥显著中介效果，但中介作用的发挥机制存在差异。第一，政治知识在使用频率对政务短视频媒介可信度影响路径中发挥正向中介作用，即使用户较为频繁地接触和使用政务短视频，也需要在其感觉到政治知识有所积累、有所丰富的前提下，才能提高其对政务短视频的信任度。第二，当信息性使用作用于媒介信任时，政治知识起到正向中介作用，可以有效带动政务短视频媒介可信度的提升。可能的解释是，信息性使用更有利于用户接触时政要闻与公共事务，可以有效促进政治知识的有效提升，而娱乐性使用的影响路径则相反，政治知识主要发挥负向中介作用。在用户娱乐性使用增多的同时，因政治知识的减少而强化对政务短视频媒介可信度的负向影响，进一步削弱用户信任。

　　绩效感知则主要调节持续使用意愿的影响过程，而对政务短视频媒介可信度无显著中介效应，主要表现在"使用频率"和"信息性使用"这两个变量，均透过绩效感知的正向中介作用对持续使用意愿发挥积极影响，且对使用频率影响机制的中介效应估计值最高，为0.80，说明在提高使用频率的同时，充分提高用户对政府的绩效感知是提升政务短视频持续使用意愿最为有效的路径。

四、结论与讨论

　　基于问卷调查数据和 S-O-R 模型，本研究讨论了我国用户的政务短视频媒介使用及效果影响机制。目前，用户对政务短视频充分接纳，不仅具有较高的使用频率，还会同时在信息性和娱乐性两个维度上积极使用。用户重视政务短视频的信息性使用，客观上说明用户已习惯于通过政务短视频获知时政新闻/重大事件（M＝3.48）和政务信息（M＝3.13）。面对突发事件或公共危机，用户对政务短视频的信息性使用最多（M＝3.62），需求最强。用户从娱乐性维度使用政务短视频也十分普遍，虽然整体上低于信息性使用，但仍然热衷于使用政务短视频账号中发布的含有娱乐元素较多的视听类产品，如 Vlog、真人秀、短剧、网红、脱口秀（M＝3.27）等，亦对政务直播使用较多（M＝3.07）。这说明此类内容同样受到用户喜爱，具有一定的受众基础。政务短视频的信息性使用与娱乐性使用还呈现出显著的正相关性，表明两类使用能够相互促进。在 S-O 路径上，政务短视频使用能够在政治知识和绩效感知方面分别对用户的个体认知以及感知产生直接影响。其中，娱乐性使用不利于用户政治知识的积累，且对绩效感知无显著影响，而信息性使用则对政治知识和绩效感知的正向效果均较强，是较为活跃的刺激性因素。使用频率具有同样的积极效应，但强度略低。

　　本研究利用结构方程模型，对政务短视频使用在媒介可信度、持续使用意愿两个层面的效果进行了检验，为媒介使用的"间接效果理论"提供了又一次佐证。具体而言，政治知识是对政务新媒体使用对其媒介可信度产生效果过程中有效的中介变量。使用频率和信息性使用，都透过政治知识产生正向影响。可见，政务短视频媒介使用的效果发生需要更多地与用户的政治知识水平、认知程度、政治知识结构等层面相连。这回应了以往的研究结果①，也提示政务短视频的运营者，在内容策划和生产的过程中需以有利于用户政治知识积累和扩展为原则，尤其是在发布比较严肃的

---

① JUNG N, KIM Y, DE ZÚÑIGA H G. The Mediating Role of Knowledge and Efficacy in the Effects of Communication on Political Participation [J]. Mass Communication and Society, 2011（4）：407-430.

"硬新闻"、进行政策解读或政务发布的过程中，尝试直接或间接地供给必要的政治知识、政策知识、制度和法律知识。

政务短视频娱乐性使用的间接效果机制也值得关注。结构方程模型表明，增加对政务短视频的娱乐性使用会降低用户的政治知识水平和媒介可信度，且政治知识变量在这一效果作用过程中同样存在负向中介效应。这一结论不同于"娱乐性使用的效果积极论"，而是回应了我国新媒体用户群体中存在"去政治化"现象以及负向效果担忧。① 媒介娱乐性的增强，导致信息文本中政治知识的密度降低，有可能削弱用户对政治知识的接触、接收和理解，从而进一步降低媒介可信度，还有可能对用户其他层面的政治态度或行为产生负向影响。研究还发现，对政务短视频的娱乐性使用也不能提高用户的绩效感知和持续使用意愿，亦不存在中介效应。可见用户不会因政务短视频的有趣、轻松、取巧而改变对该政府实际工作绩效的感受和评价，也不会带来持续使用意愿的增强，这与"对新技术的采纳意愿"受到感知有趣性积极影响的结论也不尽相同②。一种可能的解释是，政务短视频目前在娱乐性元素添加的过程中易追逐潮流，昙花一现，尚未形成稳定的时政信息传播模式，承担相应的功能，而用户在使用的过程中也多报以"试新""尝鲜"的心态，并未与政府的绩效改进行动关联结合。与之相反，对政务短视频的信息性使用以及使用频率都能够对持续使用意愿产生积极影响，且绩效感知变量具有正向中介作用。这说明用户使用政务短视频，只要能够体验并感受到开放性、透明性、及时性、责任性等政府绩效表现，无论是侧重信息性使用，还是仅仅一般性、偶遇式或被动地接触，都能提高其持续使用意愿。可见努力改善并提升用户在使用政务短视频过程中的绩效感知水平，是政务短视频获得用户、扩大用户规模的法

---

① 孟天广，宁晶. 互联网"去政治化"的政治后果：基于广义倾向值匹配的实证研究 [J]. 探索，2018（3）：63-76.

② 郭羽，伊藤直哉. 基于使用与满足理论的微信使用行为与效果研究 [J]. 新闻界，2016（8）：54-57.

宝。结论还显示，用户绩效感知的变化不能对媒介可信度产生直接或间接的影响，与政治知识之间无明显关联。

最后，研究发现亦能对政府在新时代运营政务短视频这一重要的融媒体产品提供一些启示。相比政务微博、政务微信等政务新媒体，实现音画同步的政务短视频自一开始就比较重视内容新奇、形式创新，力图对用户进行多感官刺激，尽可能地迎合受众[1]，因此形成了信息化与产品化共生、信息性使用与娱乐性并重的基本格局。但本研究表明，政务短视频媒介使用的主要积极后果源于用户信息性使用和使用频率的增加，以激活政治知识和绩效感知的正向中介效应，提高媒介可信度和持续使用意愿。因此，政府运营政务短视频，应致力于不断增加和优化用户的信息性使用，加大时政性、公共性、新闻性内容供给，扩大时政要闻、政务信息、政策解读、公共事务辩论、重大突发性事件发布、公共教育、法制传播等领域内容的产制和输出，满足用户对政治知识的多元需求，促进知识的积累和掌握，形成提升媒介可信度的基础。此外，还应充分扩展"使用频率"增加的实现路径。从某种意义上看，无论内容是否存在改进，只要利用算法原则，让用户能够"频繁刷到"政务短视频，在单位时间内提高接触频率，就有望提升用户的政治知识和绩效感知，从而产生积极效果，尤其是能够显著提升用户的持续使用意愿。政府可以有选择的调整政务短视频发布周期，增加发布密度，还可与短视频平台加强流量合作和技术合作，增加政务短视频的曝光度和知名度，以期维系用户、扩大用户规模。提升政务短视频媒介使用过程中的绩效感知水平，政府可进一步推进视觉化信息公开，提高政务短视频传播的开放性、丰富性和透明度；发挥政务短视频在危机传播中的功能，加强权威性和即时性；积极利用政务短视频塑造政府公平公正、效率优先、富有责任感和使命感的形象。

---

①　刘晓丽. 政务信息的"娱乐化"倾向探析：以"四平警事"抖音号为例 [J]. 传媒论坛，2020, 3 (19)：159-160.

值得深思的还有政务短视频娱乐性使用所产生的负向影响。虽然，这并不意味着政务短视频需要重返严肃而传统的内容建构方式，但政府及运营者应重新审视其所面临的"娱乐化趋势"，采取必要的调整策略。其一，政务短视频仍需遵循平台关于内容生产的基本规制，使用流行性、趣味性元素以获得用户，但应守住边界，防止过度娱乐化渲染。其二，由于娱乐性使用与信息性使用具有正向相关性，说明"娱乐性"要素可作为公共性、时政性、新闻性信息的导引，带动并促进信息性使用。那么"制造爆款""培育政府网红"等方式仍有意义，用以调动用户积极性，吸引用户对其他"硬新闻"、时政大事、公共政策深度关注。其三，重视高质量政务融媒体产品的开发产制，在主题、叙事和框架等层面积极创新，平衡信息性与娱乐性，形成有利于政治知识积累和绩效感知提升的内容供给，改善传播效果。

第二节 对青年用户群体线上政治参与行为的影响

截至 2022 年 12 月，我国短视频的用户整体规模已达 10.12 亿，其中青少年用户的比例达到 65.6%。[①] 可见，短视频已成为最受青年群体喜爱的媒介并深刻地影响着当代中国青年的日常生活，有必要予以充分关注。深究短视频媒介现状，可知由于国内媒介管理体制的不同，短视频产制与传播受到政府力量的塑型和制约。一方面，政府积极产制政务短视频产品，加大时政要闻、公共政策、政务信息的内容供给[②]，提供主流意识形态，直接调节短视频的内容构成。另一方面，政府也同步开展短视频治

[①] 中国互联网络信息中心. 第 51 次《中国互联网络发展状况统计报告》［R/OL］. 中国互联网络信息中心，2023-03-02.

[②] 李明德，张园. 政务短视频内容生态的评价维度与优化策略［J］. 电子政务，2019（10）：23-32.

理，通过多维度的治理措施形成"调控的手"，规制短视频的生产与传播①。媒介使用具有显著的政治功能，本节将讨论在此背景下，青少年对短视频、政务短视频产品的使用能够对其政治行为（主要探讨线上政治参与行为）所带来的影响，以管窥视觉时代青年线上政治生活的基本生态，同时明确政务短视频这一特殊的融媒体产品对青年群体的影响力、作用方式和潜在效果。

一、文献探讨及假设

（一）线上政治参与及青年群体的实践

近年来，线上政治参与（online political participation）越发重要。早期的线上政治参与仅仅是将传统政治参与（如竞选、投票、抗议等）由线下转移到线上，而近年来，线上政治参与已经极大地拓宽了途径和形式②，内涵也有所扩展。首先是对日常性的强调，有学者认为，线上政治参与使得公民可以随时随地在线了解政府，通过数字工具向政府提出建议或进行投诉③。其次，以"交流"为主的线上政治参与越来越显性化。公民多在线上关注政治，进行政治性表达和讨论④，而这种交流奠定了当代政治参与的基调。此外，线上政治参与还能将人们的内心和思想，如政治判断、态度、信仰、感受等纳入其中⑤，自内向外对参与行为产生影响。由于线

---

① 高宏存，马亚敏. 移动短视频生产的"众神狂欢"与秩序治理［J］. 深圳大学学报（人文社会科学版），2018（6）：47-54.

② RUEß C，HOFFMANN C P，BOULIANNE S，et al. Online political participation：The e-volution of a concept［J］. Information，Communication & Society，2021，26（4）：1945-1952.

③ 卢家银. 社交媒体对青年政治参与的影响及网络规制的调节作用：基于大陆九所高校大学生的调查研究［J］. 国际新闻界，2018（8）：98-121.

④ HOFFMAN L H. Participation or communication? An explication of political activity in the Internet age［J］. Journal of Information Technology & Politics，2011，9（3），217-233.

⑤ 普拉诺. 政治学分析词典［M］. 胡杰，译. 北京：中国社会科学出版社，1986：105.

上政治参与所依赖的媒介不断发展，不少学者认为，线上政治参与展演着有关政治参与的"全部剧目"，且仍在发展变化中。①

已有研究表明，青年群体线上政治参与的积极性普遍有所提高，在一定程度上改善了在传统时代政治参与水平较低的现象。② 主要原因在于青年更易于采用新型、多元的线上参与工具，也热衷于与其他同伴分享。③ 青年更乐于开展线上交流，使用不同的政治性词汇进行表达和讨论。④ 同时，他们也会更倾向于利用线上工具建立维权组织，开展线上、线下社会运动。⑤ 这些不同的方式导致青年重现线上政治参与的热情，也形成了不同的结果，甚至被认为重新界定了青年政治参与的维度。⑥ 中国的研究也同样表明，青年线上政治参与整体呈现出较为积极的特点。⑦ 一方面，青年通过线上形式扩大政治参与的深度和广度⑧；另一方面，青年则倾向于在线上政治参与的过程中表达政治情感⑨，形成政治认同。

① GIBSON R, CANTIJOCH M. Conceptualizing and measuring participation in the age of the Internet: Is online political engagement really different to offline? [J]. The Journal of Politics, 2013, 75 (3): 701-716.

② CROSS W, YOUNG L. Factors influencing the decision of the young politically engaged to join a political party [J]. Party Politics, 2008, 14 (3): 345-369.

③ BANAJI S. The trouble with civic: a snapshot of young people's civic and political engagements in twenty-first-century democracies [J]. Journal of youth studies, 2008, 11 (5): 543-560.

④ O'TOOLE T. Engaging with young people's conceptions of the political [J]. Children's Geogr, 2003, 1: 71-90.

⑤ GIBSON R K, LUSOLI W, WARD S. Online participation in the UK: testing a 'contextualised' model of Internet effects [J]. The British Journal of Politics & International Relations, 2005, 7 (4): 561-583.

⑥ 吴世友，余慧阳，徐选. 国外青年网络政治参与研究述评，中国青年研究 [J]，2013 (7): 101-106.

⑦ 王菁，卓伟，姚媛. 大学生的微博政治参与行为现状实证研究 [J]. 青年研究，2015 (4): 38-46.

⑧ 陈强，徐晓林. 国外网络政治参与研究述评 [J]. 情报杂志，2012 (5): 71-74.

⑨ 靳娜，张爱军. 青年网络政治参与的多元诉求与内在张力：基于中青网的大数据分析 [J]. 中国青年社会科学，2020 (3): 59-66.

（二）社交媒介使用、短视频与线上政治参与

社交媒介使用对线上政治参与的影响一直是学术界研究的重点。从公民利用社交媒介所具有的不同政治性功能这一视角出发，主要存在三种影响机制，对应社交媒体使用促进线上政治参与的"积极影响说"。其一，由于社交媒体具有信息生产与传播的优势，公民较多地使用社交媒体，就能接触到更为丰富、多元的政治信息、公共议题、政治观点和言论，从而激起线上政治参与的热情[1]，并储备参与政治所必需的知识。其二，社交媒介业已形成了多种制度化和非制度化的参与途径，有效增加了公民线上参与政治的机会，丰富了线上政治参与的行动内容[2]。这意味着一旦公民具有明确的参与意愿，都可以通过社交媒介实现并完成。其三，社交媒介本身具有参与属性，且便于开展媒介动员[3]。公民使用社交媒介越多，越容易掌握社交媒介的运行规律，实现群体连结并组织线上政治行动，而社交媒介便构成了线上政治参与生发与演变的场域与温床。

除此之外，众多青年用户还以收获快乐和愉悦为目的使用社交媒介[4]，由此带来社交媒介对线上政治参与的"消极影响说"，即沉迷于社交媒介消遣的用户很容易减少其政治参与[5]。但这一结论并不统一。例如，有学者发现，如今的社交媒介既是娱乐工具也是参与工具，行动者使用同一工

---

① 卢家银. 社交媒体对青年政治参与的影响及网络规制的调节作用：基于大陆九所高校大学生的调查研究 [J]. 国际新闻界, 2018（8）: 98-121.

② 韦路, 李锦容. 网络时代的知识生产与政治参与 [J]. 当代传播, 2012（4）: 11-14, 19.

③ BOND R M, FARISS C J, JONES J J, et al. A 61-million-person experiment in social influence and political mobilization [J]. Nature, 2021, 489（7415）: 295-298.

④ GLYNN C J, HUGE M E, HOFFMAN L H. All the news that's fit to post: A profile of news use on social networking sites [J]. Computers in Human Behavior, 2012, 28（1）: 113-119.

⑤ 陈力丹, 谭思宇, 宋佳益. 社交媒体减弱政治参与："沉默螺旋"假说的再研究 [J]. 编辑之友, 2015（5）: 5-10.

具的行为属性往往很难区分，因而可能具有积极意义。① 还有学者认为，社交媒介中的娱乐性内容（如脱口秀、讽刺剧等）也包含着鲜明的政治观点和态度，因此能够正向作用于公民政治参与。② 中国的实证研究也表明，社交媒介的娱乐性使用并非总是消极或无用，而是能够促进青年线下制度化政治参与，且对线上政治性表达也有积极作用。③

自 2018 年起，短视频成为青年使用最多的社交媒介，其政治意涵颇受关注。短视频使得政治渠道更为充足、政治时空更为融通、政治主体更为自主，因而对青年政治参与的影响也更为显著。④ 具体来说，短视频擅长以图像为形式展示新闻和公共事件⑤，内容更加新颖、有趣，用户已然习惯于通过短视频关注时政要闻、公共政策及社会突发事件。可见从信息接触的角度，短视频对公民线上政治参与所起到的积极作用应与微博、微信等社交媒体类似。⑥

青年还是短视频内容的主要创制者，因此"交流性"政治参与值得关注。他们喜欢通过"创意性表达"输出政治观点，回应政治语境。⑦ 对 TikTok 的研究表明，青年用户会在政治选举中积极利用短视频参与政治，

---

① ZUCKERMAN E. New media, new civics? [J]. Policy & Internet, 2014, 6（2）: 151-168.

② KIM Y, HUANTING CHEN, DE ZÚÑIGA H G. Stumbling upon news on the Internet: Effects of incidental news exposure and relative entertainment use on political engagement [J]. Computers in human behavior, 2013, 29（6）: 2607-2614.

③ 孟利艳. 社交媒体娱乐使用与青年线下政治参与: 基于对河南省 18 个地市的调查 [J]. 青年研究, 2022（4）: 70-80, 96.

④ 伍敏红, 黎锐楷. 短视频时代下青年政治参与的现实境遇与路径提升 [J]. 山东青年政治学院学报, 2021（3）: 54-58.

⑤ 王晓培. 数字新闻生产的视觉化: 技术变迁与文化逻辑 [J]. 新闻界, 2022（2）: 12-20.

⑥ HUANG X. Incidental News Exposure on Social Media and Adolescents' Latent Forms of Political Participation: A Distal Mediating Role of Online Political Efficacy and Political Discussion [J]. Chinese Journal of Journalism & Communication, 2022, 44（11）: 120-141.

⑦ YATES M, YOUNISS J. Community service and political identity development in adolescence [J]. Journal of Social Issues, 1998, 54（3）: 495-512.

主要形式为表达政治认同、散布抗议及因创意性而形成共同体。① 国内抖音、快手用户也经常在热点议题的讨论和展示中使用网络热词、流行语，玩"梗"、再创造，用以表达观点，并推动舆情演化。有学者提出，短视频正在兴起一种"玩政治"（playing politics）的风潮，让广大青年通过"玩"的形式参与到政治过程之中，既蕴含了公民的政治训练，还能够突破政治参与的种种限制，开辟新的可能②，足见短视频使用对于政治参与具有积极作用。

　　针对目前短视频内容存在的娱乐化倾向，亦有学者对其负面影响表示担忧。③ 为了应对这种趋势，减少"过度娱乐化"的侵蚀，政务短视频正在时政要闻、政务发布、形象构建、公共关系建设等方面发力，供给大量正面信息、构建主流意识形态、传递正能量。代表性账号如"共青团中央""中国长安网"等，在青年中具有较高的号召力。根据短视频平台的内容分发算法规律，一旦青年接触到政务短视频，就有可能被不断推送近似内容，从而促使他们成为政务短视频的深度用户，再进一步加强和深化主流信息的接触。④ 涵化理论认为，某种媒介观看和使用越多，越容易受其影响并接受这一媒介所反复传递和塑造的内容及价值观，影响其心理认知和实践行动。⑤ 也有研究显示，当用户较多地接触官方媒介所提供的正

---

① SEPPÄLÄ M. Creative political participation on TikTok during the 2020 US presidential election［EB/OL］. utupub. fi, 2022−11−24.

② VIJAY D, GEKKER A. Playing politics：How Sabarimala played out on TikTok［J］. American behavioral scientist, 2021, 65（5）：712−734.

③ 张爱军. 短视频时代底层群体政治行为的特征、风险及优化［J］. 理论月刊, 2021（5）：72−81.

④ JIA Z, LIU M, SHAO G. Linking government social media usage to public perceptions of government performance：an empirical study from China［J］. Chinese Journal of Communication, 2019, 12（1）：84−101.

⑤ 石长顺，周莉. 新媒体语境下涵化理论的模式转变［J］. 国际新闻界, 2008（6）：56−59.

面信息时，其政治参与意愿和行动力都将会有所提高。① 据此可以推断如果用户增多对政务短视频的使用，能够对政治参与产生积极影响。政务短视频产品还在不断拓宽公共服务与政民互动的渠道和方式②，如在短视频账号中添加"打招呼""私信""视频通话"等功能，提供用户直接与政府部门取得联系、参与讨论、加强沟通的新通道，或者在内部功能中嵌入智能机器人，对公民诉求予以搜集、分选和回应。这些尝试都有望对青年线上政治参与产生正面影响，但尚需进一步通过实证研究加以检验。

基于上述讨论，提出研究假设 H1：短视频使用（H1a）和政务短视频使用（H1b）都能够对青年线上政治参与起到积极促进作用。

（三）短视频治理感知、两个维度及对青年线上政治参与的影响

研究中，在社交媒体使用对线上政治参与的直接影响机制之外，研究者还较为关注各类中介机制，主要是认知心理类变量的实际效果，③ 即媒介作为外界环境作用于个体所产生的内心状态变化及多维度感知对其线上政治参与行为的影响④。在此，本研究提出一个新的变量——短视频治理感知，用以描述用户对政府短视频治理各项措施和现状的心理感知和主观评价，以及在进行线上政治参与时所产生的来自短视频治理绩效或后果的切身感受和体验。原因是国内媒介管理体制不同，短视频的发展始终受到政府力量的制约。除去直接参与内容生产外（提供大量的政务短视频产品，以及基于政务短视频推出 Vlog、微纪录片、微电影、动画等融媒体产

① 周葆华. 突发公共事件中的媒体接触、公众参与与政治效能：以"厦门 PX 事件"为例的经验研究 [J]. 开放时代，2011（5）：123-140.

② 陈强，高幸兴，陈爽，等. 政务短视频公众参与的影响因素研究：以"共青团中央"政务抖音号为例 [J]. 电子政务，2019（10）：13-22.

③ 韩晓宁，吴梦娜. 微博使用对网络政治参与的影响研究：基于心理和工具性视角 [J]. 国际新闻界，2013（11）：88-102.

④ JUNG N，KIM Y，DE ZÚÑIGA H G. The Mediating Role of Knowledge and Efficacy in the Effects of Communication on Political Participation [J]. Mass Communication & Society，2011，14（4）：407-430.

品），政府还依据法律法规和政治需要对短视频实施多元治理。这些治理行动直接决定了用户能够接触使用或生产传播怎样的短视频内容，从长期来看，亦能影响网络拟态环境的塑造，从而调整青年参与政治生活的基本生态。政治学研究中，较好的政治绩效感知或治理绩效感知经常被认为能够有效地影响政治参与，作用方式既包括直接效应，也包括间接效应。例如，有学者发现，较高的政治绩效感知能够积极调节民众的政治参与行动①，而治理感知则能够直接影响民众参与选举的积极性与热情，只有在民众对政府治理绩效满意程度较高的情形下，才更有意愿参与政治②。

根据我国政府实施短视频治理的目的和措施不同，短视频治理感知又分为改善性治理感知和限制性治理感知两个维度。改善性治理是政府为保障短视频传播空间的公共利益，维护并促进短视频传播中的平等、开放、创新与互动，鼓励多元主体有序开展视觉化传播活动而开展的治理行动。代表性手段是信息公开，意味着政府乐于通过便捷、适用的视觉化方式公开向用户提供各种信息与数据，并允许用户在短视频中坦诚并可靠地讨论关于政治过程与政治决策的各类事务③。因此，用户在接触短视频时，将产生"信息开放感知"，如果感觉到政府的信息公开水平较高，开放性较强，说明政府不仅切实保护了公民的信息权和表达权，且愿意主动提供广泛的参与机会，并与公众坦诚交流，在信息利用、政府决策、知识共享等层面愿与公众达成合作，在这种情况下，政治参与水平就有可能得到相应

①　刘桂芝，王春鑫. 社会公平感、政治绩效感如何影响政治参与行为：基于CSS2019数据的实证研究［J］. 贵州师范大学学报（社会科学版），2023（1）：19-30.

②　裴志军，陈珊珊. 制度满意度和治理绩效感知对村民选举参与的影响：基于"中国乡镇民主与治理调查"的实证研究［J］. 福建农林大学学报（哲学社会科学版），2018（3）：7-12.

③　BANNISTER F，CONNOLLY R. Forward to the past：lessons for the future of e-government from the story so far［J］. Information Polity，2012，17：221-226.

的提高。①

此外，国家还对短视频实行限制性治理，主要通过规制手段，引导或调控短视频的内容生产和传播，形成一定的网络秩序。限制性治理的措施种类较多，既包括强制性，也包括自限性。强制性限制表现在政府出台法律法规或政策文件，如《网络短视频平台管理规范》《网络短视频内容审核标准细则》等，对短视频平台的准入资格、内容发布、信息管理、违规处罚等做出详细规定，并进行监管和执法。此外，还表现为政府建立防火墙、删帖、打击网络谣言、净网行动等。自限性限制即短视频平台已建立一套自查、自审的规制机制，直接过滤并规避敏感词，删除涉嫌违规的内容，甚至封禁用户账号②，与监管部门的规制要求达成一致。用户也已在一定程度上形成自我审查"惯习"，在创制内容、交流讨论时主动避免涉及敏感话题，自查自限。基于此，用户在心理认知层面形成网络秩序感知，对政府实施上述限制性治理措施产生整体评价，也基于此产生对政治环境宽松程度的判断，对政治参与的后果进行预估。已有研究显示，网络规制对于用户的线上政治参与有显著的负向效果。③ 原因是用户在经历规制的过程中感觉到"不自由"，从而减少对政治话题的关注，减少公共讨论，主动与政治保持距离。本研究亦作同样的推断。对长期浸淫在短视频环境中的青年用户而言，如果认为目前政府正在实施比较严格的限制性治理，或网络秩序"紧张"，那么就有可能直接减少线上政治参与，抑或削弱因短视频使用而增加的线上政治参与积极性。

综上，研究进一步提出如下假设，系统考察"短视频治理感知"这一

---

① BERTOT J, JAEGER PT, HANSEN D. The impact of polices on government social media usage: issues, challenges, and recommendations [J]. Government information quarterly, 2012, 29 (1): 30-40.

② 贾哲敏，傅柳莺."竞逐新视觉"：场域理论视角下政府与短视频平台的互动与博弈 [J]. 山西师大学报（社会科学版），2023 (2): 93-100.

③ 卢家银. 社交媒体对青年政治参与的影响及网络规制的调节作用：基于大陆九所高校大学生的调查研究 [J]. 国际新闻界，2018 (8): 98-121.

变量在短视频、政务短视频对青年线上政治参与影响路径中的中介作用，研究框架如图6-3所示。

假设H2：改善性治理感知（信息公开感知）对青年线上政治参与起到积极作用（H2a）；在短视频使用影响青年线上政治参与的路径中起到正向中介作用（H2b）；在政务短视频使用影响青年线上政治参与的路径中起到正向中介作用（H2c）。

假设H3：限制性治理感知（网络秩序感知）对青年线上政治参与起到消极作用（H3a）；在短视频使用影响青年线上政治参与的路径中起到负向中介作用（H3b）；在政务短视频使用影响青年线上政治参与的路径中起到负向中介作用（H3c）。

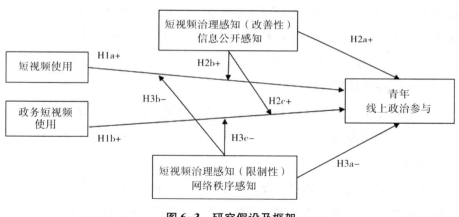

图6-3　研究假设及框架

二、数据、变量、测量与方法

（一）数据说明

研究使用"政府融媒体产品/政务新媒体用户使用及社会影响"问卷调查所获得的数据。参考国家统计局对于"青年"的年龄界定（14～35岁），结合本轮调查的受访者特征，保留年龄在18～35岁之间的样本635

个，进入后续分析。样本平均年龄为 28.38 岁，25~35 岁的比例超过 80%。其中，拥有大学本科以上学历的占 84.7%，主要居住在城市（88.5%），大部分在体制外工作（80%），月收入在 10000~15000 元之间占比最高（24.3%）。这使得本研究样本所涉及的"青年群体"比一般青年政治参与研究中常见的大学生群体年龄偏长，主要为在城市工作中等收入青年人群。超过半数以上的样本每日上网时间为 3~6 小时（53.4%），具有较高的网络使用黏性。

（二）变量与测量

研究所使用的主要因变量为"线上政治参与"，采用单一问题测量，"您对如下说法的赞同程度如何？我曾经通过网站、微信、微博、短视频等线上方式参与过本地政府征集关于城市、社区发展与治理意见或建议的活动。"（1＝非常不同意；2＝不太同意；3＝一般；4＝比较同意；5＝非常同意），该因变量的均值为 3.62（SD＝0.998），可知样本中青年的线上政治参与保持在比较积极的水平。

主要自变量为短视频使用、政务短视频使用，以及两类短视频治理感知——改善性治理感知（信息公开感知）及限制性治理感知（网络秩序感知），具体测量如下：

（1）短视频使用。通过问卷询问受访者，"在过去一年中，您接触及使用短视频（如抖音、快手等）的频繁程度如何？"（1＝几乎不；2＝比较少；3＝一般；4＝比较频繁；5＝很频繁），该题项均值为 4.04（SD＝0.947），有超过 2/3 的青年用户很频繁、比较频繁地接触并使用短视频（74.4%）。

（2）政务短视频使用。测量问题为"在过去的一年中，您接触及使用政务短视频（如政务抖音、政务快手等）的频繁程度如何？"（1＝几乎不；2＝比较少；3＝一般；4＝比较频繁；5＝很频繁），该题项均值为 3.54（SD＝1.018），超过 1/2 的青年用户认为自己使用政务短视频的频率比较频繁或很频繁（57.7%）。

（3）信息公开感知。主要考察受访者对所在城市政府通过短视频、社交媒体或网络提供信息、数据的评价与感知，测量问题为"您对目前本市政府在提供信息和数据公开、透明等方面的工作评价感受如何？"（1＝非常不满意；2＝不太满意；3＝一般；4＝比较满意；5＝非常不满意）该题项的均值为3.93（SD＝0.876）。

（4）网络秩序感知。主要考察用户对短视频等网络媒介的政府规制效果的感知与评价如何，测量问题为：总的来说，您对"我认为现在网络治理的发展逐渐趋向理性成熟"说法的赞同程度如何（1＝非常不同意；2＝不太同意；3＝一般；4＝比较同意；5＝非常同意），该题项的均值为4.00（SD＝0.851），可见样本青年用户对当下网络秩序感知总体持正面评价。

研究还使用性别、年龄、职业、月收入、上网时长、政治兴趣、政治效能感为控制变量。其中，政治兴趣的测量为"我十分关注我国和世界上其他国家发生的大事。"（1＝非常不同意；2＝不太同意；3＝一般；4＝比较同意；5＝非常同意），均值为4.07（SD＝0.804）。政治效能感的测量为您对"我认为我有能力参与公共决策"说法的赞同程度如何（1＝非常不同意；2＝不太同意；3＝一般；4＝比较同意；5＝非常同意），均值为3.63（SD＝0.953）。

（三）分析方法

本文使用OSL线性回归模型进行分析，在控制变量先行代入模型的前提下，探析青年短视频、政务短视频产品使用等自变量对青年线上政治参与所产生的影响。进而使用Process插件4.1，分别检验两个维度的短视频治理感知变量在不同路径中所发挥的中介作用。分析主要采用SPSS19软件展开。

三、模型建构与研究发现

（一）线上政治参与影响因素的回归结果分析

OLS 回归模型结果如表 6-3 所示。模型 2 显示了两类短视频媒介使用的政治效果。分析可知，短视频使用对青年线上政治参与具有显著的负向作用（β＝-0.075），说明青年接触和使用短视频越多，其线上政治参与行为就会越少，假设 H1a 不成立。而政务短视频使用则具有显著的促进作用（β＝0.117），即青年较多地使用由政府主导的政务短视频媒介产品，会显著提高其线上政治参与热情并增强线上政治参与行动。假设 H1b 得以证实。

模型 3 中加入了两个维度的短视频治理感知变量。青年的改善性治理感知（信息公开感知）对线上政治参与起到显著正向影响，且系数较高（β＝0.206），说明该便变量具有一定的作用强度。信息公开、透明是政府鼓励用户获知政治信息、开展线上政治参与行动的基础，故而用户较高的信息公开感知能够带来显著改善其线上政治参与。假设 H2a 得以证实。限制性治理感知（网络秩序感知）亦对线上政治参与具有显著正向作用（β＝0.165），这一回归结果与假设 H3a 相左，拒绝原假设。可见，在新时期，即使青年在使用短视频的过程中感受到较为明显的限制性治理，也会倾向于认为这种规制能够形成一种理性而有序的网络秩序，并不会减少，反而会增加其线上政治参与行动。

对比模型 2 和模型 3，加入网络治理感知变量后，模型的整体解释力有所提高（由 30.10% 上升到 35.20%）。青年短视频使用、政务短视频使用对线上政治参与的作用方向无改变，但回归系数有所减小，可推测在回归路径中存在中介机制，需进一步讨论。此外，模型 3 还显示，性别与上网时长两个控制变量呈负向显著，说明男性青年的线上政治参与少于女性青年，且上网时间越长，青年线上政治参与的积极性就越低。青年的政治效能感对线上政治参与能够起到显著积极作用（β＝0.340），其余控制变量对线上政治参与均无影响。

表 6-3 青年线上政治参与的 OLS 多元回归分析结果（N=635）

变量	模型 1 线上政治参与	模型 2 线上政治参与	模型 3 线上政治参与
性别（男性）	-0.116	-0.115	-0.158 **
年龄	0.051	0.415	0.034
居住地层级	0.057	0.061	0.059
月收入	0.034 **	0.029 *	0.026
职业（体制外）	0.075	0.028	-0.024
上网时长	-0.032 **	-0.031 **	-0.028 *
政治兴趣	0.168 ***	0.147 ***	0.048
政治效能感	0.443 ***	0.414 ***	0.340 ***
短视频使用		-0.075 **	-0.081 **
政务短视频使用		0.154 ***	0.117 **
信息公开感知			0.206 ***
网络秩序感知			0.165 ***
R^2	29.28	31.20	36.52
调整后 R^2（%）	28.38	30.10	35.20

注：* $P<0.05$，** $P<0.01$，*** $P<0.001$。

（二）短视频治理感知变量的中介效应检验

分析中介效应模型 1 至模型 2 可知（见表 6-4），无论是对改善性治理感知（信息公开感知），还是对限制性治理（网络秩序感知）进行中介效果检验，在青年短视频使用对线上政治参与影响的路径中，短视频使用对线上政治参与的影响均不具有统计上的显著性，故而两种短视频治理感知的中介作用均不成立。假设 H2b 与 H3b 均拒绝原假设。这说明无论青年如何感知短视频治理，是否受益于信息公开等改善性治理，或是否认可、是否曾经受到网络限制性治理的影响，都不能调整或改善短视频使用对线上政治参与的负向效果。

表6-4　短视频使用—青年线上政治参与中介变量路径系数表

维度	模型	作用路径	β	SE	LLCI	ULCI	P 值
短视频使用	中介效应模型 1（M＝信息公开感知）	短视频使用→信息公开感知	0.0932	0.0366	0.0214	0.1651	0.0110
		信息公开感知→线上政治参与	0.4686	0.0415	0.3870	0.5501	0.0000
		短视频使用→线上政治参与	-0.0092	0.0384	-0.0846	0.0663	0.8113
短视频使用	中介效应模型 2（M＝网络秩序感知）	短视频使用→网络秩序感知	0.1038	0.0355	0.0342	0.1735	0.0035
		网络秩序感知→线上政治参与	0.4253	0.0438	0.3392	0.5113	0.0000
		短视频使用→线上政治参与	-0.0096	0.0393	-0.0869	0.0676	0.8066

表6-5 中模型 3 与模型 4 显示，政务短视频使用对青年线上政治参与的影响关系，部分是由两种短视频治理感知变量所影响的。信息公开感知（β_a = 0.2645，p<0.001；β_b = 0.4044，p<0.001；β_c = 0.0767，p<0.001）起到正向中介作用，即如果青年用户在使用政务新媒体的过程中感受到政府在信息公开方面所做的努力并认可目前的信息开放现状，则更会显著强化他们的线上政治参与意愿与行动。假设 H2c 得以证实。而限制性治理感知（网络秩序感知，β_a = 0.1635，p<0.001；β_b = 0.3718，p<0.001；β_c = 0.2229，p<0.001）在此线性路径中也同样发挥正向中介作用，假设 H3c 并未获得支持，可以说明对网络规制和治理秩序的较高评价和较高认同，会进一步促进青年政务新媒体用户增加其线上政治参与行动。

表 6-5 政务短视频使用—青年线上政治参与中介变量路径系数表

维度	模型	作用路径	β	SE	LLCI	ULCI	P 值
政务短视频使用	中介效应模型 3（M=信息公开感知）	政务短视频使用→信息公开感知	0.2645	0.0325	0.2006	0.3283	0.0000
		信息公开感知→线上政治参与	0.4044	0.0426	0.3206	0.4881	0.0000
		政务短视频使用→线上政治参与	0.0767	0.0367	0.1047	0.2488	0.0000
政务短视频使用	中介效应模型 4（M=网络秩序感知）	政务短视频使用→网络秩序感知	0.1635	0.0326	0.0996	0.2275	0.0000
		网络秩序感知→线上政治参与	0.3718	0.0431	0.2872	0.4564	0.000
		政务短视频使用→线上政治参与	0.2229	0.0360	0.1522	0.2935	0.0000

四、结论与讨论

基于问卷调查与媒介对政治参与影响机制的研究进路，研究讨论了青年群体的短视频使用、政务短视频使用对其线上政治参与的影响以及短视频治理感知为变量的中介机制。继网络论坛、SNS、微博、微信后，短视频已成为青年最重要的政治信息获取渠道，在青年线上政治生活实践中扮演十分重要的角色，但其对青年线上政治参与的影响不能一概而论。

回归结果表明，青年用户对一般性短视频的使用未能直接带来其线上政治参与水平的提高，反而具有显著的削弱作用。据此可得出结论，青年接触和观看一般性短视频越多，线上政治参与就越少。这与社交媒介对线上政治参与的"积极影响说"不同，反而回应了"负面影响说"①。在以往研究中，"负面影响说"的主要解释来自时间卷入和社交媒介娱乐性较强所产生的替代效应。② 本研究也同样认为，这种负向关系的主要原因在于如果青年用户对一般性短视频使用的时间较长，沉溺其中，必然会减少开展线上政治参与的时间；而短视频的娱乐性对青年而言存在一定的去政治化效果③，容易消解青年的政治兴趣并带来青年对于政治事务的冷漠，不利于线上政治参与情况的改善。此外，短视频平台中生活化、个性化的内容较多，政治类、新闻类、公共价值较高的信息供给相对不足，且青年用户也多以偶遇式④、碎片化的方式使用一般性短视频，不利于政治信息的积累和深度理解，亦有碍形成有助于开展线上政治参与的认知与技能。且与微博、微信等社交媒体相比，短视频尚未普遍具有公共服务、监督举报、诉求反馈等功能，部分已有线上政治参与的途径存在互动性不足、回应滞后等问题，也容易影响青年用户线上政治参与的积极性。

相反，青年对政务短视频的使用却能够显著促进其线上政治参与，再一次验证了时政类媒介的使用、政治性信息的广泛接触对个体政治行为所具有的积极效果。⑤ 亦可从侧面佐证政府参与短视频内容产制、进行内容调控、致力于信息拟态环境建设的行动获得成效，政务短视频已作为一种具有积极政治意涵的官方媒体工具，在日常实践中切实发挥着正向作用。

---

① 陈力丹，谭思宇，宋佳益. 社交媒体减弱政治参与："沉默螺旋"假说的再研究 [J]. 编辑之友，2015（5）：5-10
② PUTNAM R D. Bowling alone：America's declining social capital [M]. London：Routledge，2015：188-196.
③ 孟天广，宁晶. 互联网"去政治化"的政治后果：基于广义倾向值匹配的实证研究 [J]. 探索，2018（3）：63-76
④ 黄欣欣. 社交媒体偶遇式新闻接触与青少年潜在政治参与：网络政治效能感和政治讨论的远程中介作用 [J]. 国际新闻界，2022，44（11）：120-141.
⑤ ZHOU Y S, PINKLETON B E. Modeling the Effects of Political Information Source Use and Online Expression on Young Adults' Political Efficacy [J]. Mass Communication & Society，2012：813-830.

这一结论也从理论上回应了"涵化理论"，民众接触某种媒介提供的较多正面信息，有利于形成与媒介一致的正面态度，从而积极增进政治参与行动。这也提示政府，如果希望增强社会的政治关注度，希望调动青年的政治参与热情，应当进一步明确政务短视频的地位和作用，加大建设力度，在时政信息、政务要闻、公共政策、民生议题等方面增加内容供给，增强正能量的价值传递。同时，还应积极与青年合作，鼓励青年对公共议题进行加工和演绎，创造新的表达方式和呈现方式，在其中注入政治情感，促进"交流性"线上参与。根据算法推荐机制，使用政务短视频的用户将会接收到更多同类的短视频信息，形成信息茧房，这有可能在两个短视频接触习惯不同的青年群体中产生一定的"区隔"效应。较多使用政务短视频的青年用户更容易成为"参与积极者"，他们具有较强的政治认同，高度信任政府，也更能积极地线上参与政治，而主要接触一般性短视频的用户则相反，线上政治参与意愿处于偏低水平。

研究结论还表明，无论政府如何调整或改善短视频治理，都不能带来青年一般性短视频用户线上政治参与现状的改变（中介效应不存在）。可见，其对来自宏观环境的信息公开水平、网络开放性、网络秩序管控等治理感知类的因素并不敏感，而有效的间接变量可能更多地来自个体微观层面的心理感知、认知调整或特殊情境[1]。但对乐于接触政治、使用政务短视频较多的青年群体而言，短视频治理感知将成为催化剂，在其促进青年线上政治参与的过程中发挥更加积极的中介作用。信息公开感知的提升使得青年用户进一步感受到政府的开放和透明，不断提高对政府信息公开工作的评价，在使用政务短视频的过程中切身感受到政府保护公民知情权、信息权、参与权的诚意，从而提高线上政治参与意愿并提升线上政治参与

---

[1] ROJAS H, PUIG-I-ABRIL E. Mobilizers mobilized: Information, expression, mobilization and participation in the digital age [J]. Journal of Computer-Mediated Communication, 2009, 14 (4): 902-927.

的技能。这也是短视频改善性治理不断优化的立足点。此外，研究还发现限制性治理变量——网络秩序感知对青年的线上政治参与无负向影响，反而具有积极作用，且作为中介变量亦能强化青年政务短视频使用对线上政治参与之间的正向促进关系。这与之前国内学者所取得的结果不同。① 可见对时下青年而言，虽然能够明显感觉到网络规制等限制性治理手段对于言论、发表、交流存在一定影响，但同样认可这意味着一个更加理性、有序和成熟的网络秩序，仍然愿意积极参与线上政治。一种可能的解释是，在主要由青年政务新媒体用户所构成的"参与积极者"中，对政府开展各类网络限制性治理有着较高的认可度，且已形成一种有效的内化和认同。他们不仅在利用短视频或其他社交媒体进行原创和转发时具有更多责任意识②，且认同删帖、封禁用户等强制性规制措施的合法性，从而更加愿意亲近并信任政府，积极参与政治生活。

---

① 卢家银. 社交媒体对青年政治参与的影响及网络规制的调节作用：基于大陆九所高校大学生的调查研究［J］. 国际新闻界，2018（8）：24.
② 陈力丹，谭思宇，宋佳益. 社交媒体减弱政治参与："沉默螺旋"假说的再研究［J］. 编辑之友，2015（5）：5-10.

第七章

结论与展望：政府融媒体产品
传播模式的生成与未来前景

至此，我们经历了一场政府融媒体产品回顾之旅。作为政府主动适应和利用新媒体的创新创意之举，政府融媒体产品应被当代中国新媒体传播发展进程关注。尽管还不能确定，政府融媒体产品是否真正持久引领一股政治传播的创新潮流，但作为一种显性化、独特化，具有某种"趋势性"意味的创新探索，政府融媒体产品对政治传播、政府传播正在发挥建构作用。伴随人工智能的崛起，社交媒体正在经历新一轮的"智能化"变革，必然带动政府融媒体产品继续创新发展。尽管存在困境，政府仍然需要通过大量实践，在新趋势下持续挖掘融媒体产品所蕴含的优势与潜能，发现其与不断变化的政治传播、政府传播需求的契合之处，利用融媒体产品解决政治传播、政府传播效率、效能、创新性方面的问题。前景值得期待。

第一节　政府融媒体产品传播"产制—价值"模式的生成

回顾中国政府利用互联网、新媒体开展政治传播的历程，可认为已存在两种模式：一是以公众为主导的"输入—输出"模式。以"网络公共舆情"为内在驱动力，公众将意见输入政府，利用网络话语工具与政府进行互动协商①；二是以政府为主导的日常传播与危机传播的"供给—反馈"模式。核心基于政务新媒体的建设与推广，试图确立一整套适应新媒介环境的政务信息、政策传播、危机传播的标准、方法与路径②。政府融媒体产品在政务新媒体的基础上产生，尽管仍在发展阶段，但已然正在推动生成第三种网络政治传播模式。本研究将其概括为"产制—价值"模式，如图 7-1 所示。该模式整合了拉斯韦尔 5W 模式和香农—韦弗传播模式，其中，"用户中心导向的融媒体产品结构、以价值输出为基础的效果倾向、政府作为传播者的组织和产制行动"，共同构成这一模式的要素与关键机制。

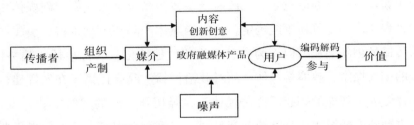

图 7-1 政府融媒体产品传播"产制—价值"模式示意图

一、用户中心导向的融媒体产品结构

"产制—价值"模式的核心要素是以媒介、内容、用户相互作用形成的融媒体产品结构，其中又以"用户"为中心导向。其一，政府融媒体产品的策划与生产建立在充分了解用户需求的基础之上。一般而言，政府对周边媒介环境和流行趋势非常敏感，也会对用户媒介使用偏好、内容接受偏好进行调查，以便综合利用多种媒介类型、内容形态产制满足用户需

---

① 贾哲敏. 网络政治传播模式及其优化 [J]. 理论探索，2015（3）：67-70.
② 贾哲敏，傅柳莺，何婧琪. 政治传播的新潮流还是新模式?：政府融媒体产品的兴起与发展 [J]. 西安交通大学学报（社会科学版），2021，41（2）：122-130.

求、重视用户体验的融媒体产品。提供受用户欢迎、贴合用户审美、符合用户习惯、抓住流行热点、与用户喜闻乐见的传播形式相契合的产品，是这一模式的主要目标。与此同时，由于政治传播、政府传播的特殊性，政府还需满足并引导、引领用户在政治信息、价值实现方面的需求，进行内容把关、提高产品质量，并兼顾融媒体产品的文化性，使之符合提升用户素养、推进民主政治的要求。

其二，"用户中心导向"改变了原有政治传播中政府与公众的"传者—受众"的地位，形成了具有开放性、邀请性、互动性和创造力的共塑、合作传播关系。政府主导的视听式、直播式、沉浸式产品，需要用户在观看、互动、热议、分享反馈，甚至是主动制造话题、协力创造流行才能完成使用，产生传播效果。可见，用户在政府融媒体产品接触的过程中具有很强的主体性。这使得融媒体产品构成一个"政府产制——用户解码、再编码——政府对用户编码的收编与再编码"的参与共塑过程。这一过程不仅体现了政府与公众对融媒体产品内涵、意图与价值的对话、博弈和协商过程，也有利于消解舆论分歧，加强相互理解，实现内在一致性。而全网互动式产品则由政府提供话题或沟通意愿，与用户充分合作，由用户通过传播行动参与完成。这种合作关系的价值还在于，政府融媒体产品属性并非抗争性而是融合性，意味着在政府与公众因产品而互动、形构过程中不断实现着社会成员、事件、情怀和情感的融合与合作。尤其是与国家、民族、危难、正义感有关的话题，用户在参与生产内容的同时，也生产着个体化政治经验和个人政治情感，产生共情效应，提升舆论环境的凝聚力。

其三，以用户为中心导向的政府融媒体产品促进了政治传播的日常化。政府融媒体产品改变了公众与政治传播接触的动机，不再是"输入—输出"模式中的政治诉求，也并非"供给—反馈"模式中的信息需求，而是在日常媒介使用、网络巡览过程中的偶遇，或者是喜爱、有趣和习惯性，这构成了一种公众对政府的粉丝效应，而政府维系粉丝的重点是进一步强化用户中心策略，使其始终保持用户黏性、形成一定的"粉丝忠诚度"。此外，政府融媒体产品已成为用户媒介环境和媒介生活的一个组成部分。用户在朋友圈、微信群转发、推送政府融媒体产品，并与朋友、熟人相互邀请、分享、点评，既构成了用户日常互动，也在不经意间参与了政治传播，为政治传播的效果实现"带动节奏"。

其四，用户中心导向的融媒体产品结构的重中之重是"内容的创新创意"，亦是政府融媒体产品是否成功的大考。政府需要深入了解不同融媒体产品的内容创制准则、话语形态和流行趋势，对政治信息、政务发布、公共政策传播进行"创新创意"，使得传统严肃、复杂的政治话语和文本变得活跃、新奇并充满意趣。常见的内容创新创意策略包括主题和题材的"创新创意"，将原本属于政治和行政的陌生领域用"融媒体形式"表现出来，大大增加了政治传播活动的开放性和生命力，这一过程本身就非常引人入胜。优先使用视觉化的方式展开传播，大量使用图像、影像、虚拟现实，强化视觉符号的调用和重组，在合适的题材之中构筑视觉奇观，强化用户观感。充分使用"故事化"叙事，设定生动而合理的人物、事件、场景，设置自然而巧妙的矛盾冲突、线索，推动情节发展和转化，赋予常规的政治表达、政策表述、文化传递以新的建构和内涵。"创新创意"准则使得政府融媒体产品所具有的内容呈现与传统政府传播有着显著不同，甚至与其他政务新媒体的传播形态区分开来，越来越具有"网红"属性，充分提供亲密感、陪伴、情绪关照、及时回应和服务。"创新创意"也使得用户始终对于政府传播有所期待，保持兴趣，乐于尝试，并以宽容的态度面对政府的创新创意之举，在有所收获、惊喜感叹之余成为政府的拥趸。此外，融媒体产品品类自身的演进和迭代，使得"创新创意"永无止境。Vlog、微电影、短剧在平台的流行也为政府融媒体产品带来"创意"基底，政府也势必迎头而上，积极创新创意，产制符合政府传播意图、符合用户需求的融媒体产品，创造政府传播的新景象，构筑政府传播"意趣"与"审美"。

其五，图7-1还显示了"以用户为中心"的融媒体产品结构存在"噪声"的影响，主要是竞争性和不确定性。政府融媒体产品不可避免地受到由媒体、组织、商业机构和个人供给的多角度、多形式的竞争，也面临用户竞争、注意力竞争、流量竞争。在广阔的社交媒体平台中，用户生产内容（UGC）极大地丰富了内容供给，"潮人""达人"深谙传播之道，专业MCN（Multi-Channel Network）则在资本力量的支持之下持续进行着内容输出。这要求政府必须投入更多精力开发高质量、有创意的产品，才能在网络大潮中免于"销声匿迹"。而这对并非专业从事传播事业的政府而言颇具难度。"不确定性"主要是用户解码、编码以及参与融媒体产品产制的过程中可能出现的偏差，政府需要随时关注舆论场域的变化并及时调整策略。"不确定性"还表现为并非每个政府融媒体产品都能获得预期的、积极的效果。媒介环境千变万化，即使用心打造的产品也有可能"遇冷"，甚至被用户误读。政府需要时刻关注融媒体产品的投放、流向和反馈，客观公正地对待用户评价，坚定信念，不因此而影响开展创新创意传播的热情与信心。

二、以价值输出为基础的政治传播效果倾向

政府融媒体产品在政治传播、政府传播的效果方面并非只着力改变用户的认知或行动，而是更加追求传播过程中"价值"的深化和共塑。融媒体产品推动形成了政治传播中"正能量"美学。综合调用文字、图片、音乐、表情等视觉符号在视听式、沉浸式、全网互动式产品中形成集成优势，促成政治传播精品化，确定"正能量"作为政治文化的审美主线。一是从国家形象的角度使用大画面和大制作构建"视觉奇观"，每一帧画面均采用宏大镜头和广阔视野，表现恢宏壮丽的气势，集中突出致敬、崇高

神圣、强力等风格，富有震撼力、感染力。二是注重塑造主旋律人生观、价值观下的值得尊敬的榜样人物，表现民生关怀与人间百态，弘扬甘于奉献、舍身忘我的精神，力求生动真实、打动人心从而鼓舞民众，营造积极向上的精神氛围。三是弘扬中华优秀文化，促进社会主流文化传播。既充分挖掘文化符号，突出传统文化的博大精深，又展现"国潮"文化的精粹和魅力，实现传统与现代、文化与精神的结合和交融。正能量美学使得这种主流价值观、意识形态、文化价值观念在网络环境中具有极高的辨识度，在政府融媒体产品中进行着生动而多元的传播与展演，不断强化着公众的使用感受和心理感受，触动着用户内心深处的感知与情感，也强化了国家认同与文化认同。

政府融媒体产品还旨在改善政府形象塑造，强化政府行动的展演，阐释政府执政的精神、理念、价值与行政文化。"融媒体产品"意味着本地政府在传播思路上的开放和行动层面的责任与亲民，能够为政府赢得好评。政府积极利用短视频发布各类政务信息、公共政策、危机信息，充分体现了政府正在使用多种方式推动信息公开，维护民众的知情权，在政府传播方面不留一处"媒介死角"，这意味着现代政府的信息公开、行政透明等理念得以充分地表达和实践。在短视频、微纪录片、Vlog 等产品中，不少政府部门选择"立足现场，真人出镜"，直观而真实的展示治理场景和决策、执法过程，让民众最大限度地了解政府的运转、公权力的依法使用，将"为民执政、公正执法、为民服务"等理念有效地传递出去，让民众获得最直观的感受和最充分而深入的理解。此外，政府融媒体产品往往精心制作，调动有利于塑造政府形象与精神的视觉符号，设置有利于表达政府行动力和行政文化的框架与叙事，设计政府与民众之间真诚又感人的微观"故事"，将更好的政府"自我形象"反复而多面地提示和展现。长此以往，用户能够对当地政府工作更加关注和了解，对政府履行职责的能力和效率产生充分的信任和肯定，增加宽容和包容度，构建出"亲近感"，并对政府提供更高水平、更高透明度的治理报以信心和期待，形成一个"融媒体产品使用—文化接触和渗透—政府形象构成和接受—产生启动效应"的良性循环。

政府融媒体产品通过用户参与和协同创造推动了对爱国主义、民族主义、集体主义等政治价值的唤醒与共塑。约翰斯顿认为，政治传播通过演讲、媒介专业人员和宣传互动，去理解政治现实是如何被其参加者和为其参加者——政治家、专业媒介人员和公众所构建和反复协调的。① 以用户为中心的政府融媒体产品，既包含了鲜明的国家叙事、政府叙事、政治修辞和价值倾向，又通过公众互动与创造，生产出大量的流行性、认同性话语，个体日常生活中的差异性被消解，使得政治传播过程中所设定的主流价值观念得以顺利地传递和渗透。越是重要的政治活动或特殊时刻，融媒体产品就越能够提供这种认同。② 公众通过与国旗的合影，通过自我形象和崇高的国家形象融合，将对祖国的全部情感凝聚于一处；"我的军装照"则将个人面孔做了统一转化，用户仿佛进入了角色，切身领悟到军队的奋斗精神并感知时代变化；沉浸式影片或游戏也会将用户代入产品所提供的主流价值情境和叙事之中，认同与骄傲油然而生。在此过程中，融媒体产品创造出一个各类主流价值的载体空间和文化空间，一方面，承载了公众日常无法表达和无法展现的价值判断、观念和情绪。另一方面，用户与政府在这一空间中经过反复的互动、合作与协调，有助于形成共识，弥合社会中存在的价值分歧和冲突。

---

① JOHNSTON A. A Selective Review of Research on the 1980s ［M］//Swanson D L, NIM-MO D. New Direction in Political Communication: A Resource Book. Newbury Park: Sage Publication, 1990: 350.

② 周庆安，王静. 全媒体语境下新闻发布的叙事和语态变迁：2017 年中国政治传播和新闻发布观察 ［J］. 新闻与写作, 2018（2）: 69-73.

三、政府作为传播者的组织和产制行动

政府创制、产出融媒体产品，政府相关机构作为传播行动者的"主体性"是"价值—产制"模式有效运行重要的内在驱动力。政府专业化传播机构（通常是政务新媒体运营中心），或其他专门从事宣传、传播、公关工作的机构的设立，既是融媒体产品进一步发展的客观条件，也是融媒体产品质量的决定性因素，而此类机构作为政治传播主体在组织和产制方面的变化也是"产制—价值"模式所带来的主要影响。

融媒体产品要求政府传播机构进一步专门化和专业化。融媒体产品产制需要从业者具有较高的新媒体专业能力、政府内容策划能力和运营营销能力，人力成本和生产成本也较高。政府致力于生产融媒体产品，势必加强专业化政府传播机构建设，扩大其组织规模、设置明确岗位、划分职责、增加经费投入、遴选适合的专业性人才。理想状态下，具有融媒体产品产制能力的政府传播机构应是在组织体系中独立而具有明确权责的部门，全面负责政府信息和内容资源的整合利用，进行融媒体产品策划、生产、制作与内容审核，扩展政府传播的社会合作与融媒体产品推广，扩展政府公共关系并进行融媒体产品的监测与效果反馈。

与"新闻编辑部"类似，新闻记者的工作被组织和职业常规所限制①，但也被新闻形式的变化塑造与改变。融媒体产品正在加速影响到政府传播机构的策划观念与生产方式，而政府传播机构也通过其产制行动具体地调节着融媒体产品的基本形构，形成"编辑部"式的内容生产，至少形成五种"新常规"：一是组织边界的不断扩展。政府内部资源流动更加充分，更多的部门、人员、信息、内容资源成为融媒体产品的对象或储备，政府部门之间基于"内容产品"形成新的沟通协作方式。同时，各类提供外包

---

① SCHUDSON M. The Sociology of News Production [J]. Media, Culture and Society, 1989, 11: 263-282.

服务的媒体、企业、个体也会更多地参与到产品生产过程中，甚至成为主要力量。二是调整并形成新的政府传播把关机制，包括资源利用、内容策划、符号选择、发布流程等，不断适应不同融媒体产品品类的特点。融媒体产品应具有更高的自由度，鼓励产品更加人性化并富有创造力。三是形成一整套适合政府融媒体产品产制的"内容生产"方式与流程，包括选题讨论、策划方案、编排拍摄、后期制作、发行营销、内容反馈、学习改进等诸多层面。特别鼓励在内容产制的各环节开展创新、创意，勇于探索和尝试新的选题和表现方法，包容各种内容创新风格。四是对融媒体产品进行内容审核。需要有较高的政治水平、专业性和判断力，在维系政治价值的同时，平衡政府需求、用户需求、市场情况、娱乐性、主创人员能动性等多方面因素。其五，保护并不断提升管理人员、政府内容生产者和运营人员的积极性和主动性。他们是政府融媒体产品"创意"的主要来源，某种程度上决定了融媒体产品最终的呈现质量。政府传播机构应尽力提供宽松的创制环境和有效的激励措施。

此外，政府融媒体产品不仅可以从媒介产品的角度进行理解，还可以看作一个政府传播合作的社会过程。政府作为传播者，基于融媒体产品开展与媒介、平台、公司、专业机构、网红、用户个人的多元深度合作，能够在很多层面感受到传播环境中的滋养，不断提升自己。无论联合开发推出融媒体产品，还是通过微博热搜、话题标签、微信公众号、算法推荐等方式助力政府融媒体产品传播，都有助于加速融媒体产品效果的发挥，扩大影响力规模，整体带动公众对政府融媒体产品的关注，为政府传播获取有利的外部媒介环境。政府融媒体产品还在政府内部和外部创造了普遍而丰富的"创新创意机会"，且在一定程度上形成了在公共传播中追求创新创意的新风尚，能够在更大范围内动员社会力量改善传播，带来新的效果和影响。

综合起来，一种因政府融媒体产品而兴起、显现并将在未来体现影响力的网络政治传播新模式——"产制—价值"模式正在生成。用户中心导向的产品结构是"内核"，以价值输出为基础的政治传播效果倾向是"结果"，政府作为传播者的组织和产制行动是"驱动力"。在此过程中，"创新创意"尤为重要，贯穿始终，作为"粘合剂""助力器"和"风向标"发挥作用。可以预见，以融媒体产品为基础的"产制—价值"模式有望与以舆情为基础的"输入—输出"模式、以信息发布为基础的"供给—反馈"模式共同构成未来我国网络政治传播的新格局。与"输入—输出"模式强调政府与公众互动的政治过程、"供给—反馈"模式强调公民信息权利与政府绩效有所不同，"产制—价值"模式更加重视政治信息的多元化呈现和政治文化的输出与接受，尤其是主旋律政治价值、国家主流文化观念、政府行政文化在宏观层面和微观层面的生产、传播与社会化。

第二节　"智能时代"政府融媒体产品的发展前景与路向

一、生成式人工智能对政府融媒体产品的影响

2022 年 11 月 30 日，OpenAI 开发的全新聊天机器人模型 ChatGPT（Generative Pre-trained Transformer）横空出世，引发互联网及人工智能海啸。ChatGPT 的基本运行逻辑是，当用户对 ChatGPT 提问时，ChatGPT 将根据预训练模型对这一问题进行直接回答，并同步使用人类语言输出。有学者认为，ChatGPT 有望为当代政治社会带来更多的公众参与，并有效提高公众参与公共对话的能力。[①] 在新闻界，各大媒体在新闻采编系统中加入生成式人工智能，已经可以自动完成数据采集和新闻模板化写作。研究

---

① 苏颖，汪燕妮. 生成式人工智能时代的政治传播走向：基于 ChatGPT 的讨论 [J]. 党政研究，2023（3）：34-41，124.

者认为，AI、VR 显著增加了用户在新闻事件中的"临场感"，而新闻分发的过程也更加注重使用算法进行推送。① 政府也充分重视生成式人工智能的发展，并尽可能地率先利用。日本神奈川县横须贺（YOKOSUKA）日前宣布将尝试用生成式机器人（ChatGPT）帮助处理政府事务，以提高工作效率。主要工作内容是使用 ChatGPT 总结句式、检查语法、获得新想法，同时基于 ChatGPT 起草政府文件、进行会议纪要、制作面向市民的宣传营销方案、产生新的业务创意等。② 美国宾夕法尼亚州在一个试点项目中部署了 OpenAI 的企业级 ChatGPT 服务，目的是帮助州政府员工完成行政工作。将 ChatGPT 用于创建副本、使得政策语言更易于理解、起草职位描述、帮助招聘和录用、解决政策重复和相互冲突、编码等任务。这项计划的重点，旨在寻找使用生成式人工智能真正改善"政府为公民服务"的有效方法。③

一种新兴技术必将对人类社会发展产生深远的影响，而"传播"往往先行。总结起来，生成式人工智能（ChatGPT）至少能在四方面对政府开展政治传播、政府传播发挥积极的作用。其一，基于庞大的政策资料库和政府语料库，生成式人工智能够有效促进政府文本的自动生成并提高传播和扩散的效率。其二，改善政府传播中的"技术性"要素，ChatGPT 可以根据政府需要生成框架、结构图、图片、音频、视频，完成写作、润色、生成、发布等一系列流程，成为政府信息传播的重要助手。其三，提升创意性，有利于融媒体产品的生成。AI 提供了丰富而逼真的场景和环境，实现视觉、听觉媒介的深度结合，提升"临场感"和"代入感"，也使得融

---

① 彭兰. 更好的新闻业，还是更坏的新闻业？——人工智能时代传媒业的新挑战 [J]. 中国出版，2017（24）：3-8.

② 用 ChatGPT 为政府工作！这个城市开创全国先例！ [EB/OL]. 搜狐网，2023-04-20.

③ 宾夕法尼亚州政府工作人员将在测试程序中开始使用 ChatGPT [EB/OL]. cnBeta，2024-01-01.

媒体产品更具有艺术性和融合性。AI 内涵了无限的创意灵感和内容开拓空间，大大提升了政府传播的创新创意潜能。其四，便于政府开展营销。AI 能为政府提供"一键生成式"营销产品，还可根据政府需求提供相应的营销方案并监督流程，及时回应用户。

2024 年年初，OpenAI 发布的人工智能文生视频大模型 Sora，是生成式人工智能的最新成果。Sora 可以根据用户的文本提示创建最长 60 秒的视频，深度模拟真实的物理世界，生成具有多个角色、包含特定运动的复杂场景。因此，OpenAI 并未单纯将其视为视频模型，而是作为"世界模拟器"横空出世。① 不言而喻，Sora 的诞生为视觉化内容产品的产制带来了巨大影响和新的挑战。在政府传播领域，Sora 有助于政府重新认识和规划"短视频"媒介，加快步伐融入视觉传播浪潮，尽早探索如何利用 Sora 优化政务短视频产品，寻求技术与需求融合之道。重点在如何提高 Sora 对政治传播和政府传播属性与需求的理解，使其能够将智能化角色、主体性、具身性、信息、主题、背景、符号、细节、价值观念整合起来，更好地服务于政府传播目标。具备丰富而可靠的"训练集"，以及"提供指令"同样尤为重要，但这需要有足够数量和质量的政府融媒体产品供 Sora 学习、训练，政府传播机构的工作人员同样也需对生成式人工智能的运行逻辑、内容生成方式有所了解和掌握，经历多次培训、磨合。Sora 还有助于推动新型政府融媒体产品的诞生。如在社会治理领域进行空间模拟，通过内部数据交互，生成社会治理虚拟场景，模拟治理过程并提供有效工具，帮助多元主体建立起理解和模拟治理现实的模型②，从而突破原有治理的议题和维度，提供融合、重构机会。

---

① OpenAI 推新款大模型 Sora，可根据文本生成 60 秒视频 ［EB/OL］. 澎拜新闻，2024-02-16.

② 阮润生，王小伟，吴志，等.Sora 冲击波引领文生视频新浪潮，多模态人工智能加速行业赋能步伐 ［N］.证券时报，2024-02-24（A4）.

二、现阶段政府融媒体产品存在的问题与困境

尽管本研究勾勒了一个政府融媒体产品"欣欣向荣"的发展历程，有相当数量的经典产品得以产生并构成"范本"，对未来形成启示，且"智能化"传播趋势还将加快政府融媒体产品的创新步伐，但我们仍要沉下心来，需要关注其中所存在的问题与困境。既包括观念与制度层面的争议和讨论，也有技术和操作层面的难题与不足，本小节将对此展开分析。

（一）政府内部对于"融媒体产品"的观念和态度不一致

虽然政府融媒体产品意味着"新潮"和"亲民"，但在政府内部，对于是否有必要加强政府融媒体产品产制、进一步突出政府融媒体产品的传播功能并未达成一致。部分政府传播机构的从业者认为，政府融媒体产品并非必需品，"虽然可以做，但只是锦上添花"。在本研究所使用的深度访谈资料中，多个头部政务账号的运营者表示，"政务新媒体账号以信息发布为主，保证常规政务信息和主要新闻的推送是首要任务，产制融媒体产品并非主业（1号、6号）。"也有部分政府机构仅在重大活动、节日庆典等特殊时刻策划推出融媒体产品，主要用于形象宣传或配合党委、宣传部的整体传播计划，而在日常政策传播、官民互动、知识传播和普法方面并无相应考虑（8号）。也有个别政府机构态度相对保守，尽管承认"融媒体产品"较为新颖，但仍然主要使用传统方式运营其政务账号（主要是政务微信）。他们认为，政府信息发布应注重权威性和严肃性，而不是"追逐潮流"。且政府本身职能在于"行政"而非"传播"，更无必要在政府本不擅长的传播方式和内容变化上花费精力（7号）。

与之相反，也有相当数量的官方账号积极产出融媒体产品（如中国政府网/国务院客户端、团中央系列政务新媒体、中国政法委系列账号、国资委"国资小新"，访谈中4号、5号、16号）。他们往往能够做到"深度跟踪"流行趋势，积极尝试融媒体产品的最新形式，在用户最为集中、影

响力最大的平台上投放较高质量的融媒体产品，参与"注意力竞争"，赢得良好的传播效果和声誉。也有部分运营者（部分基层政府、有关职能部门账号，2号、3号、10号、14号）希望能够将工作重点放在开发政府融媒体产品之上，积极创新创意，拓宽传播边界，在社交媒体平台中"出圈"。但他们所获得的来自政府内部的支持也不尽相同，受到运营经费、绩效考核、人力物力、领导者新媒体偏好的影响。首要因素是领导者的新媒体偏好，如果领导者不主张产制政府融媒体产品，那么将会遇到较大阻力。其考量一是出于自身对于新媒体技术采纳的保守。其次是认为政府融媒体产品尚属新生事物，且制作周期较长、流程复杂、成本较高，是否能够产生相应效果并不明确，因而不必要为之投入。最后是为了规避因政府融媒体产品传播而带来的潜在舆情风险。

（二）优质政府融媒体产品的产制与供给存在不足

在实践中发现，政府融媒体产品普遍面临产制和供给不足的问题。即使是拥有头部政务新媒体账号的政府传播机构，优质融媒体产品的产制相比日常化信息发布而言，数量仍然有限。充满创意、参与度高、评价较好的优质政府融媒体产品（如政务 VR、直播、#话题#、微电影、微纪录片等）则经常处于"稀缺状态"。一是因为这些融媒体产品内容策划和制作周期较长，难以赶上平台对快更、推出爆款、带动流量的要求（1号、5号、8号、10号、15号、16号）；二是政府传播机构人力、物力有限，无法同时进行多个政府融媒体产品的策划和产制；三是政府对于融媒体产品创新性、创意性和制作质量要求较高，一款优质的政府融媒体作品需要具备"天时地利"，难以不间断地生产出来。

此外，政府融媒体产品的主题和题材有待开拓。政府融媒体产品在政府政务、政策传播、知识传播、普法教育等方面具有优势，但在这些主题领域推出的优质融媒体产品整体数量并不多。此类内容具有很强的专业性，往往涉及政府态度和公众切身利益，既能做到有深度、公共性强、态度鲜明，又能具有融媒体产品所必需的创意性、趣味性，对政府传播来说是一个不小的挑战。如果政府缺乏经验，或出于能力、成本、安全等方面的考虑，则会选择传统传播方式而减少融媒体产品的供给。致力于塑造政府形象并有效传播政治文化的内容同样不足。往往只有有限的几个领域（如军警、文旅、党建）被充分关注并深度挖掘，大多数与政府形象和文化传递密切相关的内容领域并未得到足够开发。能够在文化、价值、审美层面提升政府融媒体产品水平的内容供应则更加匮乏，需要长期不懈的积累、试错、创新和探索。这也导致部分政府传播机构创制一个或两个"流行单品"不难，但难以实现政府融媒体产品的品牌化建设。

内容策划和产制技术层面的困境也值得注意。部分政府融媒体产品存在内容模式化、制作粗糙、构思简单、场景重复、跟风化、过度娱乐化等问题，影响传播效果和社会评价。因此，政府传播机构的策划者需要敏锐识别各类新媒体平台中的流行趋势，找到广受欢迎的产品，且要在明确政府传播意图、把握传播方向和政治原则的基础上进行立意和构思。更为重要的是，作为融媒体产品的策划者，对不同品类产品的属性和特质要有充分的了解和掌握，从确定主题、调度资源，到品类选择、形式确定，再到明确内容呈现方式、确定叙事框架建构，还有符号甄别、场景设置、环境、音乐，包括拍摄、剪辑、审核、后期制作等都需要有较高的专业能力、娴熟的策略、充足的技巧以及足够的审美。对于全网参与式产品还应具有完善的参与策略，调动合作伙伴和公众，共同完成传播。如果融媒体产品遭遇"翻车"或"误读"，还要准备备用方案，回应舆情或调整传播。这对政府传播机构和运营者来说是一项具有难度的工作，想要扩大优质产品的"产量"，就需要在每一个环节加强专业能力的建设，对融媒体产品生产的"全线流程"进行提升。

（三）政府融媒体产品产制和传播过程中的潜在风险

多样态、风格显著的政府融媒体产品究竟是否能够有效地应用于政治传播，而不是削弱了政府的本意，属于政府融媒体产品产制和传播过程中的一种"潜在风险"。有研究认为，政府通过抖音推送新闻实际上改变了新闻原有的即时性、准确性结构，而强化情感和视觉化与幽默元素的使用，是对新闻专业主义的一种削弱。[①] 人们获知新闻主线、理解政治意图的过程并非因为丰富的图形、图像、声音、视频而变得更加容易且富有效率，而往往总是受其干扰，不得不将注意力聚焦于细枝末节而非真正重要的内容。此外，用户是否能够准确识别政府融媒体产品中真正的政治用意和深刻意涵，从而在价值层面产生与传播者一致的理解与认同，同样令人担忧。用户在使用政府融媒体产品时的"解码"与"编码"，容易出现误解、不一致甚至反讽，也表明这一风险的确存在。

此外，政府在通过融媒体产品"直面公众"的时候也存在一定风险。例如，缺乏有力的"中间人"（effective middle man）。传统时代，媒体可以作为调停者，帮助政府管理官方信息，使其易于受众理解，因为记者通常是讲故事的专家。媒体可以帮助政府使其免受自身沟通失误而带来的影响，但网络和新媒体并没有这种机制。[②] 政府融媒体产品在诞生之初就直面公众，在平台浪潮之中经受亿万公众的检验。一旦出现"沟通失误"，融媒体产品就具有"翻车"的可能，带来较高的舆情风险。如果是全网互动式产品，政府传播机构还必须关注其产制团队中人员的素质以及他们所享有的赋权水平。拥有一支精明的产制运营团队，其成员擅长语言，拥有健康的幽默感并与互联网文化保持联系，才能够帮助政府避免传播和沟通方面的失误。[③]

值得探讨的风险性问题还在于，政府融媒体产品究竟应该保持在一个怎样的规模，以及如今这些产品是否真的已然找到了他们的"受众"。如

---

① ZHAO L, YE W. Making laughter: How Chinese official media produce news on the Douyin (TikTok) [J]. Journalism Practice, 2023: 1-25.

② When the Government Goes Online [EB/OL]. CSC knowledge, 2024-11-05.

③ When the Government Goes Online [EB/OL]. CSC knowledge, 2024-11-05.

果融媒体产品势必增添越来越多的娱乐性元素，那么政府融媒体产品是否会销蚀政治的严肃性，扩大了用户的去政治化水平？面对这些疑问，即使一线从业者，恐怕也难以给出确定的答案。克服风险的基本原则在于以下几点：其一，明确产出融媒体产品、推动政治传播视觉化是一种不可逆转的潮流，政府只能选择"回应"，在其中调适改变。其二，应以开放的胸襟创新传播，持续产出并保有一定的空间用于试错，保守、不做出任何改变、不回应用户需求的做法将无法适应环境变化。其三，紧密追踪用户，向用户学习，明确用户反馈，在此基础之上实现产品改进，而后将"引领用户"作为长期发展目标，调整决策。

（四）人力资源、经费、成本与合作层面的现实困境

人力资源、经费的短缺为政府融媒体产品产制带来了现实性困境，是政府融媒体产品想要获得进一步发展不得不重点解决的问题。首先是"人才短板"和"人力短缺"。对多数政府传播机构的管理者和运营者而言，主要有两个来源，一是政府宣传部门，二是下属传统媒体（如行业报社、电台等）。他们并非专业的融媒体产品运营者，因而在观念、策划、制作等专业技能方面往往存在短板。若想获得整体提升，亟须补充大量具有丰富经验的专业人才（14号、16号）。但受到政府编制限制，政府内部很难增设足够的岗位，只能开展社会招聘，却又很难支付市场化薪酬，在吸引高水平的融媒体产品策划专业人才方面存在难度。一个合格的融媒体产品运营者不仅需要熟悉政府传播需求，明确不同政府传播任务的目标和意图，还要总揽内容策划、视频剪辑、管理沟通、宣传发行等复杂而细致的工作，从业要求极高。此类人才在专业广告公司、公关行业都很紧俏，若无法获得与其专业能力匹配的薪酬，则很难吸引他们进入政府传播机构工作。"人力短缺"的现象也很普遍。在现阶段，政府内部负责开发和设计融媒体产品的运营者可能并非"专岗、专人、专务"，有时身兼数职，不仅需要负责政务新媒体账号的日常运营和管理，还要兼顾新闻、摄影、宣

教、接待等公关工作，留给融媒体产品策划和制作的工作余量并不多。这样一来，运营者精力分散，效率有所下降，能够真正开展的融媒体产品策划数量和质量也将受到影响。越到基层政府，这种现象就越是突出。此外，政府融媒体产品是创意性和创造力较强的工作，需要运营者热爱、专业并尽可能地投入。

聘用制和外包是目前政府传播机构解决人力不足的主要方式，但需要大量经费支持。部分融媒体产品（如短视频、微纪录片、微电影、动画等）专业性极高，产制难度大，即使政府建设有独立的融媒体工作室，也很难独立完成，往往与专业第三方公司或机构合作生产和推出，成本较高。如果政府想要推出政务 VR、游戏等"大制作"，则更为昂贵。通常而言，政府传播机构每年用于运营新媒体、公关、宣传的经费有限，政府融媒体产品的产制就会有所掣肘。在支付经费不足的情况下，合作方与外包方也不得不节约成本和开支，替换产制成本较低的融媒体品类、压缩时长、改变技术运用和内容建构方式、不再使用视觉特效等，或者直接采用"套路"或"模板"进行批量化制作。在这种情况下，第三方即可同时承担多家政府融媒体产品产制的"订单任务"以增加收益，但在客观上带来了融媒体产品"模式化"、创新创意难以提升的问题。

在融媒体产品合作生产过程中，政府与第三方机构也会经历多重协商。主要的困境在于以下几点：其一，政府目标和需求需要多次明确，尤其是涉及专业性、职能性较强的政策性问题或法律法规。第三方机构的专业能力也须尽力展示和沟通，便于政府甄别其是否能够满足自身传播需求并拥有足够实力。政府传播机构的运营者应当承担有效的转换角色，弥合合作双方对"政府传播需求"和"专业制作技能"的理解偏差，促进合作。其二，具体产品的方案策划、内容设计、修改调整到最终落地往往需要多次协商、讨论。不仅需要第三方机构全力以赴，还需要政府内部运营者具有较为先进的理念，拥有足够的专业水平和准确的判断力，才能充分沟通，反馈有效意见，进行内容把关与审核，修改并最终完善，杜绝"产品烂尾"和粗制滥造。其三，政府融媒体产品有着广泛的"合作对象"，除去第三方公司外，平台、媒体、网红、用户个人都是重要的合作者，能够进行充分动员。值得特别关注的是"与平台的合作"及"与网红的合作"。尽管平台愿意让渡一部分流量资源，帮助新推出的政府融媒体产品获得关注，站稳脚跟，但最终传播效果和社会影响力的获得还是取决于产品质量，以及用户从中体会到的政府传播水平的拓展与改进。"与网红的合作"也正在开启。"网红"虽然同样乐于借助政府背书提升自身的社会声望，收获大批粉丝，但其背后仍需支付高昂的人力、物力和流量成本。如果无法实现收益，则合作难以维系。这需要政府进一步探索基于融媒体产品的多元传播合作机制，实现共赢。

三、面向未来的政府融媒体产品发展前景与策略

无论如何，我们正在迎来最好的传播创新时刻。与之有关的一切仍在发展变化，绚烂而夺目。值得庆幸的是，政府始终"保持敏捷"，与媒介、技术、社会的发展变革同在。

作为一种被政府选择的"时代触角"，政府融媒体产品正在不断向外扩张，感受着外部环境中迅速、流行而具有潜质的传播变化，也在努力地向内生长，激活政府内部的创新机能，唤醒预期，勾勒前景，焕发活力。融媒体产品宛若一颗颗政府传播巨树上的"花冠"，既因其生动多姿而引人驻足，也作为一种功能丰富的"交互介质"滋养主干。在视觉化、智能化传播如日中天的未来，政府融媒体产品仍会进一步发展，不断提升，带来一次又一次的传播惊喜。整体而言，政府融媒体产品在如下层面值得期待。其一，作为政府传播创新的"引擎"，驱动政府在日新月异的传播潮流中"迎头赶上"，积极探索，勇于试新；其二，作为政府传播创新的"技能"，打开政府创意之窗，推动政府内容创造，保持政府传播生动、鲜

活，充满意趣；其三，作为政府传播创新的"成果"，帮助政府在不同的平台赢得用户，获得信任，全面提升传播效果与社会影响；其四，作为政府传播创新的"积淀"，将开放政府、透明政府、责任政府、文化政府等价值理念传播、渗透，在用户中形成有效而深入的感知；其五，作为政府传播创新的"标签"，构筑来自政府的官方传播文化和审美品位，成为社会主流价值建构的重要组成。

最后，本书将总结十项面向未来的政府融媒体产品发展策略，助力政府创新传播的步伐永不停歇。具体而言：

（1）政府应充分关注并时刻保持对自身所面临的媒介、技术与社会转型局面的敏锐意识。支持和鼓励政府转变观念，开阔思路，积极产制并发展融媒体产品。加强顶层设计和功能定位，制定合理而具体的融媒体产品发展目标、规划与方案，进一步发挥融媒体产品在改进传播、提升效果、促进沟通、改善形象等方面的功能和作用。

（2）政府应梳理其所具有的传播资源，在明确传播需求的基础上，选择合适的融媒体产品发展建设。一般而言，首选政务短视频，因其发展成熟，且能有效地和直播、Vlog、微电影、微纪录片等形式结合。政府可在这一过程之中积累经验，不断提升融媒体产品的产制水平。同时积极开拓政府融媒体产品的新生品类，选择合适的时机进行探索。充分利用音视频、可视化、ChatGPT、Sora 等新技术，促进政府融媒体产品的更新迭代。

（3）政府融媒体产品应丰富其内容类型并拓展应用场景。政府需要明确不同类型的融媒体产品的优势，再根据自身职能和传播目标，在"政务信息、公共信息、危机通报、公共政策、知识传播、普法教育、文化传播、公共教育、党团建设、形象塑造"等领域进行实现充分的内容建构和产品产制，形成不同形态、不同深度、不同风格的政府融媒体产品内容供给体系。还应拓宽应用场景，除目前比较成熟的"军警、文旅"垂类之外，教育、医疗、卫生、交通、城建、危机管理、公共服务等部门也应积极探索，发挥融媒体产品的积极作用。

（4）鼓励政府融媒体产品积极创新创意，尤其要在视觉效果、叙事建构两个层面不断改进。政府传播机构应充分强调创新创意的关键性价值，提供宽松的创作氛围和条件。要在加强符号选择、场景设定、影像重组方面求新、求好，同时提高拍摄与制作技术，创造良好的感官体验，构筑"视觉奇观"或提供新颖、精美、令人难忘的视觉景象。还要强化"故事化"叙事的运用，大胆创新不同种类融媒体产品叙事中的故事结构、框架、人物、话语、模式，创造"直抵人心"、富有感染力和表现力、易于传达政府理念和意志的故事。此外，知识化叙事、情感化叙事也可根据需要酌情使用。政府还应积极开发沉浸式融媒体产品，在如 VR、游戏、动画等产品中加大创新创意尺度，使之成为一个衡量政府传播开拓性和开放性的维度，在"出彩""出圈"的同时塑造认同。

（5）政府融媒体产品需遵循平台的内容生产原则，应尽可能地适应、融入而不是生硬地进驻其中。必要而有效的方式仍是使用该平台中的流行元素、话语、热梗、流量 IP 等进行内容创制。对于其中的"娱乐性趋势"，不可规避，但应适度把握，寻求实现政治性、公共性与娱乐性的平衡。政府融媒体产品的策划者需保持清醒头脑，在内容审核红线之内，在坚持政府传播本质和基本原则的基础之上，多方考虑政府需求、用户偏好和流量法则，灵活掌握产品内容中的"娱乐性"尺度。既不能严肃乏味，又不能过度娱乐化，应当以娱乐性带动信息性、公共性，同时保持轻松、亲民并富有意趣。

（6）坚持用户中心导向，加强用户研究。一是需要密切关注用户媒介偏好的变化动向，确保能在用户集中、广受用户欢迎的平台投放政府融媒体产品，使之更好地抵达用户；二是深度了解平台中的流行趋势以及用户偏好，使得所推出的政府融媒体产品能与用户的喜好达成一致，获得用户好评；三是进行用户调研，特别是对某种融媒体产品的重点使用人群，如青年之于游戏/VR、老年人之于短视频、上班族之于"#话题#"互动产品等进行深入研究，进一步理解用户使用行为，为用户画像，针对不同类型的用户进行差异化传播营销；四是针对已经推出的政府融媒体产品进行用户使用调查，针对结果进行产品调整和改进。

（7）政府传播机构应加大对融媒体产品产制的投入力度。根据实际条件和情况，争取增加经费支持，使得从业者有条件策划相对复杂，但效果较好的大型融媒体产品，为组织争取传播声誉。但也要进行成本核算，将有限经费用于最有价值的融媒体产品生产。政府传播机构应注重吸引专业化策划和运营人才，解决人才不足和人力短缺的问题。还应加强"融媒体产品内容策划编辑部"的组织建设，尽可能地发挥主创人员的能动性，保护他们的创新意愿和创意激情，保障其创新劳动和创新成果得到尊重和认可，形成良性的产制机制。

（8）政府融媒体产品还应重视"产制—传播"全流程的整体改进，在策划、资源调配、方案、制作、拍摄、后期、宣发等多环节进行现状诊断，关注细节，有针对性地改进，实现持续提升。有条件的政府部门可借助融媒体产品进一步构建政府传播品牌，再有计划地推出系列新产品强化品牌内涵，维系认同，促进用户对政府品牌价值的接受与内化。

（9）政府融媒体产品产制应围绕产品，以政府为主导促进多元主体传播合作。第三方专业机构、平台、公司、媒体、用户、网红、社会组织都是主要的参与者。政府以"传播共赢"为基准发出合作邀约，匹配适合的参与主体，推动平等、协商、优势互补、互惠的合作，在内容策划、方案甄选、技术制作、协同创意等层面形成切实有效的合作机制或模式。第三方、平台、网红同样能向政府提供丰富的价值和合作机会，与政府一同培育创意①，带来政府融媒体产品水平的整体提升。用户的参与亦十分重要。

---

① BILTON C, CUMMINGS S. Handbook of management and creativity [M]. England: Edward Elgar Publishing, 2014: 15-18.

未来的政府融媒体产品将更加重视用户的分享、讨论、参与和再创造，"与用户合作生产"将是政府融媒体产品的创新来源之一，是否"与用户合作生产"也是检验其是否成功而有效的标准。

（10）充分重视政府融媒体产品对主流文化、核心价值的塑造、传播与渗透。传递文化、生成共同意义、建构共识是政府融媒体产品的深层价值之所在。政府应当深度挖掘各类文化要素，利用多元文化符号，致力于打造一个展示各类主流文化价值的视觉空间。既包括以"正能量"作为政治文化审美主线所形成的各类产品，在重大时政活动、重要节日及纪念日推出，深化政治价值和意识形态，提供政治认同[1]，也包括以政府尽职尽责、勤政爱民、无私奉献为基础的政府精神、形象塑造和行政文化理念的传递，还包括日常生活视角所展示的民间文化、社会规范和主流价值观，有益于与民众分享共同的情绪与情感，产生共鸣，以及对优秀传统文化和历史文化的挖掘和重塑，唤醒人们的心中的文化自豪感与文化自信，促进社会团结。

总而言之，在一个媒介与环境瞬息万变的时代，我们有幸亲历一种全新的政治传播现象和政府传播实践——政府融媒体产品的兴起、演变与发展，直至引领一股政府传播创新的潮流。尽管艰难，且不乏磨砺与反复，但"潮流"意味着成功的机遇，以及时代前进的方向。[2] 我们应当始终怀有积极的态度，对此抱有信心。在数字化、智能化技术变革的推动下，在国家治理现代化、国家传播治理体系构建的浪潮中，政府仍需不懈努力，推动政府融媒体产品的高质量发展和嬗变，在时代潮流中承担传播创新的使命。让我们拭目以待。

---

① 周庆安，王静 . 全媒体语境下新闻发布的叙事和语态变迁：2017 年中国政治传播和新闻发布观察 ［J］. 新闻与写作，2018（2）：69-73.
② 胡泳 . 流行之道 ［EB/OL］."胡泳"微信公众号，2022-11-12.

参考文献

一、中文文献

（一）专著

[1] 陈刚，沈虹，马澈，等．创意传播管理：数字时代的营销革命 [M]．北京：机械工业出版社，2012．

[2] 陈先红．讲好中国故事元叙事传播战略研究 [M]．北京：人民出版社，2023．

[3] 黄河．政府新媒体传播：直面新媒体带来的挑战与机遇 [M]．北京：光明日报出版社，2012．

[4] 贾哲敏．移动政府：政务新媒体传播图景与效果研究 [M]．北京：人民出版社，2021．

[5] 荆学民．新政治传播学 [M]．北京：中国人民大学出版社，2023．

[6] 刘海龙．宣传：观念、话语及其正当化 [M]．北京：中国大百科全书出版社，2020．

[7] 胡泳．流行之道 [M]．北京：北京联合出版公司，2024．

[8] 栾轶玫．融媒体传播 [M]．北京：中国金融出版社，2014．

[9] 麦克奈尔．政治传播学引论 [M]．殷祺，译．北京：新华出版社，2005．

［10］年怡．传播的进化：人工智能将如何重塑人类的交流［M］．北京：清华大学出版社，2017．

［11］孙鸿，赵可金．国际政治营销概论［M］．北京：北京大学出版社，2011．

［12］王建华．政务新媒体语言表达模式建构研究［M］．浙江：浙江大学出版社，2020．

［13］吴璟薇．人工智能如何改变新闻：技术、媒介物质性与人机融合［M］．北京：中国人民大学出版社，2023．

［14］向勇．创意管理学［M］．北京：清华大学出版社，2022．

［15］袁国宝．政务新媒体：引爆指尖"政能量"［M］．北京：中国经济出版社，2020．

［16］赵新利．萌力量：可爱传播论［M］．北京：人民日报出版社，2017．

（二）译著

［1］查德威克．互联网政治学：国家、公民与新传播技术［M］．任孟山，译．北京：华夏出版社，2010．

［2］纽曼．营销总统：选战中的政治营销［M］．张哲馨，译．上海：上海人民出版社，2007．

［3］詹金斯．融合文化：新媒体和旧媒体的冲突地带［M］．杜永明，译．北京：商务印书馆，2012．

（三）期刊

［1］白惠元．向心地理：大国时代的"故宫形象学"［J］．中国现代文学研究丛刊，2023（8）．

［2］班玉冰．困境与突围：社会治理视阈下的移动政务直播［J］．湖北行政学院学报，2019（5）．

［3］陈力丹，谭思宇，宋佳益．社交媒体减弱政治参与："沉默螺旋"

假说的再研究 [J]. 编辑之友, 2015 (5).

[4] 陈先红, 袁文霞. 信息·情感·意义: "短视频讲故事" 的集体对话 [J]. 新闻与写作, 2021 (10).

[5] 戴海波, 杨惠. 在视像展演中凝聚信仰: 共青团政务短视频构筑青年政治认同的双重逻辑: 基于《跟着那兔学党史》的审视 [J]. 中国青年研究, 2022 (8).

[6] 邓喆. 政府官员直播 "带货": 政务直播+助农的创新发展、风险挑战与长效机制 [J]. 中国行政管理, 2020 (10).

[7] 范英杰, 李艳红. 草根全球化、技术赋权与中国农村青年的非洲叙事: 对快手平台上三个视频主播的分析 [J]. 国际新闻界, 2020 (11).

[8] 方楠. VR 视频 "沉浸式传播" 的视觉体验与文化隐喻 [J]. 传媒, 2016 (10).

[9] 冯乃恩. 博物馆数字化建设理念与实践综述: 以数字故宫社区为例 [J]. 故宫博物院院刊, 2017 (1).

[10] 高宏存, 马亚敏. 移动短视频生产的 "众神狂欢" 与秩序治理 [J]. 深圳大学学报 (人文社会科学版), 2018 (6).

[11] 胡翼青, 吴欣慰. "奇观" 之于 "景观": 论凯尔纳对德波的跨文化解读 [J]. 新闻与传播研究, 2013 (11).

[12] 姜红, 印心悦. "讲故事": 一种政治传播的媒介化实践 [J]. 现代传播 (中国传媒大学学报), 2019 (1).

[13] 姜倩倩. 博物馆短视频创作中的阐释理念与实践: 以故宫博物院 "抖来云逛馆" 项目为例 [J]. 博物院, 2023 (6).

[14] 荆学民, 苏颖. 中国政治传播研究的学术路径与现实维度 [J]. 中国社会科学, 2014 (2).

[15] 卢家银. 社交媒体对青年政治参与的影响及网络规制的调节作用: 基于大陆九所高校大学生的调查研究 [J]. 国际新闻界, 2018 (8).

[16] 吕永峰，何志武．逻辑、困境及其消解：移动短视频生产的空间实践 [J]．编辑之友，2019 (2)．

[17] 马川，孙妞．从"政治萌化"到"反政治萌化"：当代青年政治主体性的建构、再构与重构 [J]．中国青年研究，2020 (6)．

[18] 彭兰．短视频：视频生产力的"转基因"与再培育 [J]．新闻界，2019 (1)．

[19] 任彬彬，颜克高．官员直播带货：县域政府实现乡村振兴的新探索：基于基层治理创新视角 [J]．兰州学刊，2021 (1)．

[20] 沈虹．缘起"协同"：论"协同创意"的理论渊源 [J]．广告大观 (理论版)，2013 (4)．

[21] 苏颖．国外政治传播新转向：政治品牌的发生、运作与争议 [J]．国外社会科学，2020 (4)．

[22] 孙玮．融媒体生产：感官重组与知觉再造 [J]．新闻记者，2019 (3)．

[23] 王娟．警示·反思·吁求：后人类语境下《克拉拉与太阳》中的危机叙事 [J]．重庆交通大学学报 (社会科学版)，2023 (4)．

[24] 易钟林，姚君喜．新媒体产品创新的特征与过程 [J]．现代传播，2016 (3)．

[25] 张开平，孟天广，黄种滨．"软宣传"的兴起、特征与效果：基于2009—2023年主流媒体与政务新媒体的大数据分析 [J]．新闻与传播研究，2023 (12)．

二、英文文献

（一）专著

[1] WOLFSFELD G. Making sense of media and politics：Five principles in political communication [M]. London：Routledge，2022.

（二）期刊

［1］BERTOT J C, JAEGER P T, HANSEN D. The impact of polices on government social media usage: Issues, challenges, and recommendations ［J］. Government Information Quarterly, 2012, 29 (1) .

［2］BLUMLER J G, KAVANAGH D. The third age of political communi-cation: Influences and features ［J］. Political Communication, 1999, 16.

［3］CHUN S A, LUNA REYES L F. Social media in government ［J］. Government Information Quarterly, 2012, 29 (4) .

［4］CRIADO J I, SANDOVAL-ALMAZAN R, GIL-GARCIA J R. Gov-ernment innovation through social media ［J］. Government information quarterly, 2023, 30 (4) .

［5］JIA Z, LIU M, SHAO G. Linking government social media usage to public perceptions of government performance: an empirical study from China ［J］. Chinese Journal of Communication, 2019, 12 (1) .

［6］KHAN G F, YOON H Y, PARK H W. Social media communication strategies of government agencies: Twitter use in Korea and the USA ［J］. Asian Journal of Communication, 2014, 24 (1) .

［7］LINDSAY H H. Participation or communication? An explication of po-litical activity in the internet age ［J］. Journal of Information Technology & Poli-tics, 2012, 9 (3) .

［8］LU Y, PAN J. The pervasive presence of Chinese government content on Douyin trending videos ［J］. Computational Communication Research, 2022, 4 (1) .

［9］SERRANO J C M, PAPAKYRIAKOPOULOS O, HEGELICH S. Dancing to the partisan beat: A first analysis of political communication on Tik - Tok ［J］. ACM, 2020.

［10］ MERGEL I. Social media adoption and resulting tactics in the US Federal Government ［J］. Government Information Quarterly, 2013, 30 （2） .

［11］ NIKOLAOU A, SCHWABE A, BOOMGAARDEN H. Changing social attitudes with virtual reality: a systematic review and meta-analysis ［J］. Annals of the International Communication Association, 2022, 46 （1） .

［12］ OBAR J A, WILDMAN S. Social media definition and the governance challenge: An introduction to the special issue ［J］. Telecommunications Policy. 2015, 39 （9） .

［13］ VIJAY D, GEKKER A. Playing politics: How Sabarimala played out on TikTok ［J］. American Behavioral Scientist, 2021, 65 （5） .

［14］ WEBER W, DINGERKUS F, FABRIKANT S I, et al. Virtual reality as a tool for political decision-making? An empirical study on the power of immersive images on voting behavior ［J］. Frontiers in Communication, 2022.

［15］ WUKICH C. Government social media engagement strategies and public roles ［J］. Public Performance & Management Review, 2021, 44 （1） .

［16］ XU L, YAN X, ZHANG Z. Research on thecauses of the "Tik Tok" App becoming popular and the existing problems ［J］. Journal of Advanced Management Science, 2019, 7 （2） .

［17］ ZHANG Z. Infrastructuralization of Tik Tok: Transformation, power relationships, and platformization of video entertainment in China ［J］. Media, Culture & Society, 2021, 43 （2） .

后 记

书稿落定之时，不禁回想起与这项研究相关的所有历程。

它的缘起的确来自灵光闪现。2020年4月，因疫情居家，"刷抖音"时发现，不少政府部门的官方发布开始采用一种全新的方式传播信息。而手边刚刚整理完的访谈资料中，一位受访者谈及"他们的工作并非单纯的发布信息而是生产产品"的观点恰好映入眼帘。忽然之间，我的头脑中冒出一个概念——"政府融媒体产品"，也许可以用于研究和概括。

谁料研究就此启幕。我开始和学生搜集过往有着产品属性的政府融媒体传播案例。不几日，一张包含数十案例的Excel表格初步梳理完成。欣喜难以言表。我感觉到，这可能是一种新的形式，它前所未有，有趣而生动。我用最快的速度对"政府融媒体产品"进行了概念化，辅以案例分析，完成了《政治传播的新潮流还是新模式？——政府融媒体产品的兴起与发展》一文。所谓一项研究"踩在点上"，恐怕只有这次我有幸得以稍稍体会。文章的接收和发表十分顺利。我也同时着手以此为题，申请北京市社会科学基金"基于北京实践的政府融媒体产品传播与效果研究"，结果不出所料，课题申报成功，下一步的工作方向进一步明确下来。

伴随用于案例积累的Excel表格越来越长，更多形态、更多风格的政府融媒体产品被搜集起来。研究按照计划逐步开展，但过程并非一帆风顺。首要的困难来自对政府实践的追踪。正如文中所说，并非每种政府融媒体产品都能成功，"翻车""误读"甚至阅后"尬感"，时常给研究带来困感和困扰。更何况，近年来，遍地开花的热潮已然褪去，政府面对潮流的头脑更加冷静，对待推出融媒体产品的态度也趋于谨慎。难免经常自我怀疑，难道这只是昙花一现？这项研究真的得以构成一次"当代史"之旅？

仍是政府实践的变化令人欣慰。一是政务短视频的蓬勃发展。从某种意义上来讲，只要政务短视频账号存在，就必将产出产品化、具有创意性的作品，那么研究之源泉就不会枯竭。二是媒介技术和人工智能的发展带来充分的预期。政务 VR、游戏的推出令人眼前一亮。只要媒介技术和应用仍在更新迭代，政府传播创新的步伐就不会停止。于是，我又一次坚定下来，开展一系列政府融媒体产品内容、叙事、用户和效果方面的研究，直至成书。当然仍有困难，有研究环境的变化，更有心态的转变，但最终仍是学术的乐趣，以及坚持的精神，激励我完成此书。

感谢我的硕士生傅柳莺、何婧琪、郑琦。她们协助我完成了最初的案例搜集、积累和梳理，一起进行的数次讨论总是能够令人感到愉悦并获益。感谢硕士生李宗宁在数据处理、模型建构方面所做的工作，也感谢硕士生田丽娜参与编码并帮助我校对书稿格式。此外，我曾在"政府公共关系"的课堂上，连续 4 年设计"政府融媒体产品"专题。152 位选课的本科生针对 34 个各种类型、各种主题的政府融媒体产品进行了调研、分析与策划。他们为我带来一些我并未关注到的鲜活案例，其独特的视角和精彩的分析，给我很多启示。这段教学相长的难忘经历，为这项研究持续注入价值与活力。

停笔之时，北京夜雨连绵，扰动人的心弦。

一转眼，我从事政府传播、政务新媒体相关的研究已逾十年。不同于以往的写作，本书曾有过追逐潮流般的激情，但更像是一个具有不确定性的冒险，一路摸索前行。

2024 年 9 月 30 日